高等院校公共管理类专业系列教材

# 公共管理学
## （第2版）

曹煜玲　张军涛　李奕赢　编著

# Public
# Administration

清华大学出版社
北　京

## 内 容 简 介

公共管理学是各层次公共管理人才培养的主干课程和核心课程，是公共管理学科的重要组成部分。本书以培养学习者的认知能力、分析与解决实际问题的能力、对事物发展趋势的预判能力为出发点，全面系统地阐释了公共管理的基本概念和基本理论，介绍了公共管理研究的基本方法，诠释了公共管理的系统构成，对国内外公共管理相关领域的演进轨迹、理论与实践的前沿领域以及未来发展趋势进行了分析，着重探讨了公共管理的基本流程、政府在公共管理中的地位和作用、政府对各种内部和外部资源的管理、公共部门的危机管理、公共部门的责任和伦理等公共管理核心问题。

本书可作为公共管理学科各专业本科生、研究生的教学用书，也可以作为相关专业领域和政府管理部门的参考书。

**图书在版编目(CIP)数据**

公共管理学 / 曹煜玲，张军涛，李奕赢编著. —2 版. —北京：清华大学出版社，2024.2
高等院校公共管理类专业系列教材
ISBN 978-7-302-65280-9

Ⅰ.①公…　Ⅱ.①曹…　②张…　③李…　Ⅲ.①公共管理—高等学校—教材　Ⅳ.①D035

中国国家版本馆 CIP 数据核字 (2024) 第 021454 号

责任编辑：施　猛　张　敏
封面设计：常雪影
版式设计：孔祥峰
责任校对：马遥遥
责任印制：丛怀宇

出版发行：清华大学出版社
　　　　　网　　　址：https://www.tup.com.cn，https://www.wqxuetang.com
　　　　　地　　　址：北京清华大学学研大厦 A 座　　　　　邮　　编：100084
　　　　　社 总 机：010-83470000　　　　　邮　　购：010-62786544
　　　　　投稿与读者服务：010-62776969，c-service@tup.tsinghua.edu.cn
　　　　　质 量 反 馈：010-62772015，zhiliang@tup.tsinghua.edu.cn
印 装 者：三河市天利华印刷装订有限公司
经　　销：全国新华书店
开　　本：185mm×260mm　　印　　张：15　　字　　数：329 千字
版　　次：2014 年 2 月第 1 版　　2024 年 2 月第 2 版　　印　　次：2024 年 2 月第 1 次印刷
定　　价：59.00 元

产品编号：103801-01

# 前　言(第2版)

公共管理作为一种新型的社会治理模式大致产生于20世纪80年代,当时人类社会正处于从工业社会向后工业社会转型时期,因此,公共管理所要承担的是高度复杂性和高度不确定性条件下的社会治理。英国学者胡德(Hood)认为:"公共管理即'国家的艺术',能够松散地被定义为如何设计、提供、管理公共服务及政府行政部门的细微工作。"这里所说的"国家的艺术"的行为主体不仅仅是政府,还包括其他的公共组织和公众。广义而言,公共管理是以政府组织为核心的公共组织和其他社会组织,以有效促进公共利益最大化为宗旨,综合运用政治、法律、经济和管理等多种学科的理论与方法,以民主科学的方式行使公共权力,依法制定与执行公共政策、管理社会公共事务、提供公共物品和公共服务的活动。

公共管理是以政府为核心的公共部门整合社会资源,对社会公共事务进行有效治理的一套制度、体制和机制的安排。经验表明,一个民主的、法制的、负责任的、有能力的、有效率的公共管理体系,是一个国家政治稳定、经济发展、社会进步的重要保障和必要条件。而公共管理学是一种广泛而综合的知识框架,以公共管理问题为核心,把当代管理学、政策分析、经济学、政治学和社会学等学科的相关知识和方法融入公共管理研究,是一个跨学科或交叉学科的研究领域。公共管理学既是一门理论科学,也是一门应用科学,其内在活力在于理论抽象与经验指导能够自由转化,即一般的原理能够转化为指导具体行动的原则,而经验的考察能够抽象为一般的原理与规则。为此,公共管理学不能停留于简单的理论阐述,应该关注公共管理现实中的理论问题、实践问题和技术问题,从而把学科发展中的理论研究与公共管理实践中的理论研究结合起来,把价值设定与经验验证结合起来,把经验试验与模式归纳结合起来,把理论供给与制度供给、政策供给和技术供给结合起来。西方国家公共管理学科发展的一个基本主题是如何平衡"公共"与"管理"的关系。从经典公共行政理论到新公共行政,又到新公共管理理论,再到新公共服务理论和治理理论,就反映了这种此消彼长的关系及两者的内在张力。

随着中国社会主义市场经济体制建立和完善、社会治理体系不断变革、行政管理体制改革日益深化,对各层次公共管理人才的需求日益增长。目前,中国的改革已进入攻坚阶段,需要顶层设计与摸着石头过河相结合,推进国家治理体系和治理能力现代化。《公共管理学》(第2版)在原书稿的基础上进一步优化了体例结构,充分展现了党的十八大以来中国公共管理领域的新进展;每一章添加了反映中国新时代公共管理新动态的阅读材料;制作了与视频链接的二维码,以数字化形态呈现公共管理的新案例、新方法、新举措,从而能够更好地拓展读者的知识面,提升其分析问题和创新性解决公共管理问题的能力;制作了与教材内容相对应的数字化课件,使读者能够更好地把握公共管理学的知识体系与核心内容。通过对原书稿的系统性修订,全面落实习近平新时代中国特色社会主义思想,坚持正确的政治方向,充分反映中国特色社会主义公共管理实践,反映公共管理学科最新进展,以便充分满足公共管理学课程教学需要,形成了结构严谨、逻辑性强、体系完备,体现创新性、数字化和公共管理学科特色的新形态教材,为公共管理学科的发展注入了新的动力。公共管理学科已经成为当代中国社会科学和管理科学领域研究及教学的一个充满生机活力和具有远大前景的学科。

本书在参考和总结前人研究成果的基础上,对公共管理的基本理论问题进行了阐述,注重对国内外公共管理领域最新研究成果和发展趋势的介绍、分析和阐释。党的二十大报告提出"以中国式现代化全面推进中华民族伟大复兴"等重要论述,发人深省、催人奋进。中国式现代化是切合中国实际、高质量发展的现代化。公共管理是致力于国家治理体系和治理能力现代化的学科,应当以学科的高质量发展服务经济社会的高质量发展。

在编写过程中,我们采纳了许多专家学者的建议。张小鑫、韩玉洁、田飞丽、陆佳琦、陈琢、汤睿为书稿的完成做了大量基础性工作,书中许多内容融入了他们的思想、智慧和心得。我们也参阅了大量国内外文献,吸收并借鉴了国内外学者在这一领域取得的研究成果以及其他相关教材的内容,在此,谨向这些学者和作者表示衷心的感谢。公共管理学科的教育与科研水准的全面提高是一个长期的过程,公共管理也是一个需要学术界和管理层长期共同努力研究的重大课题。鉴于编者的学识所限,本书难免存在不足和偏颇之处,诚望读者和同行专家批评指正。反馈邮箱:shim@tup.tsinghua.edu.cn。

教学课件

编者

2023年7月

# 目　　录

# 第一章 | 公共管理概述

人类社会产生以后便有了公共事务的管理。但是，随着社会的发展，尤其是20世纪后期全球进入高速发展和快速变化时期，经济一体化、政治民主化、文化融合化、环境危机化等多重变化共同形成了一个前所未有的新局面，传统的行政模式面临着重重挑战。建立在公共行政范式基础上的行政实践已经无法应对错综复杂的社会现实，因此，公共管理领域需要一种更加创新、更加有解释力和适应力的理论模式——新公共管理模式。而公共管理学就是一门在已有的关于社会治理的知识基础上专门研究公共管理这一新治理模式的科学。公共管理学所要研究的是公共管理关系、社会治理活动及其所运用的手段。作为一门新兴的交叉学科，公共管理学具有宽广的知识背景和多元化的理论基础，同时，它又是一门着眼于解决公共领域实际问题的应用性科学。公共管理在本质上是服务型的社会治理模式，是对传统的由政府管理社会的单纯管理型模式的替代。

## 第一节 什么是公共管理

### 一、公共管理一般理论概述

简单而言，公共管理学是针对公共管理这一实践活动所展开的各种理论研究。因此，对作为一门科学形态的公共管理学进行深入理解，首先就要掌握公共管理的一般知识，而其中最重要的就是要准确认识公共管理的内涵和基本特征。

#### (一) 公共管理的内涵

对于公共管理(public administration)的界定，当前理论界还没有形成共识，至少还不存在一个能够广泛被接受并且得到推崇的概念。自20世纪70年代末以来，公共管理在西方国家越来越成为一个时髦的术语。但是，西方国家对其理解是宽泛和不确定的。近年来，中国也进一步开展了公共管理的多视角研究，但由于过去一直把公共行政译成行政管理，有时也译成公共管理，人们对公共管理的理解更是差异很大。正如魏塔克(Whittaker)所言，由于公共管理是伴随传统公共行政面临的挑战而出现的，并且公共管理的理论研究与实践都处于不断变化和发展之中，实践中的公共管理更像一只"变形虫"。

美国行政学专家梅戈特(Megot)认为，目前人们之所以倾向于使用公共管理而不是公共行政，其原因在于"公共行政在历史上与官僚机构及官僚联系密切"。而公共管理注重公共事务在公共机构和非营利机构中完成任务。她认为："那些致力于政策形成、政策执行和政策评估的过程都可以理解为公共管理。"

英国学者胡德(Hood)认为："公共管理即'国家的艺术'，能够松散地被定义为如何设计和管理公共服务的问题，以及政府行政部门的细微工作。"

美国学者波齐曼(Bozeman)认为："当代公共管理是某种不同于传统公共行政的东西……与公共行政相比，公共管理更广泛、更综合和更少受功能专门化的限制。"

显然，长期以来公共管理的含义一直比较宽泛。中国学者也从不同学科的角度对公共管理赋予了多样化的解释。

夏书章在其所著的《现代公共管理导论》中指出，公共管理有狭义和广义之分。狭义的公共管理是指政府对社会公共事务的管理(即狭义的行政管理)；广义的公共管理包括政府、公共事业单位和所有非政府组织部门的公共事务管理。

陈庆云在《强化公共管理理念，推进公共管理的社会化》一文中认为，所谓公共管理是指政府与非政府公共组织所进行的、不以营利为目的、旨在追求有效地增进与公平分配社会公共利益的调控活动。

陈振明认为，公共管理是公共组织提供公共物品和公共服务的活动，它主要关注的不是过程、程序和遵照别人的指示办事，而是结果和对结果的获得负个人责任。

相比较而言，多数学者对公共管理客体的认识趋于一致，即认为公共管理的客体是社会公共事务。但是，对于公共管理主体的界定却不相同，主要有两种观点。一种观点认为，公共管理的主体是狭义的政府，也就是与立法、司法部门相对的行政执行部门。就此而言，公共管理与公共行政是同义语，常常被等同使用。另一种观点认为，公共管理的主体是非营利性社会组织，它既不同于企业(因为不以营利为目标)，也不同于政府，因而不具有行政性权利。非营利性社会组织通过其专业化能力来满足社会公众的某类共同需求，从而体现对社会公共事务管理的职能。因此，公共管理就是特指非营利性社会组织对社会公共事务的管理。

从一般意义上讲，公共管理是由政府、非政府公共组织和民众所组成的管理体系，共同管理社会事务的活动。由此从广义上对公共管理进行界定，公共管理是以政府为核心的公共组织和其他社会组织以有效促进公共利益最大化为宗旨，综合运用政治、法律、经济和管理等多种学科的理论与方法，以民主科学的方式行使公共权力，依法制定与执行公共政策、管理社会公共事务、提供公共物品和公共服务的活动。无疑，这样的公共管理是在更广、更深层面上对公共资源的整合和对公共事务的协调管理。

### (二) 公共管理的基本特征

#### 1. 公共管理的公共性

公共管理的公共性包含两层含义。一是其利益取向的公共性，表现为公共管理必须致力于实现社会整体的公共利益，而不是被作为某一个特定阶层或群体实现其意志的工具。公共管理不是一种统治方式，也不是一种政治控制方式，而是推进、实现和维护社会公共利益的方式。二是其公共参与性，表现为公共管理活动由政府、其他社会组织及公民共同来完成。

2. 公共管理的效能性

与传统的公共行政关注管理过程和管理程序相比，公共管理更注重结果，强调投入要素和实际产出之间的对比关系，追求包括经济、效率和效果在内的多元价值的有机统一。

3. 公共管理主体的多元化

在传统的行政管理模式中，政府几乎是唯一的公共管理主体，它在社会公共管理各方面都居于垄断地位。新公共管理理论认为，政府的主要职能固然是向社会提供服务，但是并不意味着所有公共服务都应由政府直接提供。在新公共管理理论的设计中，政府虽然是专门的公共管理机构，但不是唯一的机构。也就是说，在政府之外，应当有相当一部分社会公共机构、中介组织、自治组织、社区组织和其他公共组织等承担部分公共管理职能。新公共管理理论强调政府应广泛采用私营部门成功的管理方法和手段(如成本—效益分析、全面质量管理、目标管理等)以及竞争机制。公共管理主体分化的结果是公共管理主体的多元化发展。

4. 公共管理手段的多样性

公共管理非常注重管理技术和方法的创新，这是由管理对象的复杂性决定的。一方面，公共管理过程中许多新问题和矛盾需要采取相应的措施加以解决；另一方面，公共组织要实现自身的优化管理，也要不断开发新技术和新手段。

5. 公共管理的法治性

法治在公共管理中体现为严格遵守规则的精神。以政府为核心的公共组织之间要实行对社会事务的合作共治，只能建立在法治的基础之上。如果缺少了相应的法律保障，就难以规范多元主体之间的行为。政府作为公共权力的拥有者，如果缺少相应的法律制约，随时都可能出现滥用职权的情况。同样，如果其他公共组织和公民缺少来自法律的约束，也容易导致不履行相应责任和义务现象的发生。如果这样，公共利益就很难得以保障。因而，实行法治是公共管理的必然要求和必然趋势。

## 二、公共管理学是一门新兴学科

### (一) 公共管理学与公共行政学的联系与区别

随着公共管理的兴起，必然需要一门科学去研究它。公共管理学就是一门在已有的关于社会治理的知识基础上专门研究公共管理这一新型治理模式的科学。在科学发展的意义上，公共管理学将对政治学、社会学、经济学以及管理学等学科已经取得的成就加以继承，并将它们整合为一门全新的学科，从而抛弃这些学科的原有形式。在研究对象或研究内容方面，公共管理学不再像公共行政学那样限定于政府，而是要把一切参与社会治理行动的因素都纳入自己的视野，对从工业社会向后工业社会转型过程中的一切新生的对社会治理有影响的因素加以认识和分析。在研究目标上，公共管理学服务于新型社会治理模式的建构，不仅要实现全面的理论创新，还要积极探讨创新社会治理的实践方案，在社会治理的每一件具体事务上进行创新与探索。

在中世纪后期，即在从农业社会向工业社会转型的过渡时期，科学萌动的第一次热潮是以罗马法注释的形式出现的，并由此引发了18世纪的启蒙运动。在人文社会科学发展已经取得巨大进展的时代，公共管理学的研究也会对既有的科学文献进行系统的阅读，从中发现走向未来的启示。但是，公共管理学更具有直接关注现实的特征，它从产生的那天起就是一门实践性很强的科学。因而，它把"实事求是"和"一切从实际出发"作为最基本的研究方法，也表现出了对既有科学研究方法的继承。在社会发展规划和公共管理模式的建构方面，公共管理学充分运用定性研究方法，而在寻求具体问题的解决方案时，又以科学严谨的态度运用定量研究方法。总体而言，前瞻性创新是公共管理学的方法论原则，它反对任何把新生的社会因素纳入既有科学解释框架中去的懒惰做法，反对一切不思创新地在既有理论基础上提出实践方案的行为。历史是不断进步的，尽管已有的科学对人类知识的积累有着积极的作用，但是，对于解决社会发展中出现的新问题，既有的科学及其理论绝不可能在不做改变的情况下被加以套用。公共管理作为一种新型的社会治理模式，面对的是异常复杂的和不确定的现实，这是我们研究以往一切科学都没有遇到也没有想到的问题，满足于用以往的科学及其理论去解决新的问题显然是不行的。所以，对于公共管理学而言，唯一的科学方法就是面向未来进行创新。

从学科渊源上看，公共管理学是从公共行政学脱胎而出的，必然会把公共行政学发展中的一切积极的成就吸纳到公共管理学之中。行政管理是人类社会亘古就有的治理现象。在农业社会，社会治理是依靠权力而开展的治理活动，没有实现内部治理与外部治理的分化。在工业社会，社会治理活动以公共行政的形式出现，促使政府内部的行政管理与政府对外部的社会管理相分化，使政府的内部治理与外部治理在方法、目标和途径上都有所区别。公共管理则是这种分化的再融合，多元社会治理主体的合作治理已经使内外治理的区别失去了合理性。但是，由公共行政学发展起来的行政管理方法和技术以及社会管理的途径，都可以被公共管理所继承。

当从行政管理这个概念出发去思考社会治理问题时，人们应当关注的是社会治理技术层面的问题，所追求的应当是行政行为的效率。当威尔逊(Wilson)提出政治与行政二分原则时，他所讲的行政其实就是指行政管理，而不是"公共行政"。当然，20世纪的行政管理由于专业化、技术化和价值中立而造就了公共行政这一社会治理形式。但是，沿着这一路径发展起来的公共行政显然不具有实质意义上的公共性，它的价值中立前提决定了它仅仅具有形式上的公共性，也可以称为消极的公共性。需要指出的是，对行政管理的专业化、技术化追求是没有错的，在公共管理学探讨新型社会治理模式的过程中依然会维护这一路线。

如果说行政管理这个概念所指的是一种活动或行动，那么公共行政的概念则是指一种模式，或者说，公共行政所代表的是一种治理模式。公共行政把农业社会统治者用来治理自身和社会的行政管理改造成只适用于政府自身管理的技巧，并赋予行政管理科学性、专业化、技术化的特征。在政府的外部功能实现方面，公共行政则通过法律、公共政策等途径开展活动，实现对社会的管理。这个时候，公共行政的公共性就必须被凸显出来。就像古德诺(Goodnow)所说的那样，行政成为严格的国家意志执行者，从而避免成为某个利益集团的工具。也就是说，在法律和公共政策执行过程中注重执行的效率，在不同的社会利益诉求之间做到不偏不倚，防止被某一(些)社会力量所利用。至于社会中的不同利益诉求，那是一个政治过程，可以通过政治途径去表达，并在代表性机构中形成公共政策。一旦这种诉求以公共政策或法案的形式出现，到了政府这里就只是一个执行的问题了。

事实上，法律以及公共政策的普遍性与政府执行过程中的具体性之间总是存在着很大的落差，甚至存在着许多与法律和公共政策相冲突却又是合情合理的诉求，由于各种各样的原因，这些诉求又无法通过政治途径得到有效的表达，更不用说被吸纳到法律和公共政策的内容中。在这种情况下，政府以放弃对具体问题的关照而去维护行政的公共性，显然是一种极其虚假的公共性。正是在此意义上，新公共行政运动提出了批评意见，要求政府在对社会的管理过程中关注具体的公平和正义问题。但是，在20世纪公共行政的框架内，这一点显然是无法实现的。公共管理抛弃了由政府垄断社会治理的模式，用合作治理来取代它，也就从根本上克服了公共行政"形式公共性"的问题，并赋予其公共性、实质性的内涵。在公共管理的范畴中，行政管理与公共行政的区别已经被取消，它们都具有公共性的特征和内涵。

通过公共行政学与公共管理学的区别可以看到，公共行政学主要以国家的行政系统——政府为研究对象，而且主要研究政府自身的管理问题，希望通过政府自身管理问题的解决为政府外部职能的实现提供保障。公共行政学同样重视参与社会治理过程中的一切组织的内部管理问题，但是，其侧重点放在公共产品的生产和运营问题上，着重研究多元治理主体之间在公共产品供给中的合作行为。这也说明，对于公共行政学来说，效率追求是第一位的；而对于公共管理学而言，提高公共服务质量才是第一位的。由于存在着这样的区别，公共行政学与公共管理学在社会治理体制、运行机制、组织建构以及可以使用的方法和技术等各个方面都会存在不同的理论和观点，为社会治理所提供的方案也会有很大的不同。

当然，公共管理学是一门正在形成中的科学，相信在一个相当长的时期内，人们还会运用公共行政学的观念来认识它。但是，当公共管理学直面现实的社会治理问题去创造性地探索解决现实问题的途径时，就会表现出与公共行政学的不同，而且，这种不同会日益显现出来。

总体说来，公共行政学与公共管理学是关于社会治理模式的两门不同的科学，在历史的维度中它们有着前后相继的关系。而在实质上，就公共管理学是关于公共管理这一新兴的社会治理模式的科学而言，它是对公共行政学的扬弃。一方面，公共管理学要继承公共行政学研究的科学成就；另一方面，又实现了对公共行政学的超越，是对公共行政学学科的否定。当公共行政学的科学成就被吸收到公共管理学之中时，公共行政学所研究的内容也就被包含到公共管理学之中了，或者说，公共行政学被统合到公共管理学之中了，成为公共管理学中的一个具体的"问题域"。也就是说，在公共管理学出现之后，公共行政学所研究的许多问题还会继续存在，还需要进行专门的研究，但已经是在公共管理的总体框架下所进行的研究。虽然在社会治理实践中公共管理的出现意味着公共行政所代表的那种社会治理模式的终结，但是，在科学发展的意义上，公共行政学有着继续存在的价值，只不过它已经成为公共管理学科的一个组成部分。所以，学习和探讨公共管理学需要创新意识的支持，需要从公共行政学的知识和观念系统中"解放"出来，努力发现与公共行政学的不同。由此，就可以自觉地积累公共管理学的知识，自觉地确立公共管理学的观念，自觉地建构公共管理学的学科体系。

### (二) 公共管理学的研究对象和内容

任何一门学科都是以客观世界的某一类事物、现象或过程作为自己的研究对象，相关科学研究就是要探讨这类事物、现象及过程的本质联系或规律性，从而形成学科的概念、范畴、定理、原理和方法的理论体系。公共管理是一种客观的社会治理活动及过程，它构成了公共管理学的研究对象。公共管理学所要研究的是作为社会治理主体的公共组织(包括政府组织、非政府组织以及其他社会自治力量)之间的关系、社会治理活动和所运用的手段。

公共管理学所研究的公共组织已经不再仅仅是指政府。当政府代表了公共组织甚至是唯一的公共组织的时候，这一组织是以官僚制的形式出现的。现在，除了政府之外，非政府组织以及许多其他社会力量都加入社会治理活动中，这样一来，组织的形式呈现了多样化，官僚制组织不再是唯一的或基本的组织形式。当然，公共管理学在对公共组织进行研究时，不可能穷尽所有的组织形式，而是把研究重心放在组织间的合作关系和组织服务性质上，特别关注组织的价值目标及其实现途径。公共管理活动表现为多元治理主体之间的互动过程，公共管理学需要探讨公共管理过程中的机制，进而探讨每一类公共组织如何在自身的建设中促进组织间的互动朝着良性发展的方向前进。就公共管理所代表的是服务型社会治理模式而言，它是对管理型社会治理模式的否定和扬弃。所以，公共管理所突出的是服务价值。虽然公共组织也有自身的管理以及对外部的管理问题，但是，服务理念决定了它在从事管理和开展管理活动的时候也需要使这种管理从属于服务。因而，公共管理学应集中探讨公共组织所提供的公共服务内容，研究公共组织以什么样的方式和通过什么途径提供公共服务才能取得良好的绩效。

具体地说，公共管理学的研究主要包括以下几方面的内容。

(1) 公共管理学担负着认识公共管理这一新型社会治理模式的学科使命。公共管理学应当努力把握公共管理这一新型社会治理模式所具有的一切新特征，在公共管理产生的时代背景中理解它在社会治理方面的革命性意义，以科学求实的态度厘定公共管理的范围和内容，以启蒙后工业社会的精神寻求公共管理制度创新的方案，以服务为原则构想公共管理的体系结构和行为模式。通过这些工作，公共管理学将为一切从事公共管理活动的人们确立全新的服务观念，让他们在新的历史背景下，通过自己的创造性行为，投入社会治理过程中，为社会提供公共产品。

(2) 公共管理学需要为公共管理的系统建构提供理论支持和全面规划。公共管理是一种正在生成中的新型社会治理模式，如果公共管理实践得不到系统化的理论支持，将在很大程度上制约公共管理实践。公共管理学的研究需要立足于后工业化和全球化的现实，在理论探讨的基础上，对治理体系的结构、制度、运行机制、治理方式以及行为模式等各个方面进行系统而全面的规划。

(3) 公共管理学需要努力把握各种新的社会现象对社会治理的影响。20世纪后期，人类社会进入一个复杂性与不确定性迅速增长的时期，每日都有新的社会现象和问题出现，对既有的社会治理方式形成极大的挑战，许多问题因为治理方式的不适应而演化为危机事件。在这种情况下，公共管理学需要承担认识这些新的社会现象和问题的任务，需要通过对这些新的社会现象和问题的认识去思考对策性的应对方案，进而发现在新的历史条件下开展社会治理的一般规律，提炼出公共管理的一般原则和方法。

(4) 公共管理学需要特别关注新的科学技术成果在公共管理过程中的应用问题。公共管理学是一门科学，在学科交叉、相互借鉴已经成为科学发展基本趋势的情况下，公共管理学需要借鉴其他学科新的成果和研究方法。不仅如此，公共管理作为一种新型的社会治理模式，也需要得到新的科学和技术成果的支持，需要随时应用新的科学技术手段。事实上，20世纪后期以来，公共管理在社会治理方面已经大量借鉴了科学技术成果。公共管理活动应当更加重视对新的科学技术成果的应用，而公共管理学在这方面是可以发挥重要作用的。

(5) 公共管理学应当承担起对人类社会治理历史重新梳理的任务。人类的社会治理文明是一个连续的过程，已经积累了许多宝贵的治理经验，也有着丰富的治理思想。随着公共管理的出现，公共管理学可以对人类社会的治理文明作出重新解读，可以发现那些长期被湮没了的治理经验和思想。公共管理学的任务就是要把有价值的治理经验和思想转化为知识，使之服务于所开展的各种公共管理活动。

当然，公共管理学作为一门实践性很强的科学，要在开发公共管理前瞻性预测技术和解决问题的能力方面发挥作用。公共管理学研究工作需要更多地从现实出发，以公共管理为研究对象，以公共管理过程中所遇到的问题为研究重心，通过理论研究解决公共管理实践所遇到的问题。

公共管理学担负着对公共管理加以研究和规划的使命。事实上，公共管理学对公共管理的建构也就是对人类社会治理的重新规划。在公共管理学的历史视野中存在着三种社会治理模式：农业社会的社会治理活动从属于统治型社会治理模式；工业社会建构的是管理型社会治理模式，公共行政是它的典型代表；当人类走向后工业社会时，需要建构的是服务型社会治理模式，而公共管理就是这一治理模式的具体形态。或者说，公共管理在形式上还会保留着管理的特征，但是，它与工业社会中的社会治理过程不一样，是一种从属于服务需要的管理。当然，在工业社会的管理中也包含着服务，比如，政府就是提供公共服务的垄断性机构。应当看到，这种服务是从属于管理的，是为了更好地实现管理目标。公共管理则不同，其管理活动是为了更好地实现服务的目标，服务是公共管理的基本宗旨。

总之，公共管理的范围是非常广阔的，它涉及政治、经济、文化、生活等各个方面。从行政管理、国民经济管理和公共财政管理，到教育及知识管理、社会保障管理、社会治安管理、城市交通和社区服务管理、土地资源和环境保护管理，以至于体育和全民健身、公共绿地等的管理，都是公共管理的内容。在这些管理活动和管理过程中，最重要的是要充分实现社会公平，要保证社会的每一个阶层、每一个成员都能够共享社会发展的成果。公共管理需要建立一个统一的框架，把所有这些方面整合为一个有机系统，使它们得到有效的协调。

# 第二节　公共管理主体、角色与职能

在公共管理的研究和实践过程中，必须要思考谁来管理、如何管理等这些基本问题，这实际上涉及的就是公共管理的主体、角色、职能问题。

## 一、公共管理主体

在传统的公共行政中，政府是唯一的公共管理主体，除政府以外的其他组织和个人不得以任何形式进行公共管理活动。公共管理不再是一元化的政府管理，而是政府组织、非政府组织、企业组织和公民共同参与，形成以政府为核心的多元化的主体体系。这也正是公共管理区别于公共行政的显著特征之一。

### (一) 公共管理的核心主体——政府

政府是指国家进行阶级统治和社会管理的机关，是国家表达意志、发布命令和处理事务的机关。公共部门的管理主要是政府的管理，政府作为公共权力的执掌机构，地位极其重要。它的基本作用就是维持、处理社会公共事务，保证全社会公平与效率的实现。从当前来看，政府依然主导着整个公共管理过程并承担着主要职责。具体来说，政府的作用可分为两类：政治职能和公共职能。

### (二) 公共管理的新兴主体——非政府组织

非政府组织一般是指介于政府组织和经济组织之外的社会组织形态。但由于语言、习惯或者意识形态等方面的不同，非政府组织在不同国家有不同的称谓，比如第三部门、非营利组织、独立部门、志愿者组织等。目前，它是一个庞大的组织体系，包括的社会组织类型相当广泛。

美国约翰·霍普金斯大学非营利组织比较研究中心提出的组织性、民间性、非营利性、自治性和志愿性成为学界公认的对非政府组织特征的经典概括。

### (三) 全球治理下的辅助主体——国际组织

关于国际组织的概念各个学派尚未形成统一的认识。我们将国际组织定义为，两个或两个以上活跃于世界舞台上、具有独立地位的国家为实现共同的政治经济目的，依据其缔结的条约或其他正式法律文件建立常设性机构，以解决公共问题和处理公共事务为目标导向的国家间的组织实体。

## 二、公共管理主体的角色与职能

### (一) 政府在公共管理中的角色与职能

#### 1. 政府在公共管理中的角色

所谓政府角色是指政府所具有的功能作用，它与政府的性质、地位、权力、职能、任务等紧密相关，涉及政府的权力界定、功能范围、行为方式等。因此，政府角色实际上是政府内在特质和外在功能的集中体现。政府的角色不是一成不变的，其中政府与市场、政府与社会之间关系的变化是引起政府角色转变的主要依据。在公共管理过程中，政府、市场和社会的关系不再是非此即彼的关系，而是一种彼此配合、相互合作的关系。这主要体现为：市场力量和社会力量参与到公共事务管理的范围和程度不断得到了拓展和加强，进而形成了政府、市场和社会共同管理的格局。这意味着政府在公共管理中应该是"掌舵者"而非"划桨者"，扮演一个"有限政府"的角色，把市场和社会有能力做好的事情交给市场和社会去做，政府只做市场和社会做不好或者无法做的事情。

#### 2. 政府在公共管理中的职能

在公共管理活动中政府必须履行的主要职能可以概括为以下几个方面。

(1) 调控宏观经济。市场经济国家的实践已经证明，市场机制的自由运转并不能自动保持社会总供给和总需求的平衡。市场经济的自由发展出现的经济周期性的波动，并不可能依靠市场的力量解决。因此，政府必须进行宏观调控才能解决市场经济中出现的各种问题，使社会总供给和总需求趋于平衡。

(2) 提供公共物品。虽然公共管理并不排斥市场力量和社会力量来提供公共产品，但是，考虑到供给的效率，有些公共物品必须由政府提供。这些公共物品包括公共性程度高的公共物品；不宜或不应由市场力量和社会力量供应的公共物品；市场力量和社会力量不愿意或无力提供的公共物品。

(3) 治理负外部效应。负外部效应又称外部不经济，是指未能在价格中得以反映的，对交易双方之外的第三者所带来成本的或损失的现象。所以，社会成员(包括组织和个人)从事经济活动时其成本与后果不应完全由该行为人承担。负外部性的存在造成社会脱离最有效的生产状态，使市场经济体制不能很好地实现其优化资源配置的基本功能。为有效地解决负外部效应问题，政府应当担负起这个责任。政府可以通过补贴或直接相关的公共部门的生产来推进外部正效应的产出，通过直接的管制来限制外部效应的负产出。

(4) 完善法律制度体系。市场经济条件下，政府的一个基本职能就是通过完善法律和制度保障市场高速运转。政府必须在两个层面有所作为：建立并逐步完善保证市场机制正常运转所需要的法律制度；完善法律法规，防止垄断发生，保证市场机制正常发挥作用。

(5) 调节和再分配社会收入。市场经济本身是一种效率经济，它能较好地解决效率问题，却不能解决公平问题。在收入分配问题上亦是如此，具体表现为两方面：一方面，市场经济不可能自动达到社会收入的公平和协调，商品交换至多能够实现既定格局下的帕累托最优，不能改变现有的收入分配格局；市场经济下的机会不均也能带来收入分配的不公。另一方面，市场经济不可能解决全社会范围内的失业、养老、工伤事故、医疗保健以及扶贫助弱等社会问题。如果以上两方面政府不加以调解，势必会造成严重的政治问题和社会问题。因此，政府有责任运用公共权力，通过生产要素的相对价格、税收和转移支付、完善社会保障制度，将不公平程度限定在社会可以接受和允许的范围之内，从而实现社会公平的目标，保持社会稳定。

### (二) 非政府组织在公共管理中的角色与职能

1. 非政府组织在公共管理中的角色

非政府组织作为社会力量运行的主要载体已成为公共管理主体中不可或缺的组成部分。它们通过多种角色参与公共管理活动，承担公共责任。

(1) 倡议和游说。非政府组织在政府和国家组织的决策过程中发挥着重要作用。它们通过各种方式对政府和国家组织提出倡议，进行游说，参与决策过程，力求使自己的主张体现在政府和国家组织的决策中。例如，非政府组织谋求能够列席政府和国际组织的有关会议，如果可能还要求获得发言权。在西方国家，非政府组织成员可以在议会走廊上对议员们进行游说，同各级决策者的秘书保持联系，为各类官方会议和政府间国际组织的会议提供专题研究报告和问题背景资料，在有些场合还参与有关会议的文件起草。

(2) 从事有关工程项目，提供特定的产品与服务。许多非政府组织从事农村的基础设施建设，设计和实施种种消除贫困的计划，采取环保措施防治污染等。

(3) 从事科研及教育活动。为了对某一特定问题能够较全面。较透彻地了解，非政府组织可以通过组织专题研究，召开相关的讨论会和座谈会，举办各类培训班，提高相关人员的理解能力，为相关服务提供智力支持。

(4) 通过传播媒介对政府和公众施加影响。非政府组织通过各种大众传媒，如广播、电视、报刊以及各种小册子向公众传递其愿望、主张及其认为有价值的信息，以期引起公众的注意，提高公众的认识水平，影响公众的观点和倾向，同时通过大众传媒向政府施加影响，使政府在决策中更加注意其主张。

2. 非政府组织在公共管理中的职能

非政府组织作为政府的补充，在公共管理中发挥的作用是巨大的。具体而言，非政府组织在公共管理中的作用主要表现在以下几个方面。

(1) 提高公共政策制定的科学化。政府作为公共政策唯一的制定者，由于自身的能力、水平以及所掌握的信息有限，在公共政策制定中难免会出现一些失误。为了弥补政府自身的缺陷，就必须建立科学的决策体制，遵循科学的决策程序，充分调动政府之外的社会组织参与民主决策的积极性。非政府组织致力于一些公益事业的发展，为他人谋利益，不谋私利的特点，决定了非政府组织能够公正地评判某项公共政策，对公共政策的不合理之处及时提出建议。有时非政府组织还会通过上文提到的游说、大众传媒等手段，对政策及政策制定主体施加影响，从而提高公共政策制定的科学化程度，使公共政策更加符合公共利益。

(2) 有效地促进民主，塑造参与型的公民文化。非政府组织大量涌现需要具备一个基本前提，即有一个崇尚宽容、对话与合作的现代民主政府；反过来，非政府组织也能够积极地推动一国政治民主化的发展。政治现代化的一个重要标志就是大众广泛而有理性地参与政治。可以说，非政府组织在政府与社会之间充当了"缓冲器""过渡器"和"调节器"的角色。它在公共管理过程中可以有效地吸纳民众的利益诉求，并向政府组织传达这些利益诉求。民众可以通过直接参与非政府组织开展的各项公共活动，间接影响政府决策的制定和执行。政治民主化在演进过程中带来的变化就是文化世俗化。非政府组织可以通过其现实的治理活动搭建起一座沟通传统与现代公民文化的桥梁。政治民主要求现代参与型的公民文化作为其心理支撑平台，非政府组织在公共事务治理结构中能够为民主政治体系构筑起这样一个坚实的参与型的公民文化平台。

(3) 非政府组织参与公共物品的提供。政府、非政府组织和企业是当代社会和谐发展的"三驾马车"，三者之间形成了一种良好的合作伙伴关系。对于财力尚且薄弱的政府机构来说，政府财政基础不足以提供充裕的公共物品，提供公共物品的任务必须由包括政府和非政府组织在内的非市场机制来完成。非政府组织可以通过提供种类繁多的多元化的公共产品满足广大居民的多元化需求。比如扶持社会弱小群体、促进就业、扶贫开发、捐资助学、赈灾救济、危机干预、卫生健康、福利事业等，这极大地提高了国民收入再分配的起点，使过程和结果具有公平性，提高了社会的整体福利水平。

(4) 扶助社会弱势群体，促进社会公平。发展公益事业是政府义不容辞的责任，在帮助弱势群体、防灾救灾、扶贫济困、维护社会公正等方面，非政府组织有着不可替代的作用。比如，中华慈善总会、中国青少年基金会在救济灾民、帮助失学儿童方面，组织实施了"扶贫工程""希望工程"，尤其是通过筹集民间资金帮助数以百万计的失学儿童重返校园的"希望工程"，赢得了社会的普遍认可。各级消费者协会在保护消费者权益，维护社会公平方面的作用也愈来愈大。

当然，非政府组织参与公共管理也会带来一些消极的影响。比如，对政府决策的挑战，使政府决策过程更为复杂和低效率；非政府组织过于强大，也会影响政府的权威等。

### (三) 国际组织在全球治理中的角色与职能

在全球治理的框架下，各国政府不再完全垄断诸如经济和社会调节以及指挥和仲裁的政治职能，而是与各种各样的政府性的以及非政府性的国际组织、私人企业和社会运动结合在一起，构成本国的和国际的某种政治、经济和社会的调节方式。国际组织的作用正在逐渐彰显。国际组织在全球治理中所担任的角色和承担的职能可以概括为以下几个方面。

#### 1. 全球性法律规则的创制者

国际社会中不存在能够凌驾于各个主权国家之上的立法机构，因此，国际关系的相关规范、规则和条约化的制度就可以看作国际立法形式。而这些国际法的编纂和国际公约条例基本上都是由国际组织订立的。从这个角度讲，全球性国际组织的基本文件本身往往就包含着国际法的原则、规则和制度。

#### 2. 国际合作的促进者

国际组织建立的主要目的是促进各国之间的合作和沟通，以解决共同关注的公共问题，并处理全球性的公共事务。实际上，国际组织也确实在密切各国合作交往方面发挥了重要作用。大多数国际组织都可以看作连接、沟通各个成员国的纽带和桥梁，它们能够在不同程度上为多个成员国之间交换意见和开展合作创造便利条件。当前，不论是对发展中国家援助项目的制定和实施，还是对相关国际关系规则的完善和颁布；不论是关系全球和区域的环境问题，还是有关人类社会普遍存在的人权和自由问题，其实都是通过国际组织这一平台完成和解决的。

#### 3. 国际和平的促进者

随着全球化趋势的加强，主权国家在国际上的交往范围正在不断扩大，但在此过程中，主权国家之间在政治、文化、贸易和军事领域中的矛盾和争端不断增多。而且随着彼此依存和制约程度的提高，各国在各个领域中的矛盾和争端演变为国际冲突的可能性也日趋加大。因此，和平解决各种国际矛盾和争端对于国际秩序的有效维护和国际交往的正常开展十分重要。这些矛盾的解决不仅要靠当事国的努力，还需要国际组织发挥作用。事实证明，国际组织在很大程度上早已成为和平解决国际成员之间争端的有效工具。

通过以上分析不难发现，国际组织对于关乎和平与发展的全球性问题确实提供了一套有效的解决机制，从而推动全球化健康和有序地发展。因此，在全球治理中，国际组织的地位和作用不容忽视。

# 第三节 公共管理的兴起与发展

## 一、公共管理在国外的兴起与发展

公共事务管理是国家或政府的基本职能之一，公共管理学主要以政府的公共管理活动作为研究对象，它的理论形态随着政府管理实践的发展而改变。尽管在原始社会就存在某种公共管理活动，但是，专业的公共管理或行政管理活动则是伴随着阶级和国家的产生而出现的。因此，真正的公共管理的历史与国家(政府)的历史一样长。

国家或政府的公共管理活动内容和方式不是一成不变的，而是随着社会经济的发展而变化的。在古代社会(农业社会)中，由于生产力水平低，经济不发达，国家或政府组织的规模相对较小、结构简单，政府公共管理的目标单一。在这种社会中，君主专制体制是最普遍的政府管理体制。到了近代，随着农业社会向工业社会的过渡以及资本主义的产生和发展，生产力迅速提高，社会规模日益扩大，社会分工细化，社会问题越来越多并日益复杂化，政府的管理活动也越来越复杂。近代各主要资本主义国家在孟德斯鸠等人所提出的"三权分立"思想的基础上，建立起立法、行政、司法三权分立的政府体制，奠定了由行政部门履行公共管理职能的相对独立地位。

从19世纪末20世纪初开始，随着自由资本主义向垄断资本主义的发展，西方各主要资本主义国家相继进入发达的工业社会。这一时期政府的组织机构迅速膨胀，公共管理活动加强，公共管理活动的范围扩大。然而从20世纪70年代开始，西方各国的公共管理遇到了前所未有的严峻挑战。第二次世界大战以后，西方各国政府普遍采用了凯恩斯(Keynes)主义经济学政策，对社会经济生活实行了全面的干预，导致了以高失业、高通货膨胀和低增长为特征的"滞胀"现象的出现。政府管理危机四伏：政府扩张、机构臃肿、效率低下、政策失效及政府失灵。这样就引发了20世纪70至80年代西方国家政府改革的浪潮。无论是传统的公共行政学理论，还是新公共行政学理论，都无法解释政府管理所面临的这些新问题，更无法为当代政府管理实践尤其是政府改革提供有效的理论指导。另外，20世纪70年代以后，西方国家的社会科学在经历了长期分化、初步融合之后，开始向整体化发展，跨学科、交叉综合研究成为社会科学研究的主要趋向。各种与政府管理密切相关的学科取得了长足发展，出现了大量新流派、新理论和新方法，并开始围绕政府管理问题的解决而交叉融合，为政府管理研究的突破夯实了基础。

自20世纪末兴起的世界范围的新公共管理运动，正是对全球大变革时代的回应。政府作为时代的核心治理者，面临的治理环境将更加不平衡、更加动荡不安、更加复杂多变。在发展与危机的徘徊中，公共管理的改革实践与学科发展面临着批评、质疑以及困境、挑战。比如，公共管理并未形成统一且成熟的理论范式；忽视公私部门管理的差别；过分依赖于经济学途径；片面强调对产出和绩效的精确计算；顾客至上面临着责任与伦理的挑战。而在更广泛背景下，公共管理还要处理全球化与信息化、政治与行政、安全与秩序、责任与伦理等诸多难题。但不管怎样，国家的存在是经济增长的关键，然而国家又是人为的经济衰退的根源。无论是从"守夜人"、国家干预到放松管制的政府职能变迁，还是对公平与效率、管制与自由、政府与市场等问题的争论，所有这些都集中表现为"政府的角色是什么，它能够或不能够做什么以及它如何能够做得更好"这一问题。

那么，现代政府究竟路在何方？公共管理变革的理想情境是达到"善治"，即政府、私人部门、志愿部门和民众共享治理权力，各司其职，各尽其才，各得其所，从而形成一种互动、互补、互依、互利的合作伙伴网络关系。正如彼得·德鲁克(Peter Drucker)所说："我们面对的不是'国家的逐渐消失'。相反，我们需要一个有活力的、强大和非常活跃的政府。但是，我们面临着选择，选择一个庞大的但软弱无力的政府，还是选择把自己局限于决策和指导，从而把'实干'让给他人去做的强有力的政府。(我们需要)一个能够治理和实行治理的政府。这不是一个'实干'的政府，不是一个'执行'的政府，这是一个'治理'的政府。"

以大数据、人工智能、移动通信、云计算为代表的新兴数字技术的快速发展和广泛应用，迫切要求公共管理研究实现范式跃迁。中国学者郁建兴等系统论述了"数字时代的公共管理研究范式革命"问题，他们认为，随着社会各部门的数字化，人类逐渐形成了社会的全息图景，为优化社会运行提供了非常有价值的数据资源。而数据的特殊属性正在带来一种全新影响，即它不仅分别改变了公共管理所要处理的实践问题性质，也通过数据驱动同时改变公共管理的治理工具和公共管理研究的分析工具。数据作为一种比物品、组织更加具有基础分析单元特性的资源，经由数据和模型驱动拓宽甚至将重构公共管理者的治理逻辑与方式。

近年来，公共管理学者已越来越多地注意到数字技术对公共管理实践和研究的巨大冲击，以及公共管理研究引领数字时代治理实践的必要性，形成了关于数字治理、敏捷治理、智慧治理、平台型政府和人工智能辅助决策等数字时代公共治理新形态的理论讨论，以及对于数据和算法驱动公共管理研究方法变革的讨论。数据及其治理构成了科技革命和公共管理研究范式双向塑造的强连接纽带。

## 二、公共管理在中国的兴起与发展

### (一) 公共管理在中国的兴起

从1949年中华人民共和国成立到1978年改革开放，中国建立了以生产资料公有制为基础的计划经济体制。在这种体制下，政府不仅集中配置社会资源，还对经济和社会生活实行全面、微观和直接的控制，许多个人决策的领域(如消费品选择和就业选择)也由政府包办，显然是一个"全能的政府"。这种经济体制曾经在特定历史时期发挥了重大的作用。比如奠定了工业化基础，消除了经济危机，收入分配相对公平，生产力迅速发展，向全体人民提供了基本教育和广泛的社会福利，使每个人都能享受基本的食品和服务等。但是，随着时间的推移，这种体制的低效率日益显示出来，具体表现为以下几个方面：①政企不分，计划经济排除了市场机制的作用，政府直接承担社会管理和生产服务的功能与费用，一方面效率十分低下，另一方面成本高昂；②权力过于集中，缺乏分权机制，使地方积极性无法发挥，也使政治民主化、科学化、制度化薄弱，难以制定出正确的计划和政策；③社会平衡机制主要由平均主义的分配政策实行，这使扩大再生产缺乏动力，也直接造成了社会资源的浪费；④政治民主化、科学化、制度化薄弱，尤其是公共决策的科学化、民主化程度低，难以制定出全面、正确的计划和政策。

面对计划经济的诸多问题，20世纪70年代末，中国进行了市场取向的改革开放，对政府职能进行了持续的不断深化和调整。在由计划经济向社会主义市场经济转轨过程中，政府的公共管理遇到了许多重大而复杂的问题，改革开放、市场经济和现代化建设能否顺利、健康地向前发展，一个重要因素就是政府公共管理水平的高低。在转轨过程中，市场发育会受到历史条件特别是传统计划经济的强大惰性的制约，要消除市场发展所面临的各种障碍，也要创造能够促进市场发展的政治条件，政府必须发挥重大的关键性作用。这就要求政府一方面要清楚界定自身职能，削弱甚至取消对微观经济主体的直接干预，相应强化其对产权和合法契约的保护，提供基础设施，完善社会保障制度以及稳定宏观经济等方面的职能；另一方面要对市场机制进行扶持和指导，促进市场机制的发育和发展，促进市场经济体制向成熟形态过渡。只有一个有能力的政府才能承担这个责任，政府也只有变革才能够迎接这种挑战。因此，进行公共管理体制创新，建立一个与市场机制发展同步，灵活、高效、精简、协调的政府管理体制和社会公共事务的管理体制成为迫切任务。由此也使得新型的公共管理逐渐在中国兴起。

20世纪70年代末中国开始改革开放，经过整个80年代的孕育发展，市场因素逐步深入社会经济的各个领域。随着条件的成熟，1992年10月，党的十四大明确提出，中国经济体制改革的目标是建立社会主义市场经济体制，至此市场化改革以前所未有的速度发展。现代市场经济应充分发挥市场与政府的双重作用，要在市场调节和政府调节之间取得一种平衡。市场提供私人产品，政府提供公共产品。政府要扮演好消除负外部效应、进行宏观调控、维持市场秩序、调节收入分配等公共管理者的角色。随着市场经济的深入发展和社会利益结构的多元化，政治生活的民主化和公民主体意识的觉醒，传统的政府行政管理职能和许多公共产品、公共服务的生产方式以及管理方式已不能够适应社会发展的需求，从而要求政府管理职能和社会公共事务管理职能进行彻底变革，全面向公共管理方式转化，以适应市场经济体制的发展。政府职能转变能否成功，一是取决于政府自我改革的勇气和魄力，二是取决于非政府组织的发育，三是取决于能否加强政府公共管理和公共服务的功能。一个完善的市场体系，必然有一个完善的公共服务体系相配套；而规范的市场秩序，来自政府强有力的公共管理能力。

公共管理学的发展为政府提供了大量关于社会全面发展的知识，包括政府在社会全面发展中应该扮演什么角色，行使什么职能、如何行使职能，什么是社会全面发展的内容等。公共管理学界的政策建议、调查研究、对发达国家社会全面发展的经验介绍等知识传授活动，为政府决策活动提供了重要的信息和参考意见。

### (二) 公共管理在中国的发展

在新公共管理理念的启发下，应结合中国的国情和政体，不断进行公共管理的改革、创新与发展。

(1) 创新公共管理理念。公共管理所体现的价值理念在不同的经济体制下是不同的。价值理念影响着管理机制的构建、运行效率的评价等。长期以来，中国的公共管理受到计划经济的影响，管理以"社会控制"为目标，在这种理念的指导下所设计的公共管理制度体现着自上而下的命令式管理模式。在市场经济体制下，公共管理应当以"社会服务"为宗旨，以尊重人的权利为制度设计的出发点。尊重人的权利、维护人的尊严、服务人的需要应当成为社会主义市场经济体制下公共管理制度理念的基石。

(2) 转变政府职能，创新政府管理手段。改革开放以来，政府的职能已经发生了很大转变，政企分离在许多经济领域已初见端倪，然而还需要反思政府职能在哪些方面出现了"短缺"或者"真空"。要转变"大政府、小社会"的局面，将政府从管理的具体事务中解脱出来，进而从根本上解决官僚体制的部分顽症。

明确了政府职能，并不能保证政府的公共管理自动实现公共管理理念所追求的效率与公平，还必须有管理手段的创新。特别是在体制转轨时期，政府手中依然掌握着很多资源，政府要通过创新管理手段来合理分配资源，避免资源浪费和不合理配置，实现社会利益的最大化。

(3) 理顺政府与市场的关系。充分发挥市场在经济发展中的作用，从"强社会"变为"强市场"，在政府管理中引入竞争机制，鼓励私人投资和经营公共服务行业，打破政府在公共产品提供方面的垄断性，提高公共服务的效率和质量。

(4) 培育社会中介组织，建立国家与社会的合作。除了要理顺政府组织内部的结构与相互关系之外，更为重要的是处理好政府与社会的关系。中国历来有强政府、弱社会的传统，要改变这种情况必须培育和发展社会中介组织，完善社会的自治组织结构，培育社会的自治与自律能力，建立政府与社会相互依赖、相互协作的互动关系。西方国家治道变革中出现的第三部门(包括国际组织、志愿者组织以及各种社会组织)在社会管理中发挥着越来越重要的作用，对于中国的公共管理改革有深刻的启示。

(5) 重视公民参与管理的积极性，实现管理的民主化。在西方国家，参与管理被作为一种公共行政改革的基本模式，受到理论界与实践者的高度重视。公民不仅应作为顾客要求享有各种服务和权利，也应作为公共服务的监督者，在参与管理中实现自己的权利和价值。西方国家从管理心理学的角度指出，公民和基层公务员作为最直接、最了解公共需要的群体，通过吸收他们参加决策过程与管理过程，发挥他们的积极性，可以提高公共服务的质量和效率。中国的公共管理改革也应该考虑到公民的实际需要，发挥他们的积极性，逐步实现管理的民主化。中国在实施政务公开制度方面做了大量的工作，在基层民主自治方面也取得了许多成就。今后，还应该大力发展和支持行政民主化的进程，逐步健全人民参与管理、监督公共行政的系统配套制度。

(6) 公共管理的法治化。市场经济是法治经济，现代社会是法治社会。随着法律制度的逐步完善，人们法律意识的增强，公共管理活动必然形成明确的法律法规框架，实现有法可依、有法必依、执法必严、违法必究。对于政府而言，坚持依法行政，其核心是限制和规范行政权力。政府创新要求行政体制从行政控制型体制向依法行政型体制转变，需要建立法治的政府，守法的政府。依法行政的核心是依法治吏、依法治权，尤其是涉及关系社会事务的公共权力。

2012年11月，党的十八大确定了全面深化改革的总目标，公共管理被提升到更为重要的位置，强调创新行政管理方式，提高政府公信力和执行力，推进政府绩效管理，实现政府管理方式和治理体系现代化。2017年10月，党的十九大报告明确了中国特色社会主义进入新时代的历史方位，强调提高行政效能和服务水平，构建人民满意的服务型政府。党的二十大指出扎实推进依法行政，其中法治政府建设是全面依法治国的重点任务和主体工程，同时转变政府职能，优化政府职责体系和组织结构，推进机构、职能、权限、程序、责任法定化，进一步提高行政效率和公信力。

2019年11月25日，我国著名公共管理学者陈振明在《人民日报》撰文指出，党的十八大以来，以习近平同志为核心的党中央在坚持和完善中国特色社会主义制度、推进国家治理体系和治理能力现代化等方面进行了一系列重大实践创新，提出了一系列治国理政新理念新思想新战略，积累了大量公共管理实践新经验。中国公共管理学的创新发展，必须坚持以习近平新时代中国特色社会主义思想为指导，把人民立场作为根本立场，始终坚持以人民为中心的发展思想；必须紧扣中国社会主要矛盾变化，研究和解决国家重大公共管理与公共政策领域的复杂问题，服务国家治理体系和治理能力现代化重大需求，推动中国公共管理学的理论建构和公共管理实践创新；必须深入研究中国治国理政历史传统与经验，尤其是深刻总结新中国成立70年来党中央治国理政的成功经验、系统梳理党的十八大以来推进国家治理体系和治理能力现代化的实践经验，从中提炼具有实践特色、民族特色、时代特色的公共管理理论。

当前，新一轮科技革命和产业变革正在拓展与深化，人类社会正大踏步走向网络化、数字化、智能化时代，变革全球治理体系和创新全球公共治理实践已经成为世界各国的共识。同时，很多国家的民众对公共事务的参与热情大幅提升，对公共服务的种类和质量也提出了更多、更高的要求。如何更好应对全球治理体系与治理实践变革，有效回应公众对公共服务的新要求，改进和提升公共服务质量，已经成为当代全球公共治理亟须解决的现实问题。中国公共管理学应在聚焦国内公共治理实践创新的同时，紧跟全球公共治理新趋势，直面全球公共治理新场景、新实践、新问题，努力提供中国智慧、作出中国解答，进而推动研究范式与理论创新。

公共管理学作为一个典型的跨学科、综合性、应用性学术领域，尤其需要强化跨学科、交叉学科和综合性研究，吸收借鉴其他学科的知识内容和研究方法。因此，中国公共管理学创新发展，必须关注其他学科的发展趋势和发展前沿，主动融合其他学科知识，引入它们的研究方法和分析技术，从有关学科的创新发展中吸取营养。比如，积极引入科学研究方法与范式，把脑科学、认知科学、神经心理学、量子理论、预测学、信息通信技术、智能化技术及虚拟技术等领域的新知识、新技术、新方法融入公共管理学创新发展之中。

### 阅读材料

## 推动新时代中国公共管理创新与发展
### ——访清华大学公共管理学院教授蓝志勇

中国特色社会主义进入新时代，我国社会主要矛盾已经转化为人民日益增长的美好生活需要和不平衡不充分的发展之间的矛盾。如何积极回应新时代的要求，研究和解决国家重大公共管理与公共政策领域的复杂问题，服务国家治理体系和治理能力现代化建设，是我国公共管理学科必须面对的重大任务和时代命题。

根植于国家治理体系和治理能力现代化的实践经验，直面公共治理领域的新实践、新问题，我国的公共管理学研究也迎来巨大发展机遇。构建具有中国特色、中国风格、中国气派的公共管理理论体系，成为我国公共管理学科未来的发展方向。新时代我国公共管理学应该着重探索和研究哪些问题？应该如何构建中国特色公共管理理论？围绕上述问题，记者采访了清华大学公共管理学院蓝志勇教授。

《中国社会科学报》：党的十九届四中全会聚焦国家治理体系和治理能力现代化建设作出了一系列重要部署，为新时代我国公共管理学发展创造了广阔的发展空间。您怎么看待新时代中国公共管理学科的发展？

蓝志勇：党的十八届三中全会首次提出"推进国家治理体系和治理能力现代化"这个重大命题，党的十九届四中全会对坚持和完善中国特色社会主义制度、推进国家治理体系和治理能力现代化作出重大战略部署。新时代的新诉求是，在党中央的经济、政治、文化、社会、生态"五位一体"战略部署基础上，以五大发展理念为指导，全面深化改革，以解决发展不平衡不充分的主要矛盾，满足人民群众对高质量美好生活的追求；同时，打造好社会主义核心价值观。这一重大国策是新时代的发展追求，也是公共管理学科建功立业的指导方向和催征战鼓。现代公共管理的核心任务是，构建和营运国家治理体系、协助人民行使政治权利，以完善的组织方法和手段、高效的公共决策程序和技巧、优秀的公共服务人力资源、廉洁高效和健康充裕的公共财政治理国家、发展社会、服务人民。

在全面建设社会主义现代化强国的新时代，公共管理学科一方面需要研究新时代治理的新问题，另一方面要批量性地培养人才，以现代治理的理念、方法、组织机构、技术手段为社会提供高质量的公共服务。在国家追求治理体系现代化和治理能力大提升的新时代，公共管理学科迎来巨大成长和发展机遇。

《中国社会科学报》：新时代社会主要矛盾发生变化，人们的诉求也呈现多样化特征。在这一时代背景下，中国的公共管理学科发展面临哪些挑战？

蓝志勇：可以说，机遇的到来就是挑战的开始。如何提高政府的公共治理和服务能力，推动社会进步，是公共管理学科研究和人才培养的重大使命和挑战。如何甄别本学科的核心价值、核心任务，如何改革和创新庞大的行政机制，如何满足发展过程中人民在城市安全、乡村发展、医疗社保、住房和教育等方面的高质量生活需求，如何保障科技文化发展、经济稳定、国泰民安、国际交往和贸易顺畅等，无一不是公共管理面临的重大挑战。

《中国社会科学报》：当今社会发展已经进入大数据时代。您如何看待大数据等新兴技术对公共管理学的影响？

蓝志勇：在古希腊，一部哲学就概括了所有的学问。而在现代社会，社会分工、科学分工是常态，而且越分越细，细到没有任何个人、团队或者学科能独自完成规模化的大型工程，更不用说公共管理。公共管理本身就是一门管理和协调的学科，俗称为人类合作协调的技术大师。它需要协调各个不同的专业，共同解决人类共生共存共同发展的问题。公共管理的学科基础包括政治、经济、社会、心理等学科，也包括可以用在管理手段上的相关技术，如信息系统的使用与管理。沟通是组织学中的一个核心变量。在信息技术大发展的年代，公共管理对信息及技术的依赖会更加强烈，而信息技术自然也会成为公共决策的重要帮手。

事实上，即便在小数据时代，管理科学也早就在努力使用数据和信息技术。因为信息传递和沟通是一切人类协同合作工作的基础。古代烽火台的狼烟、千里单骑、鸿雁传书、锦囊妙计，就是当时的信息技术。后来的电话、电报、电子邮件，也是管理决策过程中使用的信息技术。大数据在数据量、覆盖面、记录形式、传递速度等信息技术方面的飞速进步，使其重要性愈加凸显。但大数据在管理中并不是决定性的因素。相较而言，领导水平、领导力、领导学识、决策机制、感知力、决策执行力等管理决策要素更为重要。事实上，大数据的含义不仅仅是大，还有运算力强、传递速度快、数据联通力高、便捷的可获得性、高效的实际可用性等许多相关因素。公共管理人员使用大数据，首先要弄懂什么是有用的数据，如何从数据中提取决策信息。使用大数据，要讲究数据有效性、成本收益性和公民权益性。

《中国社会科学报》：多学科融合发展是当今哲学社会科学创新发展的重要动力。推动公共管理学理论创新是否也应借鉴其他学科的理论与方法？

蓝志勇：在任何时代，每一个学科要实现自身发展，都需要借鉴和学习别的学科知识。如生命科学为了观察细胞工作，发明了有独特功能的电子冷冻显微镜；地理学家推动了地理信息系统的开发和使用，所有的学科都靠计算机技术，不少学科开发了自己的应用软件；而计算机技术发展则要用到物理、材料、数学、化学等知识。

公共管理要推进人类协同发展，推动管理和社会创新，捍卫和弘扬人类文明，就应该博采各学科众长。但不可否认的是，学科是有分工的，公共管理也有自己特定的研究和工作领域。其核心目标就是发现和发展公共利益，创造符合时代需要和满足本国本地人民诉求的公共价值，并通过政策、组织、财政、人力资源和现代技术的方式方法实现这些价值。

在科学技术高度发达的今天，在中国社会转型和大踏步迈向现代化、城市化、信息化、自动化和全球化的过程中，中国需要有更高超、更能深入人心、更能获得大众支持的方法和价值理念，实现综合管理。这是现代公共管理的任务。公共管理学科如果能汇集优秀的研究人才、产生优秀的研究成果、培养优秀的从业者，就一定会成为推动现代治理体系构建和治理能力培养的一支重要生力军和领导力量。从事公共管理研究的学者和实务界人才，必须要对现代科学技术的发展和人类文明的其他重要知识有广泛的涉猎和真切的了解。

《中国社会科学报》：在您看来，应该如何构建具有中国特色、中国风格、中国气派的公共管理理论体系？

蓝志勇：从文化表现特点来说，中国特色和风格是既定俗成的，是数千年文明积累的结果。比如说，徽式建筑、傣乡民宅、江浙小镇、紫禁城等，这在世界文明中都是绝无仅有的，也是民族瑰宝。以文化艺术和建筑学的眼光看，中国特色、中国风格、中国气派，就是特色鲜明、自成风格、自有气派。

但是，从哲学社会科学的视角来看，"气派"如何翻译，可能值得讨论。在外语中，这个词的含义或许不符合我们真正要表达的意思。如何正确理解和翻译这样的表述，需要在世界视域下的跨文化交流过程中进行认真研究。

事实上，哲学社会科学追求的不是高位，而是"海纳百川、虚怀若谷、兼容并蓄、伸缩自如"的境界。一般来说，最优秀的本土文化，最容易被世人认可；最通透的普遍真理，也最容易被更多的人接受。比如说，对生命和权利的尊重，对美好幸福生活的追求，对和谐公平公正原则的推崇，对效率的钦佩，对人际和社会关系的关注。

中国是一个有几千年文明史的国家，有厚重的哲学思想、文化传承。自古以来，中国在国家治理方面就有着深入的探索，积累了丰富的国家治理实践经验，这些都是中国现代公共管理宝贵的文化和知识资源。西方哲学家尼采就无比钦佩中国的《道德经》，认为《道德经》像一口永不枯竭的井泉，满载宝藏。如果我们对传统理论资源深入研究就会发现，柏拉图的"型理论"(theory of forms)与中国的道家学说十分相似。柏拉图的理论影响了西方哲学两千多年，这个理念是西方的还是中国的还可以考究，毕竟老子生卒年还要早于柏拉图。西方的文官制是中国早年出口的制度方法的改良品；韦伯的科层官僚原则在我国秦朝郡县制中就已有应用。而中国近代的国家理论基础，原创者是西方政治学人马克思。所以说，从国际理论视野来看，有特色的学术体系也将是有普遍意义的思想理论体系。探索和构建有特色的现代中国本土理论，是中国理论界、实践者和知识群体的内在需求。

但我们也应该注意，中国是一个巨大的多民族、多文化和有着悠久文明史的国家；而当代中国是年轻的社会主义的人民共和国，是当代东西方现代文明碰撞和融合的产物，依然在发展壮大和完善的过程中。就是说，中国的"本土"博大而多元，新旧共存，历史上不断演进，到今天还在不断变化。什么是这个"本土"的本质和需求？这其实是一个内涵极其丰富的复杂问题。比如说，富强、民主、文明、和谐，自由、平等、公正、法治，爱国、敬业、诚信、友善的社会主义核心价值观，既是中国的，也是国际的；创新、协调、绿色、开放、共享五大发展理念，既是党中央的战略决策和治国纲领，也是联合国2030可持续发展的重要目标。"文明新旧两相依，心理东西本相同"，说的是中华文明与世界文明是有相通之处的。西方理论中未必没有中国的基因，而中国的特色未必不具备世界意义。从这个意义来说，哲学社会科学学术体系、学科体系和话语体系是功到自然成的结果，其合理性和成熟度都需要假以时日。秉持开放和务实的学习心态，更有利于构建中国特色公共管理理论体系。

《中国社会科学报》：总结提炼公共管理的中国经验，传递公共管理的中国话语，是彰显公共管理中国特色的重要路径。对于推进我国公共管理话语体系建设，您有何建议？

蓝志勇：近年来，关于话语体系的讨论，源于西方社会后现代思潮的流行。话语体系指的是表述一种思维系统的一整套语言系统。后现代思潮提倡在现代社会高度发展的背景下，打破或解构现代社会已有的禁锢思想和行为的固有思维体系和制度，重构思想语言的基本单元。

从学术分析视角看，后现代思潮对话语体系的构建存在认识上的误区。第一，语言是思想的基本单元，语言的重构是经常性的社会现象，它会根据新的社会生活环境不断自我更新。手机、马赛克、网络课堂等都是基于现实发展而出现的语素。中国的豆腐(toufu)、功夫(kongfu)现在也出现在西语字典中。这些现象并不是构建而来，而是发展而来的。第二，他们混淆了"话语体系"与"话语权"这两个不同的概念。话语权来自经济、政治实力，不来自语言本身。如果有实力，别人自然要翻译你的语言，了解你的表达方式，甚至学习你的语言。话语体系的第一功能是实现有效沟通与交流，目标是增进和加深了解，而不是创造语言和概念壁垒。话语权效果的最终实现，要靠话语体系背后的强大思想体系来支持。而话语体系本身正是跨文化沟通中需要突破或超越的语言现象和表述方式，目标是增进交流和沟通，让所有人听得懂，能产生共鸣。

事实上，中国在长期的革命斗争和社会主义建设实践中早就形成了一套自己的话语体系，比如我们自己的公文行文方式。但是，在全球化过程中我们面临的挑战是，这套话语体系如何实现与不断发展变化的各国各族人民进行有效沟通。语言的背后，其实是思维理念和思维方式。所以说，话语体系构建的实质不是语言表象，而是思维理念和思维方式的构建。本土思想的高度，是实现本土话语体系高度的基础。这一点在我国传统文化《道德经》中体现得较为明显。《道德经》中的"人法地，地法天，天法道，道法自然"，就指出人间生活的一切都要尊重环境条件、在地文化风俗和发展阶段，即我们的理论必须与实际相结合；人与人、人与自然之间秉持公平公正的行为准则，才能使社会长治久安、可持续发展；人类精神生活的追求是生命高层次属性的必然要求。构建公共管理的本土理论体系，可以以此为基点，以人类文明发展为终极目标，致力于以人民为中心、以人类文明共同体发展为理想的现代治理体系建设和治理能力提升，从而造福人民，引领人类文明发展。这一理论的基点是，以人民为中心，以中国为实践基地，以具有奉献和公益精神的优秀人才为载体，研究思路多元化、理论实践一体化、研究方法多样化、研究风格朴实化、研究论证严谨化、研究逻辑科学化、研究语言通俗化、研究贡献国际化、研究评价公认化，在本土关怀、科学严谨、包容并蓄、朴实无华的努力中追求中华文明的辉煌发展和世界文明的长久福祉。

资料来源：张杰. 推动新时代中国公共管理创新与发展——访清华大学公共管理学院教授蓝志勇[EB/OL].(2020-03-24)[2023-10-30]. https://www.cssn.cn/skgz/bwyc/202208/t20220803_5456844.shtml.

### 延伸阅读

### 高质量充电基础设施体系，什么样？怎么建？

资料来源：新闻1+1. (2023-06-20). https://tv.cctv.com/2023/06/20/VIDEmmz34NfL2BRSPNv5xMVf230620.shtml.

### 本章思考题

1. 什么是公共管理？并简述公共管理的本质特征。

2. 简述公共管理与私人管理的主要区别。

3. 简述公共管理的主体和客体。

4. 从公共管理的视角出发，应如何解决政府在社会经济领域中的越位与缺位问题？

5. 结合中国公共管理体制的现状，论述其未来的发展趋势。

## 第二章

## 公共部门管理流程

公共部门管理活动通常要经历计划、决策、组织、领导和执行等环节，它们构成了公共部门管理的流程。其中，计划方案的构建和设计是实现组织目标的有效保障，而决策、组织、领导、执行又是公共组织活动的必然过程。那么，如何实现决策的科学化与民主化？公共组织在管理活动中发挥着何种影响？领导在公共管理活动中发挥怎样的作用？哪些因素影响政策执行？所有这些问题都直接影响着公共部门管理。因此，本章将围绕这些重要问题进行讲解。

# 第一节　计划

## 一、计划的含义及特征

### (一) 计划的含义

计划(Plan)工作主要包括三方面内容：一是研究活动条件、确定组织目标；二是制定保证目标实现的全局战略；三是制定行动方案。计划方案是对未来行动的一种说明，明确了组织所追求的目标是什么，完成这些目标必须通过什么途径，采取什么方案实现既定目标，以及怎样有计划和有效地开展好工作。在公共管理中把计划称为公共计划。所谓的公共计划就是公共组织根据实际情况，通过科学的预测，权衡客观的需要和主观的可能，提出在未来一定时期内所要达到的目标，以及实现目标的途径。

### (二) 计划的特征

#### 1. 目的性

在公共组织中，计划的最终目的都是促使组织的总体目标及各个阶段的目标能够实现。有目标才能有发展，才能寻找最佳发展途径。所以，计划工作具有强烈的目的性，它以行动为载体，引导着组织的运转。

#### 2. 未来性

计划是面对未来的，是一种预先的安排，即事先决定干什么、如何干、什么时候干和谁去干。所以，要确定目标和通向目标的途径及措施手段。

#### 3. 普遍性

计划的普遍性表明，计划工作应涉及公共组织管理区域内的每个层级，每项工作都应当根据工作的内容与人员的职责范围制订相应的计划。在一个高效率的组织中，每个成员都需要对本职工作作出计划。因此，计划具有普遍性。

### 4. 风险与不确定性

计划的目的是减少不确定性，降低组织风险，但计划本身就包含着风险与不确定性。抱有"计划不如变化快"的想法而排斥计划的工作人员，事实上是不懂计划。因为，计划本身就包含变化，计划包含对突发事件的应对措施。

公共管理中的计划表现为政府组织通过制订经济和社会发展计划，实现国家和地区宏观调控目标的一系列管理活动，具有宏观性、战略性和政策性三大特点。

## 二、公共计划的类型

计划是对未来行动的事先安排，是决策实施所需完成的任务在时间和空间上的分解。计划成功的关键在于对环境变化的灵活性和适应性。公共计划主要是围绕公共政策进行的规划，依据不同的标准，可对政策计划作如下分类。

### (一) 依据参与政策计划的主体性质分类

依据参与政策计划的主体性质不同，计划可分为封闭式政策计划、半封闭式政策计划与开放式政策计划。

#### 1. 封闭式政策计划

所谓封闭式政策计划，是指政策计划活动局限于政府内部而几乎不向社会主体开放。封闭式政策计划的提出、评价、遴选等活动由政府机关单方面开展。虽然政府从事这些活动也或多或少征询民意并能在不同程度上代表民意，但社会主体并不具有直接的、实质的参与制订该类政策计划的机会和途径。

#### 2. 半封闭式政策计划

所谓半封闭式政策计划，是指政策计划活动逐步向社会主体有限地开放。虽然半封闭式政策计划过程仍由政府主导，但社会主体被赋予了有限参与权，拥有了一定的途径向政府反映政策诉求、影响政府的政策方案，社会主体之间也呈现一定程度的竞争与协商状态，形成一种政府力量之外的社会合力。

#### 3. 开放式政策计划

所谓开放式政策计划，是指政策方案的提出、评价、竞争、遴选和择优等活动由政府和社会主体共同完成，而且社会主体发挥着更为积极的作用。社会主体尤其是利益集团、大众传媒等具有稳定、成熟的政策参与渠道和策略，社会主体之间存在大量的互动，政府反而成了社会主体之间协商、竞争、仲裁的平台。

一个国家政策计划的实践类型是由其体制决定的。总体来看，在现代民主潮流中，政策计划是朝着开放式不断迈进的。

### (二) 依据所规划政策问题的性质分类

依据所规划政策问题的性质不同，计划可分为开创性政策计划与承接性政策计划。

#### 1. 开创性政策计划

开创性政策计划是指针对全新的政策问题进行的政策计划。此类政策计划没有先例，需要收集全新的信息，由各计划主体开创性地提出全新的方案。

#### 2. 承接性政策计划

承接性政策计划是指当原有政策不适应新的情况时，在原有政策的基础上修改而进行的政策计划。承接性政策计划既要考虑原有政策合理成分的延续，又要根据新的情况作出具有创新性的调整。

### (三) 依据政策计划的主题和侧重点分类

依据政策计划的主题和侧重点不同，计划可分为政治性政策计划与技术性政策计划。

#### 1. 政治性政策计划

政治性政策计划是指由政治因素主导的，着眼于供大家选择和公共利益分配等政治性议题而开展的政策计划活动。这类政策性计划针对的是具有强烈的价值或利益争议的政策问题，以至于使政策的提出和择优在实质上是不同政治主体间进行政治竞争的过程和结果。

#### 2. 技术性政策计划

技术性政策计划是指技术因素主导的、着眼于运用相关知识、通过特定技术来解决政策问题的政策计划活动。与政治性政策计划不同，它所面对的政策问题的性质更多地体现为技术性而非政治性，政策计划的过程主要围绕技术性及可行性展开。

## 三、公共部门战略计划

战略计划(strategic plan)是战略管理途径兴起的一个阶段，又是战略管理过程的首要环节。作为一种新的研究途径或新的学科分支，战略计划兴起于20世纪60年代中期；在私人部门战略规划和战略管理模式的示范影响下，公共部门战略计划途径和战略途径也随之兴起(公共部门战略计划途径兴起于20世纪80年代初)。作为战略管理过程的一个环节，战略计划首先对组织内部和外部环境进行分析，寻找出发展的趋势，发现对组织发展构成的威胁和新的发展机会，使潜在的风险最小化和利益最大化。战略计划的目的是寻求外部环境和组织的最佳结合，它的侧重点是制定组织的战略或规划行动方案。公共部门战略计划基于这样一种假设：如果公共部门的领导者和管理者的组织将实现其使命，执行他们的命令，并在未来的几年内使他们的机构获得公众的满意，那么他们必须是有效的战略家。

### (一) 战略计划的定义

学者对战略计划下了各种各样的定义，下面列举几种典型定义。

亨利·明茨伯格(Henry Mintzberg)认为，战略计划是一个一体化决策系统产生并发出连贯协调结果的正规化程序。

安娜贝尔·碧莱尔(Annabel Biller)认为，战略计划是为解释组织环境而设计的一个正式过程，其目的在于识别组织的适应性挑战并指导组织作出反应，从而使更长期的竞争优势达到最大化；战略应负责正式而明确地识别新的现实，并且识别新的现实所提出的适应性挑战，战略计划通常帮助组织重新构造它的种种假设以及重新界定其关系链和强调自组织能力。

布莱森(Bryson)认为，战略计划是一种确定基本决策和行动训练有素的努力。这些决策和行动影响并指导组织应该是什么样的，它应该做些什么，为什么这样做。战略计划由一套用以帮助领导者和管理人员完成其组织任务的概念、过程及工具组成。

综合以上学者的观点，可以从以下几个方面来把握战略计划的概念。

(1) 战略计划是对当前决策的预测，战略计划涉及的是当前决策的未来。战略计划的实质就是对未来潜在的机会和威胁进行系统的辨析，并结合自身的优势和劣势为组织更好地制定当前的决策提供依据，从而使组织能够在将来抓住机会。

(2) 战略计划是一个发展过程。战略计划不仅是一套构思详尽的计划，还应该看作一个发展的过程，因为组织所处的环境是不断发展变化的，必须对计划进行思考并不断修订。

(3) 战略计划依据的假设是，对环境的发展趋势和变化均需预测和了解，环境变化的主动权在组织。

(4) 战略计划是"决策—执行—衡量"的循环。战略计划是过程而不是事件的线性结果，该过程是反复的、循环的，并且过程的所有部分是相互关联的。

### (二) 战略计划的性质

战略计划是组织在分析和解读环境的基础上产生组织的战略过程。正如亨利·明茨伯格所言，战略计划是一个一体化决策系统产生并发出连贯协调结果的正规化程序，其目的在于识别组织的适应性挑战并指导组织作出反应，以获得更长期的竞争优势。

一般而言，战略计划所处理的议题和一般政策规划所处理的议题是存在差异的，战略计划的议题具有三个基本特征：①稀少性，即战略性决策是不寻常的，通常没有先例可循；②重大性，即战略议题往往涉及全局性的重大问题；③指导性和长远性，即战略性决策是指导其他较低层次的决策以及引导组织未来发展的方针。

一般来说，一个好的战略计划包括四个方面的内容：①战略范围方面，规定本组织与社会环境之间发生作用的范围，即说明要达到哪方面的目标；②资源部署方面，要阐明如何部署资源；③机会和威胁方面，应该说明战略范围的机会和威胁；④最佳协调作用方面，即在战略范围内，使资源部署与竞争优势相协调。

战略计划包括确定组织的任务、设立目标和制定使组织能够在环境中成功运行的战略。战略计划与其他类型的组织活动存在以下区别：战略计划是高层管理者的决定；涉及大量资源的分配，如资金、劳动力或物质生产能力；具备长期效应；关注组织与外部环境的相互作用。

### (三) 战略计划的制订过程

#### 1. 确定任务和预期结果

战略计划确定了组织的活动以及资金、人员、空间和设施等的资源配置。每一份战略计划应包括一个全面的任务陈述，该陈述基于机构的法定要求，是一系列与结果相关的战略目标和准备如何实现这些目标的打算。它包括以下三方面内容。

(1) 考虑利益相关者。一个成功的战略计划是建立在利益相关者的利益和预期的基础上的。利益相关者通过参与计划的制订过程，了解公共机构所拥有的有限资源以及与需求之间的平衡关系，确保资源用在最需要的地方，这是战略计划制订的基础。没有广大的利益相关者的支持，战略计划就无法完成。

(2) 评估环境。战略计划是在对环境评估的基础上来调整并保持其长期目标的。公共部门通过持续和系统地监视其内部和外部环境，确定适应环境和有可能改变环境的计划方案，并使计划保持一定的调整弹性。外部环境包括新出现的经济、社会与技术变化趋势、新的法律法规和司法要求等；内部环境则包括一个组织内部的变化、管理实践和业务流程等。两者同等重要，不能偏倚。

(3) 确定预期的结果。公共管理部门以预期结果导向制订计划，往往会遇到收集项目绩效数据的问题；不能准确计量影响组织结果的多种复杂因素和组织缺乏对这些因素的控制；公共管理机构的行动结果具有长期性，无法在短期正确衡量等问题。尽管存在这些问题，只要政府经常性地分析环境的变化，是能够在制订战略计划过程中考虑和把握预期效果(绩效)的衡量标准。

#### 2. 整合组织的活动和资源

任何一个以成果为导向的组织都会努力使它的日常活动发挥支持其组织任务的作用，从而推动组织活动接近战略目标。这一活动过程中，需要组织根据计划活动对实现任务和达到目标的资源进行整合。组织本身日益倾向于以成果为导向，就会更多地调整自身的活动和计划，以便能更有效地提供服务，以考虑各方面的利益、满足各方面的要求。

#### 3. 实施

计划方案确立之后就进入实施阶段。在这一阶段，公共管理部门首先在制定目标和政策的较高层面综合考虑各种选择和实施的预想结果，然后必须准备好资金或做好预算，这是计划过程的核心阶段。

总之，战略计划是长远的、纲领性的、主题性的远景计划，它的制订需要考虑更多因素。

## 四、计划的实践意义

为什么公共管理者需要进行计划工作？这是因为计划在公共管理工作中能够发挥以下重要作用。

1. 为组织成员指明方向，协调组织活动

计划工作协调了组织成员所做的各项努力，当组织所有成员了解了组织的目标和为达到目标需要作出什么贡献时，他们就能够开始协调各自的活动，将个人的力量朝向组织目标，避免组织成员力量的内耗，利于有效实现组织的目标。

2. 预测未来，减少变化产生的冲击

计划工作促使公共管理者展望未来，预见变化，考虑内外环境变化给组织带来的冲击，从而制定适当的对策，减少组织活动中的种种不确定性，降低变化给组织带来的不利影响，甚至还能够变不利为有利，抓住变化带来的机会。

3. 减少重叠和浪费性的活动

计划工作明确了组织成员活动的目的和手段，避免了多项活动并行出现的种种不协调现象，可以减少重复和浪费性的活动。

4. 设立目标和标准以利于控制

如果公共管理者不清楚要达到什么目标，也就无法判断是否达到了目标。正是由于在计划工作中设立了目标和标准，公共管理者才能够在管理工作中将实际的绩效与目标进行比较，发现可能或已经发生的偏差，采取必要的纠偏行动。没有计划就无法对组织活动实施控制。

对计划的作用应有一个全面正确的认识。一般来说，高质量的计划工作和对计划的良好执行能够产生较好的公共组织绩效。而且，计划并不像人们所想象的那样会降低管理工作的灵活性。计划工作意味着承诺，但只有公共管理部门把计划工作看成一次性行为时它才是一种限制。计划工作应当是一种持续的活动。推理明晰、构想清晰的正式计划比存在于一些高层管理人员头脑中模糊的假设要容易修改得多。但是，对计划的作用不能做不客观的夸大，计划并不是万能的。计划工作不是做未来的决策，它涉及的是当前决策对将来事件的影响。计划工作涉及未来，但计划工作的决策是现在就作出的，计划工作并不能消除组织内外的变化。公共管理者不管做什么，变化总是客观存在的，从事计划工作是对各种变化和风险进行预估，并对它们作出有效的反应。所以，计划工作不能做到完全预言和控制未来。然而，尽管公共管理者由于理性和能力有限，很多情况下不能确切预知未来，尽管那些超出管理者思考和控制的因素可能干扰制订最佳的计划，但是，计划工作迫使管理人员通盘思考问题，对未来出现的情况作出相对理性、合乎情理的推论和预测，在公共管理工作中会拥有更多的主动性。

尽管所有的管理职能在实际管理工作中交织在一起，形成一个管理系统，但是，计划具有它的独特地位。一是计划工作的首要地位。计划工作要为全部的组织活动确立必要的目标。公共管理者必须先制订好计划，才能确定组织需要何种结构和人员，按照什么方针去领导组织成员，以及采用什么样的控制措施。如果要使所有其他管理职能发挥效用，就必须安排好计划。计划和决策是密不可分的，计划是决策的载体，决策的成果由计划体现出来。计划和控制更是不可分割的，计划提供控制工作的标准，没有计划，没有事先制定出的一套标准，就不可能对组织活动进行衡量、比较并纠偏。二是计划工作的普遍性。无论是什么组织，也无论是组织中哪个层次的管理者，要想实施有效管理，就必须要做好计划工作。组织中的每一位管理者尽管职权和管理范围存在不同，但都拥有制订计划的部分权力和责任，都要进行计划工作。计划工作是全体公共管理者的一项职能。

# 第二节 决策

决策(decision-making)活动古已有之，它渗透于政治、经济、文化、科学等诸多领域。决策被确立为组织理论和整个管理学的一个中心概念，在西方管理学发展史上具有划时代的意义。公共决策(public decision-making)是公共部门领导者的首要职责和公共管理的中心环节。公共决策的制定、修改、实施贯穿于公共管理过程的始终。对公共管理运行起着发动、统领的作用。没有科学决策，就没有高效率、高质量的公共管理。

## 一、公共决策的含义及特点

### (一) 公共决策的含义

韦伯思特词典对决策的定义是："决策就是从两个或多个的一组行为备选方案中有意识地选择其中一个行为方案。"根据这个定义，决策过程中包括两个基本要素：一个是有意识地选择，另一个是备选方案。简单地说，决策就是决定得出结论的方式。

赫伯特·西蒙(Hebert Simon)对决策过程的定义是："决策就是找出要求制定决策的条件；寻找、拟定和分析可能的行动方案；选择特定的行动方案。"概括为收集信息、拟定可供选择的方案和选择特定的行动方案。

公共决策是公共组织为实现公共管理目标而对未来一定时期内有关国家政务和社会公共事务进行管理活动的方向、内容及方式所做的选择和调整的过程。

### (二) 公共决策的特点

公共决策作为决策的一种特殊形式，除了具有决策的普遍特征外，还有其自身的特点。

1. 主体的确定性

公共决策的主体是具有法定权力的公共权力机关及其具有所谓职位的官员，即主体是有公共管理权的组织和个人。除经上级国家机关、法律以及其他社会规范授权外，公共权力机关及其官员以外的任何其他机构和社会组织、个人，一般都不拥有公共决策权力。

### 2. 内容的广泛性

公共决策的内容涉及整个国家和社会范围内的一切公共事务和管理，从中央到地方，各级行政机关运用行政决策权力解决社会公共事务的各种问题，都要通过政府的决策进行筹划办理。公共决策牵涉的范围广，涉及的机构多，动用的人力、物力、财力数量大，这都是由政府职能的广泛性所决定的。

### 3. 范围的全局性

公共决策是以国家的名义、代表国家进行决策，体现国家和人民的意志和利益。不同的国家机关虽然分工和管辖范围不同，但在作决策时都要从国家整体利益出发来处理本地区本部门管辖的公务，不能只顾本地区本部门的局部利益。所以，公共决策具有很强的整体性和全局性。

### 4. 依据的法律性和约束的普遍性

公共决策代表国家意志和利益，依据国家法律、法规来制定，实施决策的各项措施以国家权力为后盾。公共决策方案一经决定就具有普遍的约束力，不仅对公共决策机关内部的成员具有约束力，也对其管辖范围内的各级公共权力机关及一切企业、事业单位、社会团体和个人具有约束力。

## 二、公共决策程序

### (一) 发现问题，确定决策目标

所谓问题，就是指现实与期望状态之间的差异。任何一项管理活动都是从发现问题开始，然后作出变革，从而实现创新。

公共问题的分析、界定是决策的起点。公共问题就是指那些已经影响到人们正常生活的社会问题。由于实际状态与社会期望、理想之间存在差距，产生了各种各样的社会问题。

公共决策活动的目的就是针对社会、政治、经济、文化等各个领域出现的问题作出反应，寻找对策；或者主动提出决策问题，进行积极的社会经济管理活动。公共决策活动的首要任务是发现问题并对其进行科学的分析。

确定决策目标以发现问题为基础。确定决策目标是指确定决策要预期达到的标准、指标或结果。决策目标应当具体明确、有针对性，能够为选择决策方案提供衡量标准，为控制决策提供依据。所以，问题产生的原因是制定公共决策目标的依据。公共决策问题的性质和程度决定着公共决策目标的性质和程度。

### (二) 分析预测，拟订方案

分析预测应针对所要解决的问题，主要应把握三个方面的内容：①在与决策有关的环境和条件中有哪些有利因素和不利因素，怎样利用有利因素和克服不利因素，未来的环境和条件会发生什么变化，有哪些影响变化的因素，可能出现什么情况；②过去是否遇到过同类或类似的问题，采取过哪些解决问题的途径和方法，效果如何，如何借鉴以及解决面临的问题；③科学技术和社会的发展能否提供决策的新途径和新办法。

拟订备选方案时要集思广益，要仔细考量各种可能的途径和办法，要注意各个备选方案之间的区别，各个方案在实现同一目标的手段、措施、方法上要有所不同，这样才有对比性和选择性。

所拟订的备选方案应具有以下特点：①创新性，即在对问题有深入认识的基础上，提出创新性的解决问题的途径；②可能性，体现为方案要切合实际，立足于已有的人力、财力、物力，有实现的可能性；③群众性，体现为能够充分反映广大人民的利益和要求，能够调动执行者的积极性；④灵活性，体现为能够应对各种复杂情况，使决策者有比较得失、权衡利弊的余地；⑤层次性，体现为既有整体方案，又有具体的实施方案，便于选用。

### (三) 评估方案

评估方案就是确定方案具有的价值，它包括探索、解释和叙述每一个方案的可能结果。这就要求决策系统必须搞好评估，对未来的决策环境情景及对象的变化有所把握。通过评估，帮助决策者认识和控制未来的不确定性，把对未来变化的无知减少到最低限度。政策是面向未来的，其实施过程是不可逆转的，所产生的效果既可能符合人们的主观愿望，也可能背离愿望。评估的内容包括以下几个：①评估方案的可行性。所有方案都需要资源，因此，方案的可行性评估主要是找出方案可能需要的各种资源以及组织能否提供这些资源。②评估方案的可接受性。公共组织决策既要坚持经济效益又要坚持社会效益，力求做到公平正义。因此，在公共决策中那些能够尽量照顾各方利益的方案更可能被决策者接受。③评估方案的可靠性。首先，要预测每个备选方案实施中环境的可能变化，不仅要对有利环境进行预测，还要预测可能的不利环境。其次，要预测方案实行的概率，可以通过使用各种数学模型来预测方案的实现概率。决策树是一种常用的预测方法。按照确定型、风险型、不确定型对决策进行分类，再根据决策者的经验，预测方案能否成功的准确性会有所提高。

### (四) 选定决策方案

选定决策方案就是对设计出来的各种备选方案进行总体评价、比较，权衡利弊后，从中选出比较满意的方案。一般认为决策方案必须符合下列条件：①有利于决策目标的实现；②体现出尽可能大的效益；③实现决策目标所承担的风险尽可能小；④要有可行性；⑤方案实施后的副作用(即负面效果)尽可能小。选择决策方案是决策者的主要职责，为了使方案合乎条件，决策者必须组织专家对其进行可行性分析。无论采取什么样的方法，方案一经确定，决策过程到此告一段落。确定决策方案后，按规定需要及时报上级机关审批，一旦批准，便可正式执行。有的决策方案只需要上报备案，决策者确定后即可执行。

在选定公共决策方案的过程中，经验判断、科学评估和专家论证是常用的方法。在经验判断法下，决策者运用过去工作中积累的知识，对每个方案进行分析比较，权衡利弊，最终确定决策方案。科学评估是广为采用的评估方法。运用科学评估方法时，要对围绕决策目标提出的要求和所起的作用进行系统分析和全面评价；要注意各方案之间的差异，从差异中全面评价其优劣；不能只评价方案本身，还必须对拟订方案所依据的信息资料的完备性与可靠性作出分析；还可以把方案放到小范围内进行试点，检验其优劣。专家论证法是依靠有关专家的智慧，从必要性、可能性、经济性、协调性等方面做可行性研究和论证，共同评选方案，最后由决策者根据专家提供的意见选定决策方案的方法。

公共决策特别是各级政府的决策，应以促进社会安定和社会发展为价值标准。政府的决策是政府对公共事务的决策，要考虑到社会影响和社会承受力，不能引起大的社会动荡。

### (五) 信息反馈，完善决策

反馈是决策过程中不可缺少的环节，决策究竟是否符合实际情况，能否达到决策目标，只有通过实施、通过信息反馈才能弄清楚。这就要求在实施决策和反馈信息的过程中细致分析，不能简单化和片面化。

公共部门领导在实施决策过程中遇到问题时及时采取措施，改变原有决策或者重新决策，被称为追踪决策。追踪决策是对原有决策的审视，它根据实施中反映出来的问题，对原有方案进行局部调整或较大调整，也可能是全部修正。

## 三、公共决策方法

### (一) 成本—收益分析

这是经济决策分析的基本方法。公共项目和其他社会项目一样，能否立项需要进行成本—收益分析。这种分析方法包括人们熟知的常用要素：成本和收益的衡量、影响的分配、折现因子和决策规则。

(1) 成本和收益由货币的(名义的)成本收益和实际的成本收益构成，两者的差距反映了货币的作用。实际的成本和收益可以分成直接的和间接的。直接的成本和收益，是指那些与主要项目的目标紧密相关的成本和收益；间接的成本和收益则正好相反，更多地出现在副产品中，有时被称为外部效应或溢出效应。政府部门通过对各项计划的成本和收益分析作出最终决策。

(2) 公共计划影响的分配。公共计划对公共项目成本和收益的分摊会使谁获益，在现实中并不容易识别，而在受益人之间项目的收益如何分配，谁应该支付项目的成本，谁真正支付了项目的成本等问题，是决策分析的重要内容。

(3) 折现因子，即折现率，是对时间价值与成本的衡量，它等于$(1+i)^t$的倒数($i$为利息率，$t$为年数)。折现率反映了对资金使用的机会成本。

(4) 决策规则。决定项目做与不做的经济规则就是看项目的净收益和成本—收益比率的大小。公共项目还必须体现公共目标，因此，决策规则还包括某些社会因素，最终要看项目的边际净收益。

### (二) 多目标分析

多目标分析分为三步：①选择评价标准；②确定所选择的每个标准的相对重要性；③按照达标情况评价每个可选方案。

在实际应用中，首先将每条标准分解成若干子因素，然后将每个子因素都赋予权重，最后得出综合评价值。

### (三) 决策分析

决策分析包括收益矩阵和决策树两种方法。收益矩阵采用矩阵排列来显示各个决策方案的收益，其基本思想是计算每一个决策的预期收益(expected value，EV)，然后选择具有最高预期收益的方案。一个决策的预期收益是其所有可能的收益和相应概率的乘积之和。例如，某个项目得到100万元收益的概率是50%，得到10万元收益的概率是25%，而损失50万元的概率是25%，那么该项目的预期收益计算如下：

$$EV = 0.50 \times 1\ 000\ 000 + 0.25 \times 100\ 000 + 0.25 \times (-500\ 000)$$
$$= 500\ 000 + 25\ 000 - 125\ 000$$
$$= 400\ 000(元)$$

该项目的成本如果超过40万元，就不应当实施。

而决策树方法被广泛运用于按顺序发生的决策情况，它将决策者面临的决策和随机事件的先后顺序用图表达出来。决策树包括4个要素：①决策节点，表示决策者可能采取的所有行动；②机会节点，表示干扰的不确定事件和所有可能的结果；③概率，表示事件发生的可能性；④收益，是选择和机会组合的结果。

设想这样一种情况：某地区启动了造林计划，但第二年可能该地区会发生滑坡的威胁。其中，发生滑坡的概率是20%，财产损失将达到300万美元；而建一堵墙将花费20万美元，它将阻止滑坡的发生，其决策树如图2-1所示。

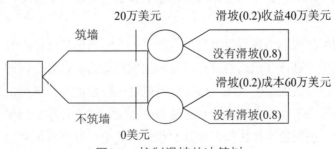

图2-1　控制滑坡的决策树

### (四) 系统分析

系统分析方法依赖于各部分的组合，即用系统的观点来看待问题，重视相互依赖的各部分的组合。这一方法具体分为4个步骤。

(1) 问题的形成。这是系统分析最重要的一步，它包括对任务的详细描述和对重要变量及其相互之间关系的识别。比如，在考虑一个城市交通系统时，一开始就要确定首要目标，是更好的服务、更低的成本还是更少的污染；然后决定哪些数据是必需的，是各种交通形式的乘客里程数，还是按性别、年龄、种族和收入统计的乘客里程数，或是按时间和地点统计的乘客里程数。

(2) 建模，即把真实世界的问题转化为抽象世界的模型。该过程更具艺术性而非严密性，更富创造性而非系统性。该模型的质量取决于其解决问题的有效程度。

(3) 分析和优化。在这个步骤中，分析人员研究模型以找到解决给定问题的最佳战略，其具体方法包括计算机模拟法和敏感分析。

(4) 实施，即产生模型结果的程序最终被转换成一整套在现实生活中采取的行动。这种系统分析方法在管理实践中得到大量的应用，特别是研究城市规划效果很明显，模拟城市的计算机软件提供了进行系统分析的平台。

### (五) 运筹分析

运筹学起源于第二次世界大战，它与系统分析有很多共同点。比如，多学科小组的使用、建模和复杂数学等。事实上，运筹学考虑的问题往往可以用最优化的数学模型来表达，其应用范围比系统方法要小得多。例如，新的城市公交系统最佳路线的确定就是一个典型的运筹学应用。运筹学包括很多量化方法，其中线性规划是广为运用的重要方法之一。线性规划要求从线性关系中推导出最优的解决方案，在一组约束条件下(如人力资源、资金、时间)分析某些经济要素(如受益、成本)的极值化问题。

### (六) 名义群体法

名义群体法即群体决策法。群体决策是公共管理的普遍方法，一名有效率的管理者必须善于周密地分析群体决策所在的环境，有效控制整个群体的处理流程，使群体作出更好的决策。群体决策的优势在于：通过一个群体中不同思维类型的人的相互讨论，可以弥补各自的思维缺陷，互相启发和激励，以寻找解决问题的新方法，最终形成更为广泛的观点。

群体决策的步骤如下所述：每个参与者独立表达对问题的看法；每个参与者将自己的意见上传给群体；进行非正式的公开讨论，阐明意见而不带有任何评价性；无记名投票来确定各个解决方案的优先次序；必要时可重复进行后两步。可见，群体决策往往费时费力，还容易导致不能令人满意的妥协性解决方案。那么，应如何使用群体决策并改善群体决策呢？一般来说，在决策问题具有相对不确定、需要群体间的合作与协调、问题及解决方案具有重要的组织影响、没有明显的期限压力，以及广泛的参与更有利于成功执行的情况下，应当进行群体决策。它可以保证每个群体成员都能平等地参与决策过程，帮助管理者个人和群体作出更好的决策。

## 四、公共决策体制

### (一) 公共决策体制的定义

公共决策体制是指负责决策的机构和人员形成的组织体系。公共决策是公共组织特别是政府部门在处理国家政务和社会公共事务过程中所作出的决定。公共组织针对社会生活中存在的或正在发生的问题作出决策，并转化为相关的公共项目，通过调动各种组织机构，调配各种社会资源，运用各种功能手段，达到解决问题、稳定社会、发展经济的目的。

### (二) 公共决策体制的特点

(1) 决策制定和决策执行分开。决策者，特别是高层决策者，应主要集中精力研究涉及全局的重大问题，制定战略性决策；而决策的执行依靠中下层人员的努力。

(2) 决策研究与决策行动分开。决策研究是指决策咨询机构或者具体的业务管理机构，为决策者提供各种备选方案和论证资料的过程。决策行动是指在决策研究的基础上，由决策者个人或决策集团作出决定的过程。

(3) 决策系统与信息系统相结合。信息系统已经成为现代决策体制的重要组成部分。现代决策对信息系统的依赖在迅速增长，决策系统的决策必须以信息系统提供的信息为依据。

(4) 分工与合作密切结合。现代决策体系既有分工，也有系统之间和部门之间的密切合作，由此构成了完整的现代公共决策体系。

依据公共决策主体地位的不同，可将其分为国家决策和地方决策。国家决策是由中央政府作出的决策，凡是制定全国性的有关公共管理的方针、政策、行政管理法规，处理全国性的和对于国家具有战略意义的重大问题，以及其他只适宜由中央统一处理的公共管理问题，都只能由中央政府作出决策。省(自治区、直辖市)、市、县、乡(镇)政府对其管辖范围内的地方性公共管理问题作出的决策，则属于地方决策。

### (三) 中国公共决策体制的转型

为适应公共管理的公共性和多元化的发展要求，中国政府的决策体制必然要发生转型，即从传统的行政决策转变为现代的公共决策，从过去单一化决策转变为多元化决策，从部门决策转变为公共决策，从个人决策转变为公众决策。与部门决策相比，公共决策具有以下优势。

(1) 从需要决策问题的产生来看，部门决策的触发机制来源于政府机构自身利益或自上而下的某种诉求，部门决策主要是政府单方面力量作用的结果；而公共决策来源于政府对公众和社会的某种诉求，是对公众意见或利益要求的一种平等的回应。公共决策的触发机制是某个重要的、公众关心的、需要社会共同解决的公共事件或公共问题，触发事件是公共决策的起点和根源；而部门决策对公众自下而上的要求或呼声时有漠视。

(2) 从制定决策的主体来看，部门决策局限于政府自身或其代理机构，部门决策的权力被垄断；而公共决策有赖于政府机构、立法机构、司法机构、利益团体、社会中介组织、公众等决策主体的共同努力，公共决策的权力相对分散。

(3) 从决策的价值取向来看，部门决策容易受少数人的控制，甚至受到来自经济利益的操纵；而公共决策倾向于代表大多数公众的意志和利益，其制定过程是一个动态的相互调适的过程，是相关利益群体相互讨价还价的结果。

(4) 在决策的执行上，部门决策主要依靠行政的力量强制性推行；而公共决策依靠各公共机构的协作。

(5) 在决策的评估和管理方面，部门决策依靠的是政府部门自身，注重的是决策的执行过程，对决策执行的效果往往无从把握；而公共决策是由公共组织共同实施，注重决策执行的效果，公共组织既是决策制定的主体，也是决策执行的主体，因而更能够保证决策的有效实施。

随着公共管理理念的确立，中国的公共决策体制要不断创新，应按照公共管理的要求成立专门的决策咨询机构，加强决策的力量，做到决策与执行相对分离，以适应市场经济和社会发展对政府决策提出的新要求；在部门重组的基础上，按照决策和执行相对分离、制约、协调的原则，把政府部门内设的那些专业性比较强、业务相对独立的职能分离出来，成立专业的执行机构，并逐步引进企业化管理方法，提高执行效率，降低执行成本；组建公共财政、公共信息、公共人力资源管理等公共部门，构建新的公共管理平台，为公共决策和决策的执行提供有效的服务。

# 第三节　组织

现代社会是一个高度组织化的社会，组织在国家和社会生活中的作用日益突出。公共管理活动更离不开组织，公共组织是公共事务的管理者和公共服务的提供者。公共组织结构是否合理，对于公共管理的效率影响极大。公共组织是公共管理的前提和基础。

本节将从公共组织的含义、构成要素、组织过程以及组织变革等方面阐明公共组织的内涵与外延。

## 一、公共组织的含义

公共组织(public organizations)就是以管理社会公共事务，提供公共产品和公共服务，维护和实现社会公共利益为目的，拥有法定的或被授予的公共权力的所有组织实体。公共组织应包括政府与非营利组织。在社会生活中，有些组织的目的是更好地服务于个人，其行为不会直接地或显而易见地影响其他组织或个人，如经济组织。但是，有些组织的目的是服务于社会公众，其行为对其他组织或个人都会产生直接的影响，这类组织就是我们所说的公共组织。

## 二、公共组织的构成要素

了解公共组织的构成要素有助于认识公共组织的基本特征。公共组织构成要素如下所述。

(1) 组织人员。任何组织都是以人为核心的，组织首先不是物质关系的体现，而是人际关系的体现。

(2) 组织目标。组织都是为了实现某个目标而建立的，是组织成员共同追求和努力实现的某种状态或条件，决定着组织的行为方式和组织的发展方向。公共组织的目标是管理公共事务和协调公共利益关系。

(3) 职能范围。围绕组织目标，组织必须对其职能范围进行界定，明确组织的工作任务与活动领域。职能范围是组织目标的具体化，它决定着组织规模、内部职位设置等方面的内容。

(4) 机构设置。机构设置是承载组织权力的一系列特定机构的确定，它是组织内部分工的结果。公共组织通过一定的机构体现出来。

(5) 职位设置。职位设置指机构内职位的确定。职位是公共组织运行最基本的要素之一，职位设置保证了组织权力的流动和组织资源的整合与分配。

(6) 权力与职权。权力指影响他人的能力，职权是指被组织正式承认的权力，它主要来自组织的认可，与职位密切相关。

(7) 权责划分。权责划分指公共组织中各个部门、层次、成员之间若干从属、并列等相互关系的确认。权责划分是保证组织角色明细化的基本手段。

(8) 规章制度。规章制度是以书面文件等形式对组织构建、组织行为、运行程序等进行严格规范。规章制度需要足够的相容性，以便与其他组织和社会规则相适应，规章制度对组织成员具有普遍约束力，是正式组织与非正式组织最明显的区别之一。

(9) 团体意识。团体意识是形成组织目标的共同心理基础。如果缺乏团体意识，就难以组织集体行动。公共组织往往需要比私人组织统一程度更高的团体意识。

(10) 组织设计。组织设计主要是指组织结构的分化和整合以及组织目标的修正，它是公共组织构成诸要素中最为复杂的部分。组织是一个开放系统，因而必须依靠组织设计来进行调整，以适应客观环境的变化。

(11) 支持硬件。组织尽管是人际关系的体现，但不能离开物质硬件的支持，组织硬件是公共组织赖以存在的载体，如场地、房屋、办公设备、经费等。

(12) 技术和信息。公共组织构成因素中的技术不仅指组织活动过程中所采用的科学技术，也包括组织决策原则、方式在内的"政治技术"。信息是组织活动不可缺少的因素，信息传递的途径和方式也是组织各部分相互协调的途径和方式，组织过程在一定意义上是信息收集、整理、制造、传递、反馈的过程。

## 三、公共组织过程

公共组织过程就是通过权力体系将高层意志自上而下不断贯彻的过程。此过程实际上通过公共组织结构中各职位的权责关系予以落实。因而，一个组织过程是否高效，关键因素是每个职位权力的设计是否有效，即正确划分职权是组织过程有效运作的必要条件。

必须指出的是，公共组织权力行使作用的方向并不只是自上而下，它同时也表现为自下而上，即下级人员也可以向上级人员施加权力影响，这就是权力行使的"双向性"。由于权力具有双向性质，有时在权力行使过程中不可避免地会出现"反权力"，即旨在削弱权力影响的反作用力。一般认为，权力运行路径越长，中间环节越多，所遭遇的反向权力就越多。因此，在实施权力的过程中必须正视"反权力"的阻碍和破坏作用，通过恰当的说服动员、利益交换、施用权威等手段将其负面作用降到最低。

## 四、公共组织变革

公共组织变革是指公共组织为了适应内外环境的变化，及时调整战略、管理方式、组织结构、文化等，以取得更好组织绩效的过程。公共组织变革是公共组织有意识地以变革来适应变化的社会环境的过程，也是公共组织在更大的社会公众不满和危机发生前进行自觉避免的主要手段。简单来讲，组织变革就是一个组织试图有意识地或有目的地对组织自身或其他组织的现状施加影响或加以改造的过程。在全球化进程中，各国政府要建立一个民主、有能力、高效率的政府，必须进一步强化公共服务职能，进行公共组织变革。

### (一) 合理界定政府职能

成熟的市场经济机制、规范的政府与市场关系是走向公共治理的基础。面对向治理模式转变的要求，深化行政改革，科学界定政府职能，规范政府与市场的关系，提升政府职能的市场化程度，成为各国治理型公共行政模式构建的当务之急。

### (二) 适时调整政治策略

面对社会的多元化趋势，各国政府为了巩固和扩大政治的阶级基础和社会基础，势必从各国的现实国情出发，以利益多元化和主体多元化的社会现实为依据，调整其政治策略，采取更具包容性的行政方式，从而有效满足社会组织及民众的多元化利益诉求。

### (三) 公共行政的民主化

公共组织行政改革的实践证明，政府仅有效率、效益和有效性是不行的，还应该注入公平和民主的价值观，要求权威主义行政向民主行政转变。民主行政首先体现在政府与公民的关系上，人民的直接或者间接授权是政府及其公共行政合法的来源。

### (四) 市场化和民营化

在公共部门引入市场机制，即公共服务民营化，可以打破国家垄断，通过竞争降低成本，从而改变政府效率的低下、资源浪费以及服务质量差等问题。公共行政由国家向民间转移，行政任务部分由社会或民间承担，意味着行政权力在一定范围内的缩小，减少了寻租的机会，同时也为民众参与公共行政提供了广阔的空间，促进了政府和民间的合作。

### (五) 政府管理的数字化

在当代行政改革过程中，一个不可忽视的环节就是"数字政府"建设。随着全球互联网技术、大数据、人工智能的迅速发展，政府的管理理念和方式也发生了深刻的变革。许多国家为提高竞争优势，以构建"数字政府"为突破口，推进政府的行政改革。"数字政府"建立在电子化和自动化的基础上，以网络技术、大数据挖掘和分析为基本手段，对传统政府的业务模式、管理模式和服务方式进行持续不断的革新和改善，以增强政务公开和公众参与，促进政府办公自动化、网络化和信息资源共享，推进政府管理手段现代化，改善公共服务职能。

# 第四节　领导

## 一、领导与公共行政领导

### (一) 领导的含义

在当代管理科学中领导(leader)的含义可归纳为：在社会组织中由领导者通过一定方式，引导和影响被领导者为实现共同目标所进行的非个人的组织行为和活动过程。

领导就是在社会共同活动中具有影响力的个人或集体在特定的机构中通过示范、说服、命令等途径，动员下属实现群体目标的过程。这一界定涉及领导活动的前提、主体、结构、手段与目标等内容。

(1) 领导活动的前提。领导活动是存在于群体之中的，一个人不能形成领导。正是基于群体的生存与发展，才必须通过领导保持一种秩序，提供一种动力，确定一种方向。群体生活成为领导得以诞生的前提。

(2) 领导活动的主体是由领导活动的发动者、组织者与执行者共同组成的。领导活动的主体包括两个要素：一是领导者，二是被领导者。从领导者与被领导者的关系角度求讲，领导者处于领导活动的主体地位，因为他是领导活动的发动者与组织者。但是，如果仅仅把对领导的理解局限于这一层次，则带有极大的冒险性，因为领导活动必须依赖于下属积极地执行决策和实现目标，才能使得完整的领导活动展现出来。因此，从领导者、被领导者与目标的关系角度着眼，领导者与被领导者共同构成了领导活动的主体。其中，被领导者的主体地位在一定程度上是不可替代的，被领导者的积极程度是领导活动顺利展开的关键。

(3) 领导活动的结构是领导者发动和组织领导活动所依存的体制或规则。领导活动的展开并不是无序的、混乱的。任何组织中的领导活动都有可遵循的规则，都是在一种制度化的规则中展开的。

(4) 领导活动的手段是领导者调动和激励下属的方式。领导活动是由领导者的组织、协调和被领导者的执行共同组成的，单有任何一方都不构成领导活动。领导者需要思考通过什么样的途径调动下属的积极性，使其最大限度地致力于组织目标的实现，按照领导者的意图行动。

(5) 领导活动的目标是领导活动的归宿。目标是规定领导活动方向和归宿的载体，一个没有目标的领导活动不仅是没有成效的，也会迷失方向。

### (二) 公共行政领导的内涵

社会组织在发展，各种社会组织的领导活动也在不断丰富，国家出现后产生了各种国家领导活动，行政领导活动作为国家领导活动的重要组成部分也就出现了。

行政领导是指国家行政机关及其领导者依法行使国家权力，通过一系列管理过程，引导和影响组织成员完成行政目标的活动。

邓小平同志说："什么是领导，领导就是服务。"这是对马克思主义领导观的精辟概括，揭示了社会主义国家领导的本质特征，也是观察和判断一切公共行政领导的根本原则。在现代行政领导活动中，服务与权力、责任是统一的，服务是核心，权力是服务的保证，责任是服务的体现。

## 二、领导者素质

西方国家研究领导者素质的成果被称为"领导特性理论"，它集中回答了这样的问题：领导者应该具备哪些素质？怎样正确地挑选领导者？这种理论首先是由心理学家开始研究的，他们是以领导效果及领导人之间在个人品质或特性方面有哪些差异为出发点，由此确定优秀的领导人应具备哪些特性。研究者认为，只要找出成功领导人应具备的特点，再考察某个组织中的领导者是否具备这些特点，就能断定他是不是一个优秀的领导人。这种归纳分析法成了研究领导特性理论的基本方法。

特性理论按其对领导特性来源所做的不同解释，可以分为传统特性理论和现代特性理论。传统特性理论认为，领导者所具有的特性是天生的，是由遗传决定的，但现在已经很少有人赞同这样的观点。现代特性理论认为领导者的特性和品质是在实践中形成的，是可以通过教育训练培养的。

到底领导者应当具有哪些特性呢？说法不一。一些人认为天才的领导者应当具备健谈、外表英俊潇洒、智力过人、自信、心理健康、喜欢支配别人、外向而敏感7项特性。斯托格迪尔(Stogdill)提出了与领导才能有关的5种身体特征(如精力、外貌与身高等)，4种智力特征，16种个性特征(如适应性、进取心、热心与自信等)，6种与工作有关的特征(如追求成就的干劲、毅力和首创性等)以及9种社会特征(如愿意与人合作、人际关系的艺术以及管理能力)。还有些人则从满足实际工作需要和胜任领导工作的要求方面研究领导者应具有的才智和个性。美国普林斯顿大学的包莫尔(Baumol)提出了作为一个领导者应具备的10个条件，颇具代表性：合作精神，即愿与他人一起工作，对人不是压服，而是感动和说服；决策能力，即依据事实而不是依靠想象进行决策，具有高瞻远瞩的能力；组织能力，即能够发掘下属的才能，善于组织人力、物力和财力；精于授权，即能够大权独揽，小权分散；善于应变，即机动灵活，善于进取，而不抱残守缺、墨守成规；敢于求新，即对新事物、新环境和新观念有敏锐的感受能力；勇于负责，即对上级、下级和产品用户及整个社会抱有高度的责任心；敢担风险，即敢于承担组织发展不景气的风险，有创造新局面的雄心和信心；尊重他人，即重视和采纳别人的意见，不盛气凌人；品德高尚，即品德被社会人士和员工所敬仰。

有人认为特性理论不是一种研究领导的好方法。然而，这些理论并非一无是处。一些研究表明，某些个人品质与领导者有效性之间确实存在着联系。例如，一些研究发现领导者确实具有高度的才智、广泛的社会兴趣、取得成功的强烈愿望，以及对待员工的极端关心和尊重。另一些研究则发现，个人的才智、管理能力、首创性、自信以及个性等与领导的有效性有重要的关系。此外，这个理论系统地分析了领导者所应具有的能力、品德和为人处世的方式，向领导提出了要求和希望。这对于培养、选择和考核领导者是有帮助的。

中国从20世纪80年代开始对领导者的特性理论进行了一系列的研究，许多专家、学者和人事部门的领导都提出了领导者应具备的基本素质。概括起来，优秀的领导者应具备的素质包括五大方面，即良好的政治素质、思想素质、知识素质、心理素质和能力素质。例如，处于组织上层、中层和下层的不同职位，对人员的能力素质要求差别很大：领导层要求具有很强的决策能力和丰富的管理知识；管理层要求具有很强的管理能力和一定的决策能力；监督层要求较强的管理能力和丰富的操作知识；而操作层则要求很强的操作知识和能力。

领导者的决策能力和管理能力与以下几种具体能力有关：①直觉能力，即对外界事物的观察能力、认知能力，也就是人们常说的"悟性"；②抽象思维能力，即透过现象抓住本质的能力，厘清支流把握主流的能力，总结实践形成概念的能力，在相互联系中摸索规律的能力；③组织和协调的能力，即善于将有限的人力资源组织起来协调工作的能力，处理工作中的矛盾和冲突的能力，知人、用人、改善人际关系的能力等；④自我发展能力，即不断学习新知识、掌握新技能的自我完善的能力，包括自学能力、自我反省能力、吸收新事物的能力；⑤创新能力，即开拓新知识、新技术、新产品、新方法的创造能力，包括批判力、创造力、联想力和想象力。

习近平总书记在不同场合、从不同视角充分阐述了领导干部应当具备的基本素养，为培养高素质的公共管理者指明了方向。习近平总书记的重要论述摘编如下：

好干部要做到信念坚定、为民服务、勤政务实、敢于担当、清正廉洁。党的干部必须坚定共产主义远大理想、真诚信仰马克思主义、矢志不渝为中国特色社会主义而奋斗，全心全意为人民服务，求真务实、真抓实干，坚持原则、认真负责，敬畏权力、慎用权力，保持拒腐蚀、永不沾的政治本色，创造出经得起实践、人民、历史检验的实绩。

成长为一个好干部，一靠自身努力，二靠组织培养。干部的党性修养、思想觉悟、道德水平不会随着党龄的积累而自然提高，也不会随着职务的升迁而自然提高，而需要终生努力。成为好干部，就要不断改造主观世界、加强党性修养、加强品格陶冶，时刻用党章、用共产党员标准要求自己，时刻自重自省自警自励，老老实实做人，踏踏实实干事，清清白白为官。

——2013年6月28日在全国组织工作会议上的讲话

各级领导干部都要树立和发扬好的作风，既严以修身、严以用权、严以律己，又谋事要实、创业要实、做人要实。严以修身，就是要加强党性修养，坚定理想信念，提升道德境界，追求高尚情操，自觉远离低级趣味，自觉抵制歪风邪气。严以用权，就是要坚持用权为民，按规则、按制度行使权力，把权力关进制度的笼子里，任何时候都不搞特权、不以权谋私。严以律己，就是要心存敬畏、手握戒尺，慎独慎微、勤于自省，遵守党纪国法，做到为政清廉。谋事要实，就是要从实际出发谋划事业和工作，使点子、政策、方案符合实际情况、符合客观规律、符合科学精神，不好高骛远，不脱离实际。创业要实，就是要脚踏实地、真抓实干，敢于担当责任，勇于直面矛盾，善于解决问题，努力创造经得起实践、人民、历史检验的实绩。做人要实，就是要对党、对组织、对人民、对同志忠诚老实，做老实人、说老实话、干老实事，襟怀坦白，公道正派。要发扬钉钉子精神，保持力度、保持韧劲，善始善终、善作善成，不断取得作风建设新成效。

——2014年3月9日在参加十二届全国人大二次会议安徽代表团审议时的讲话

领导干部都要牢固树立宪法法律至上、法律面前人人平等、权由法定、权依法使等基本法治观念，对各种危害法治、破坏法治、践踏法治的行为要挺身而出、坚决斗争。对领导干部的法治素养，从其踏入干部队伍的那一天起就要开始抓，加强教育、培养自觉，加强管理、强化监督。

领导干部要牢记法律红线不可逾越、法律底线不可触碰，带头遵守法律、执行法律，带头营造办事依法、遇事找法、解决问题用法、化解矛盾靠法的法治环境。谋划工作要运用法治思维，处理问题要运用法治方式，说话做事要先考虑一下是不是合法。领导干部要把对法治的尊崇、对法律的敬畏转化成思维方式和行为方式，做到在法治之下、而不是法治之外、更不是法治之上想问题、作决策、办事情。党纪国法不能成为"橡皮泥""稻草人"，违纪违法都要受到追究。

——2015年2月2日在省部级主要领导干部学习贯彻十八届四中全会精神全面推进依法治国专题研讨班开班式上的讲话

领导干部要增强同媒体打交道的能力，善于运用媒体宣讲政策主张、了解社情民意、发现矛盾问题、引导社会情绪、动员人民群众、推动实际工作。

——2016年2月19日在党的新闻舆论工作座谈会上的讲话

我常在想，新型政商关系应该是什么样的？概括起来说，我看就是"亲""清"两个字。

对领导干部而言，所谓"亲"，就是要坦荡真诚同民营企业接触交往，特别是在民营企业遇到困难和问题情况下更要积极作为、靠前服务，对非公有制经济人士多关注、多谈心、多引导，帮助解决实际困难，真心实意支持民营经济发展。所谓"清"，就是同民营企业家的关系要清白、纯洁，不能有贪心私心，不能以权谋私，不能搞权钱交易。

——《毫不动摇坚持我国基本经济制度 推动各种所有制经济健康发展》(2016年3月4日)

## 三、公共部门领导风格

公共部门领导风格是指领导者对被领导者的习惯化影响方式，又称领导作风。在管理领域中，对有效领导的研究最初着眼于领导者个人品质的研究，但其后的管理实践表明，良好的领导者素质并不能确保良好的领导效果。于是，一些心理学家开始研究不同领导风格对被领导者的作用，以便找到改善领导效果的新途径。

### (一) 独裁式领导

独裁式领导又称为专制式领导，是一种传统的领导风格。这种风格的领导完全依赖于手中的权力强迫下属服从。但是，人员在高压强制下工作，心中必然会充满抱怨，一有机会他们就会松懈下来，所谓消极怠工正是这种领导风格下常有的现象。独裁式领导风格往往利于统一指挥，但不容易发挥下属的创造性与主动性。

### (二) 民主式领导

民主式领导对下属使用激励和引导的方式，让大家参与工作决策并了解如何去做工作，这样，下属的工作潜力可以得到充分的发挥。民主式领导被认为是一种较为理想的领导风格，能促使工作效率提高。在这种领导风格下，人员会产生一种喜悦感与满足感，能够自发地积极工作，能够充分发挥员工的工作潜能。但是，民主式领导也有不足之处，如果下属的素质较差或参差不齐，这种领导风格就会影响工作的开展。

### (三) 授权式领导

授权式领导者通过为员工和下属提供更多的自主权来实现组织的目标。授权是领导者智慧和能力的扩展与延伸，授权过程是科学化和艺术化的过程。授权不外乎两种方式：岗位授权和指令授权。所谓岗位授权是通过对单位、部门和岗位的职责、权力界定，在授责的同时授予相应的权力。组织架构健全的企业都有"组织说明书"或者"岗位职务说明书""单位、部门工作标准"和"岗位角色个人工作标准"，这些组织架构设计文件就包含明确的职责和权力界定，所界定的职责和权力就包含授权的内容。指令授权是上级主管临时性地向其下属下达指令，在要求完成一定工作——授责的同时伴有权力的授予，即在他们的常规职责和权力之外，再临时授予责任和权力，完成一项领导指定的工作。授权有利于充分调动下属的工作积极性，明确工作职责，然而授权不当又会降低组织的运行效率。过多的指令授权会使员工处于被动地位，不利于发挥员工的主观能动作用，也不利于他们创造性地开展工作。

### (四) 参与型领导

参与式领导是民主式领导的一种特殊形式，其主要特点是大多数决策在与下属协商一致的基础上达成，把人际关系的协调放在首位。参与式领导者乐于听取下属的意见，在作出决定以前同有关人员商议，尽量用说服的方法使别人接受自己的主张。在这种领导风格下，多数决策在协商一致的基础上达成，有利于决策的贯彻执行，但决策的达成需要花费较长时间，而且可能由于妥协不能满足管理的需要。

## 四、公共行政领导职能

行政领导职能是指行政领导行为的责任范围和应发挥的作用。不论哪个层次、哪个部门的行政领导应履行以下几个共同的职能。

### (一) 计划与决策职能

制订计划是公共部门行政领导工作必不可少的环节。有了科学的工作计划，整个工作才可以有条不紊地进行，才可以得到上级的支持和配合；有了科学的工作计划，有利于及时得到反馈信息，有利于调整计划，使工作更加切合实际。

决策存在于一切公共部门行政领导领域和层次，直接决定着行政领导活动的效果。决策要按照正确的指导思想、遵循科学的决策原则和程序。

### (二) 组织落实职能

组织落实职能体现为以下三方面。

一是设计组织结构。任何领导活动都在一定的组织机构内进行，并通过一定的组织形式形成领导与被领导的关系。设计组织结构是完成任务的需要。

二是建立指挥系统。领导活动要有一定的指挥渠道，以保证指挥统一、灵敏，责权一致。

三是制定规章制度。行政组织要具备必要的规章制度，以便用于控制每个单位、每个人的活动，从组织上提供实现行政目标的保证。制定规章制度要根据实际情况，遵循科学的管理原则。

### (三) 指挥监督职能

指挥监督活动的具体职能可概括为发布指令、监督检查、指导和总结职能。现代指挥监督既要凭借职权发布命令，以纪律要求进行监督检查，又要以工作业务和政治思想指导被领导者，以调动员工的积极性。

### (四) 协调沟通职能

协调沟通既是行政领导的一项职能，也是一种领导手段，它贯穿于领导活动的全过程。通过协调沟通，可以提高组织的凝聚力，促使下属更加努力地为实现组织的目标而工作。

### (五) 激励教育职能

激励教育是现代管理的重要职能。领导是一种人际关系，激励教育职能发挥得越好，领导效能就越好。育人、用人是行政领导的重要职能，没有激励教育，就没有领导。要根据被领导者的实际情况，采取不同的激励和教育方法。

## 五、公共行政领导体制

任何行政组织都需要有特定的行政领导体制，行政领导的效果与效率并不完全取决于领导者个人的素质，更重要的是需要有科学的领导体制作保证。公共行政组织体系中的领导体制，是指行政组织系统进行决策、指挥、监督等领导活动的具体制度或体系，它用严格的制度保证行政领导活动的完整性、一致性、稳定性和连贯性。公共行政领导体系的核心内容是用制度化的形式规定行政组织系统内的领导权限、领导机构、领导关系及领导活动方式。任何组织系统内的领导活动都不是个人随意进行的，而是一种遵循明确的管理层次、等级序列、指挥链条、权责关系的功能进行的规范化、制度化或非人格化的活动。其中，行政领导的权责关系以及行政首脑制度是行政领导体制的两个重要方面。

### (一) 公共行政领导体制中的权责关系

行政领导体制首先涉及权责关系问题。权力和责任是辩证统一的两个方面，权力指履行领导职能所需要的支配力、约束力、影响力；责任指管理活动中需要完成的任务、承担的职责，以及实际任务完成后所需承担的义务。因此，公共行政领导体制中的权责关系具体体现为权力和任务的关系、权利和义务的关系。

#### 1. 权力和任务的关系

在设计领导体制时必须考虑权力和任务的一致性，权力是完成任务的保证，而任务是授予权力的前提。实际上，权力和任务并不是完全一致的，两者之间常常出现割裂。有职无权、人浮于事、因人设职等都是组织结构或权力结构存在弊病的表现。权力和任务分离主要表现为有权无责、有责无权、权大于责、责大于权等现象。其原因有以下几个：①在集权制的情况下，高层领导往往只向中下层机关或领导者分派任务，而不授予相应的权力，具体工作部门或工作人员遇事要经过长长的指挥链条请示汇报后才能处理，必然会影响工作效率；②参谋机构或其领导人的权力过大，直线机构或其领导人缺乏进行直接指挥所需要的人、财、物等方面的权力；③成立机构或设置岗位时没有明确规定所需要完成的任务和相应的权力，对任务和权力的关系没有经过认真客观的论证和评价，而是主观地进行决定，这是造成权力和任务分离的主要原因之一；④在分权制的情况下，权力下放时没有明确相应的任务和要求，因此，出现"一管就死，一放就乱"的现象；⑤权力和任务的一致性是一个动态过程，当任务发生变化时就需要对权力重新分配，对机构、岗位设置进行新的调整，否则就会产生权责分离现象。

2. 权利和义务的关系

权利和义务的关系是权责关系的第二个方面。从理论上讲，权利和义务是相互联系在一起的，有了一定的权利才有承担行使权利而导致的后果的义务。行使全部权利意味着承担全部义务，行使部分权利意味着承担部分义务。因此，从这个意义上说，集权制实质上是把领导义务全部集中到高层，中下层并不对决策的后果负责，只对执行结果负责。在分权制的情况下，高层领导把权力下放，实际上也是把责任和义务分散到中下层和领导者身上，使他们各自对其决策、指挥、监督的后果负责，承担一定的领导义务。在个人负责制的情况下，行政首长全权处理组织中的一切事务，对组织的成败负有全部责任；而在集体负责制的情况下，集体对组织的成败和决策后果负责。

### (二) 行政首脑体制的类型

行政首脑体制是行政领导体制的核心。就当前世界各国的情况看，行政首脑体制主要分为首长制和委员会制两种。

1. 首长制

首长制，也称独任制。机关事权法定交由首长一个人单独负责处理，最高决策权力集中于一人。美国是首长制的典型国家。首长制的优点有以下几个：①事权集中，责任明确；②指挥灵便，行动迅速，便于执行；③易于减少冲突与摩擦。其缺点有以下几个：①个人的能力和精力有限，考虑问题容易片面；②首长一人独揽大权，在缺乏民主和监督制约的情况下，易于独断专行；③由于权力集中于一人手中，容易出现滥用权力的现象。

2. 委员会制

委员会制，也称议会制。委员会制与首长负责制相对应，是确定行政组织责任关系的一种集体领导制度。瑞士是委员会制的典型国家。委员会制的优点有以下几个：①能够集思广益，考虑问题比较周全；②分工合作，减轻负担；③便于沟通各种信息，容纳各方意见，了解各方需求；④便于彼此监督，防止权力专断和营私舞弊。其主要缺点有以下几个：①责任不明，容易产生功则相争、过则推诿的现象；②事权分散，决策迟缓，彼此协调困难；③由于委员们地位相当，容易产生议而不决的现象。

首长制和委员会制并没有绝对的优劣，关键在于如何具体运用。一般来说，决策的咨询和制定宜采取委员会制，执行与领导宜采用首长制，两者在实际运用过程中应扬长避短，互相配合。

### (三) 中国的行政首长负责制

1982年通过的宪法明确规定了中国国家行政机关实行行政首长负责制。由行政首长领导机关的工作，对机关的事务有最终决定权，行政机关所属的各机构及工作人员，其工作都要对行政首长负责。同时，行政首长对机关的工作负全部责任。行政机关实行的行政首长负责制，按照宪法规定主要有两方面的内容：一方面，作为国家最高权力机关的执行机关中华人民共和国国务院，实行总理负责制，它领导的各部、各委员会实行部长、主任负责制；另一方面，在各级人民政府一律实行省长、市长、县长、区长、乡长、镇长负责制。

中国的行政首长负责制不同于一般意义上的首长制，它既兼备了委员会制和首长制的优点，又避免了首长制和委员会制的不足。它有三个突出的特点：①民主决策。行政首长虽然拥有最终决定权，但并不是行政首长个人独裁。政府工作中的重大问题必须经过集体讨论决定，行政首长根据大家的意见行使最终的决定权和否定权。②责任明确。行政首长在任期内对法定职权范围内的工作负完全责任，领导集团内各个成员也职责明确。③分工合作。行政领导成员之间分工协作，相互配合。在实践中实行"归口管理"，职责明确，分工不分家。

## 第五节 执行

行政执行是由行政执行主体通过整合组织、人员、资金等资源性要素，以达到特定目标的动态行为。行政执行过程中组织活动、解释活动和应用活动是最为重要的。行政执行是一定的组织行为，即行政执行人员的行为都是按照明确的组织结构和组织原则，依据一定的权力和职责分配关系，遵循系统的运行程序和方式进行的；而行政执行中，行政执行主体与社会之间的联系也都体现为整体互动；行政执行的组织结构与行动功能是相互联系、不可分割的整体。

### 一、公共部门行政执行主体

行政执行主体包括行政机构和行政人员两个方面。也就是说，只有行政管理机构和行政人员才具有行政执行的法定权力。当然，有时候非行政管理机构的社会团体和个人也可能参与行政执行，但那往往是在行政管理机构授权或得到行政管理机构允许的情况下进行的。可见，行政执行是一种行政权力的运用形式，而法律只将行政权力赋予行政管理机构。因此，只有行政管理机构才有权实施行政决策，如果非行政管理机构在没有授权的情况下从事行政执行工作，就被视为一种越权行为。从行政机构看，机构设置是否合理，职权、权责是否统一，信息传递是否通畅等直接影响着行政实施的效果。从行政人员来看，首先是领导者的素质、领导者权威、领导能力、工作方法以及工作经验等，都对行政执行起着关键作用；其次是执行人员的素质对行政执行也有影响，如行政人员对领导意图的理解能力、工作态度、业务能力等对他们的工作效果都会产生影响。

行政执行主体自身的特点决定了行政执行主体有如下特征：一是行政执行主体是享有国家行政权力实施行政活动的组织，这一特征将行政执行主体与其他国家机关相区别；二是行政执行主体是能够以自己的名义实施行政管理活动的组织，这一特征将行政执行主体与行政机关内设管理机构和受行政机关委托执行某些行政管理任务的组织区别开；三是行政执行主体是能够承担其行为所产生的法律责任的组织，这一特征也使行政执行主体区别于行政委托。

## 二、公共部门行政执行原则

### (一) 强制性原则

行政是国家意志的执行，行政执行更是国家意志的具体实施。因此，国家意志的强制力决定了行政执行是一种具有显著强制性的管理活动。一是行政执行要以服从为基础。没有服从，行政管理就不存在。所以，行政执行要有严密的组织，下级必须服从上级、局部必须服从全局、地方必须服从中央，以保证行政系统意志和行动的统一。二是行政机关和工作人员为了实现行政决策目标，往往依据法律和行政法规，主动地对所管辖的行政事务实施单方面的强制执行，命令和强迫对方接受和服从管理，从而完成所承担的行政管理工作。古今中外的行政执行都无一例外地遵循这一原则。

### (二) 准确性原则

#### 1. 准确贯彻执行党的路线、方针和政策

这是中国行政执行必须遵循的原则。这是因为中国共产党的路线、方针和政策是行政决策及其执行活动的根本指导思想，同时它也是行政执行及其工作人员行使国家行政权力、执行国家公务的根本行动指南。所以，行政执行的领导者和工作人员必须首先了解党的路线、方针政策的精神实质，在行政管理工作中加以准确地贯彻执行；必须完整、准确地向人民群众进行宣传教育，让广大人民群众正确理解党和国家的路线、方针、政策，主动承担执行的义务，配合行政组织搞好工作。

#### 2. 准确贯彻实施行政目标

行政执行的领导者和行政人员是为实现行政决策目标而工作，必须预先了解和分析该决策目标所包含的具体工作任务，准确把握其工作要求与行为规范，科学制订行政执行计划，适时进行自我监控，按程序贯彻执行。如果没有准确贯彻实施行政目标，就会曲解决策目标的精神实质，或者在执行中敷衍了事，或者偏离决策目标的要求，进而不能够完成工作任务，给国家和人民造成损失。

### 3. 依法实施行政管理活动

行政管理活动必须在国家行政法律法规所规定的范围内开展，行政执行的具体环节、手段、规章制度等内容也必须准确地依据和符合所适用的行政法律法规的相关要求。国家行政法律法规的内容十分广泛，而且随着法治化建设的发展，它越来越丰富。行政执行者实现每一个决策目标过程中的技术要求、具体手段、规章制度等各方面的内容各有侧重，所适用的行政法律法规的具体内容也不尽相同。因此，要切实依法开展行政执行活动，保证整个行政管理活动合法化，必须准确掌握执行工作所适用的程序、法规及其具体规定与要求，做到有法必依、执法必严、违法必究。遇到个别暂时无法可依的新问题时，应及时作出符合相关法规精神与要求的规范，从而保障行政执行合法地、有权威地顺利实施，防止执法犯法、以权代法的违法行为发生。

### (三) 迅速性原则

第一，任何一项行政决策都是在特定时机下作出的，由于这种时机往往是稍纵即逝的，行政决策目标一经确立就要求抓住时机，及时迅速地付诸实施，以避免错过机遇。

第二，现代社会发展步伐加快，竞争日益激烈，需要行政执行雷厉风行，尤其是在社会主义市场经济条件下，行政执行越迅速、敏捷，越有利于争得市场，在激烈的市场竞争中占据优势。

第三，在行政执行中贯彻迅速性原则是由迅速性原则的内涵决定的。迅速性原则的内涵包括以下几个：①行政执行要按照行政决策要求的时间和节奏进行。行政决策一经作出，行政执行应立即启动。②行政领导者和工作人员都必须迅速稳妥地处理各种事务，不得人为地以"研究研究""考虑考虑"为由，拖拉疲沓，阻碍具体工作的进展。因此，必须坚决克服不负责任的官僚主义、自由主义倾向，强化全体执行人员的管理效率意识。③坚持行政执行的迅速性原则，是以执行得及时、准确、高效为前提的。

### (四) 灵活性原则

行政执行必须遵循灵活性原则，这既是行政管理富于创造性活动的规律性反映，也是准确、圆满实现行政决策目标的要求。

## 三、公共部门行政执行过程

行政执行过程可分为执行准备、执行实施和执行监控三个阶段。

### (一) 执行准备

#### 1. 思想准备

全体工作人员要对决策有个全面正确的理解，把思想统一到决策目标上。统一的思想才能产生统一的行动。只有工作人员真正理解了决策的意图，有了充分的思想准备，才能积极地想方设法去完成任务。

### 2. 计划准备

在这个阶段,工作人员要明确执行分为几个阶段,采用哪些步骤,人、财、物如何组织和分配,使用什么措施和方法,也就是要制订周密的计划,以便做到有条不紊地实施决策。

### 3. 组织准备

组织准备包括人员和机构两个方面。

(1) 人员的准备就是"调兵遣将",配备能够胜任的负责人与一般工作人员。

(2) 机构的准备。如果此项工作基本上是原有机构的任务,就不需要另设机构,由原执行机构担任;如果是临时性工作,可以抽调有关人员组织临时办公机构。

### 4. 物资准备

物资准备包括财务和物力两个方面:一方面财务准备是执行中开支项目对于数量编制的预算;另一方面,"工欲善其事,必先利其器",物力充足,交通工具方便,办公设备齐全,就能为将来的工作创造有利的条件与环境,进而提高工作效率。

### 5. 法律准备

现代管理实质上是一种法律管理。这里的"法律"是广义的,既包括行政执行的法律依据,又包括行政执行所制定的规范性文件。这样可以使执行活动有法可依,有章可循,如果有纠纷,也能判明责任,及时处理。

## (二) 执行实施

### 1. 沟通

所谓沟通就是执行主体与客体彼此了解情况。行政执行是整体活动,是依靠组织和全体人员的共同努力,如果有一个环节失调,就会影响整个执行过程。这就要求各环节彼此沟通,领导者与被领导者之间、员工之间、上下级之间,都要建立沟通信息的渠道,利用各种形式,采用各种方法,及时沟通信息和经验,及时交流,及时纠正问题。

### 2. 协调

行政执行是由不同的员工和不同的部门分别完成的。由于各自的利益和观点不同,就会影响工作,这时领导者必须进行协调。一方面要进行整体教育,互通情报;另一方面要正视矛盾,做好协调工作,及时排除纠纷,以便增强"向心力",减少"离心力",避免"内耗"。

### 3. 授权

授权是指组织的上级主管人员或单位为完成工作任务,授予下级工作人员一定的权力和责任。行政执行日趋复杂,贯彻事权统一原则就需要有必要的授权。授权可减轻领导者的负担,使其从琐碎的事务中解脱出来,多考虑重大问题。授权后还能够使员工减少依赖思想，直接处理职权范围内的事情，减少中间环节，提高工作效率。

### (三) 执行监控

行政执行在具体实施过程中由于受到组织内外环境因素的影响而与最初的组织目标相偏离。因此，必须由具有法定授权的主体对相应的执行主体的行为和执行质量进行监控，以保证行政目标圆满实现。

#### 1. 执行监控的类别

执行监控分为内部监控和外部监控两类。内部监控是指组织内部由领导人或者负责督导的人员、机构实行的监控，主要目的在于控制、调整行政执行的具体过程。外部监控是指由上级机关或其他监督部门实施的监控，其目的在于防止行政执行偏离决策与政策的方向。

#### 2. 执行监控的环节

执行监控的第一个环节是明确执行标准，只有使执行标准更为明确、更具可操作性，才能对执行过程实施有效的监控；第二个环节是利用执行标准衡量执行绩效，以确定执行质量的偏差及其性质；第三个环节是采取相应措施，对执行的主观方面或对执行的客观方面进行纠偏。

#### 3. 行政监控的重点

在行政执行过程中主要针对以下因素进行控制：人员素质及其行为、预算和财务状况、执行工作进程及其质量、信息质量、行政执行计划与目标、组织整体绩效等。

## 四、公共部门行政执行力建设

执行力是从企业管理中引入的概念，简单地说，就是保质保量完成工作和任务的能力。

在现实中会碰到这样的现象：某项政策到了基层要么完全走样，要么"没那么回事"。通过分析不难发现，问题不是出在政策上，而是在实践操作层面上，即出在执行力上，是执行走偏，或者是执行力从上至下的逐层递减。因此，从根本上说，如何提高执行力是当前急需解决的问题。在社会体系越来越健全的情况下，执行者所欠缺的或许不是一些决策、法规，而是"能力"，这个"能力"不仅包括文化知识能力，更重要的是把决策转变成现实生产力的能力。

行政执行力建设是加强党的执政能力的重要途径，是建设责任、法治、服务型政府的必然要求，是实现行为规范、运转协调、公正透明、廉洁高效的行政管理体制的具体体现。加强行政执行力建设，是贯彻党的路线、方针、政策的基本要求，直接关系到党和政府的各项工作能不能落到实处。各级管理部门必须具有责任感和使命感，进一步提高行政效率，进一步改进作风和工作方法，切实解决对公共管理的战略决策及工作部署不执行、虚假执行或乱执行的问题，坚决杜绝推诿扯皮、推卸责任、形式主义、应付了事、断章取义、阳奉阴违、以会议落实会议、以文件落实文件、部门利益至上、贪小利而损害大局等种种执行不力的现象。

提高行政执行力必须坚持依法行政的原则,增强法治观念,杜绝行政行为的盲目性和随意性,把依法行政贯穿于行政管理和服务的全过程。一是切实转变行政理念和方式,增强法治观念和规范意识,依法实施公共服务和管理社会事务,按照法定权限和程序行使权力、履行职责,提高执法水平和办事效率;二是建立和完善行政机关职能执行机制,形成行为规范、有章可循的执行制度以及责任明确、高效执行的执行机制。

提高行政执行力必须加大决策执行、监督和责任追究力度,坚持从严治政,确保政令畅通。一是完善监督考核和责任追究制度,使行政监督贯穿于行政决策、行政执行的每一个环节,做到有权必有责、用权受监督、侵权要赔偿、违法受追究;二是建立和完善对执行力的责任考核、评议、警示、奖罚制度,把重大决策执行情况作为考核政绩和领导干部选拔任用的主要依据。

提高行政执行力必须提高行政决策能力,实行依法决策、科学决策、民主决策。一是提高行政决策透明度,建立健全相关部门充分调查研究、公众广泛参与、专家集中论证、政府最终决定相结合的行政决策机制,将决策的科学性、民主性与效率性有机地结合起来,使制定的政策符合客观规律,具有操作性,避免朝令夕改,保持政策的稳定性和连续性;二是建立行政决策评价制度,规范决策的程序和时限,力求以较小的决策成本、较高的决策效率,实现更好的决策效益。

政府要充分履行职能,成为一个有能力、有成效并为广大群众认可拥护的政府,必须创新政府管理理念。一是强化政府服务的理念。强化"行政就是服务"的理念,才能克服滥用职权的问题,才能走出把管理当作管制的误区,才能把各项便民、利民之举措真正落到实处。二是强化责任政府的理念。政府服务的过程也就是政府履行职责的过程,因此,责任意识与服务意识相辅相成、相得益彰。服务意识缺失,难以真正尽职尽责;责任意识缺乏,政府服务也难以实现。确立和强化责任意识,杜绝随意量裁,才能真正做到权为民所用。三是强化政府效能的理念。效能是政府管理的根本价值所在。政府执行力的提升要体现在政府运转速度快、办事效率高、行政成本低、社会效益好等方面。因此,必须强化效能意识,把成本管理、效率管理纳入政府管理之中。

**🧑 阅读材料**

## 更好发挥国家发展规划战略导向作用
## 推进"十四五"时期经济社会高质量发展

党的十九届五中全会审议通过《中共中央关于制定国民经济和社会发展第十四个五年规划和二〇三五年远景目标的建议》(以下简称《建议》),吹响了开启全面建设社会主义现代化国家新征程、向第二个百年奋斗目标进军的冲锋号角,体现了以习近平同志为核心的党中央高瞻远瞩的战略眼光和强烈的历史担当,为全党全军全国各族人民凝心聚力、共同奋斗指明了前进方向，在中华民族伟大复兴的征程上具有重要里程碑意义。国家发展改革委作为宏观管理和经济综合协调部门，必须切实把思想统一到党的十九大和十九届二中、三中、四中、五中全会精神上来，把行动统一到以习近平同志为核心的党中央决策部署上来，更好发挥"十四五"规划的战略导向作用，完善实施机制，切实保障党中央决策部署有效落地。

习近平总书记反复强调"一分部署，九分落实"。规划的生命力在于实施，必须坚持党对规划工作的集中统一领导，充分调动各方面的积极性、主动性和创造性，形成推动规划实施的强大合力，将美好蓝图切实转化为发展实效。

**1. 健全统一规划体系**

按照《中共中央　国务院关于统一规划体系更好发挥国家发展规划战略导向作用的意见》要求，加快建立以"十四五"规划《纲要》为统领，以空间规划为基础，以专项规划、区域规划为支撑，由国家、省、市县各级规划共同组成，定位准确、边界清晰、功能互补、统一衔接的"三级四类"国家规划体系。

一是强化"十四五"规划《纲要》的统领作用。国家级空间规划要细化落实"十四五"规划《纲要》提出的国土空间开发保护要求，为重大战略任务和重大工程项目落地实施提供空间保障。在科技创新、基础设施、绿色转型、民生保障等领域编制一批国家级专项规划，细化时间表和路线图。根据"十四五"规划《纲要》明确的方向，编制推进京津冀协同发展、长江经济带大保护、长三角一体化发展、粤港澳大湾区建设、黄河流域生态保护和高质量发展等国家重大区域战略实施方案，尽快取得新的突破性进展和标志性成果，为全国高质量发展提供强大动力支撑。省级、市县级规划既要加强与国家级规划的衔接、形成全国"一盘棋"，又要因地制宜，发挥比较优势、突出地方特色。

二是加强各级各类规划的衔接协调。只有各级各类规划协调一致，才能保障心往一处想、力往一处使。"十四五"国家级专项规划、区域规划、空间规划在报请审批前，须就规划目标、重大政策、项目布局、风险防控等，与"十四五"规划《纲要》进行统筹衔接。各类规划之间要按程序做好衔接，避免矛盾冲突。省级发展规划在报请省级人民代表大会审查批准前，按程序与国家"十四五"规划《纲要》进行衔接。

三是健全规划统筹管理制度。严格按照国务院批准实施的"十四五"国家级专项规划编制目录清单、空间规划编制目录清单和区域规划年度审批计划，开展规划编制工作，推动规划数量减下来、质量提上去。各部门自行编制或批准的各类规划要及时做好备案。发挥规划管理信息平台作用，将各类规划的编制和实施过程纳入统一管理，加强信息互联互通、归集共享，有效提高规划管理水平和效率。

**2. 健全政策协同机制**

加快构建发展规划、财政、金融等政策协调和工作协同机制。一是强化年度计划与"十四五"规划《纲要》的衔接。年度计划是五年规划实施的重要支撑，要按照短期调控目标服从长期发展目标、短期政策与长期政策衔接配合的要求，将"十四五"规划《纲要》确定的主要指标分解纳入年度指标体系并做好年度间综合平衡，按照《纲要》明确的发展方向确定年度工作重点，通过滚动实施确保五年目标任务如期实现。二是强化各类政策对"十四五"规划《纲要》实施的保障支撑作用。加强中期财政规划、年度预算与"十四五"规划《纲要》实施的衔接协调，中央财政性资金优先投向《纲要》确定的重大任务和重大工程项目。坚持"项目跟着规划走、资金要素跟着项目走"，对纳入"十四五"规划《纲要》的重大工程项目，简化审批核准程序，优先保障规划选址、土地供应和资金安排。货币政策取向要充分考虑"十四五"规划目标、经济发展形势等，以市场化手段引导金融资源支持《纲要》明确的重点领域和薄弱环节。

### 3. 完善规划实施机制

在规划实施过程中，动员各方面力量、灵活采取各种方式落实好规划任务，及时调整执行偏差，确保规划目标顺利完成。加强规划实施评估考核，对约束性指标和经济调节、市场监管、公共服务、生态环境保护等政府履责要求，要细化实施责任、严格跟踪考核机制。进一步健全"年度监测分析—中期评估—总结评估"的规划评估体系，将评估结果作为改进政府工作和绩效考核的重要依据，并依法自觉接受人大监督。加快发展规划立法，将党中央、国务院的规定要求和行之有效的经验做法以法律形式固定下来，强化规划编制实施的法治保障。

资料来源：国家发展和改革委员会. 更好发挥国家发展规划战略导向作用，推进"十四五"时期经济社会高质量发展[EB/OL]. (2020-11-01)[2023-09-22]. https://www.12371.cn/2020/11/01/ARTI1604197161399888.shtml.

### 👤 延伸阅读

## "办不成事"反映窗口，怎么把事办成？

资料来源：新闻1+1. (2023-03-17). https://tv.cctv.com/2023/03/17/VIDEjASOhCGfoYAmep5WbClU230317.shtml.

### 👤 本章思考题

1. 公共部门计划有哪几种类型？为什么在组织管理活动中首先要做计划？
2. 简述公共决策的基本方法和程序。
3. 简述公共行政领导的基本职能。
4. 作为一个组织的领导应当具备哪些基本素质？
5. 在政府管理活动中，为什么要重视和加强执行力的建设？

# 第三章 | 政府与公共管理

政府是公共管理活动的重要主体，其目的不是营利，而是有效地、公平地分配社会利益。政府的作用是公共管理学研究的一个重要课题。关于这一课题，从古希腊柏拉图(Plato)的《理想国》、亚里士多德(Aristotle)的《政治学》，到近代孟德斯鸠(Montesquieu)的《论法的精神》、洛克(Locke)的《政府论》、卢梭(Rousseau)的《社会契约论》，直至近代公共管理中关于政府角色的各种流派和观点，无不凸显了政府角色这一课题在研究公共管理当中的重要地位。在当代，政府的作用问题越来越成为人们关注的焦点，正如世界银行《1997年世界发展报告：变革世界中的政府》所指出的："在世界各地，政府正在成为人们注目的中心。全球经济的发展使我们再次思考具有深远意义的关于政府的一些基本问题：它的作用应该是什么，它能做什么和不能做什么，以及如何最好地做这些事情。"本章将集中探讨政府的角色、政府与市场的关系、政府与企业的关系、政府与社会的关系、政府间关系等方面的问题。

## 第一节　政府的角色

历史上有关国家和政府问题的学说不胜枚举，从古希腊柏拉图的《理想国》，亚里士多德的《政治学》，到近代欧洲的"百家争鸣"，比比皆是，并且结出了累累硕果。从某种程度上讲，一部公共行政范式演进的历史也就是政府角色不断变换的历史。究竟政府是什么？它扮演什么样的角色？一直以来都是研究者关注的焦点。

政府角色，一般指政府在公共治理中根据自身特点和社会对它的需求而确定的理应承担的角色。政府角色又可以分为政府理想角色、政府领悟角色、政府实践角色。政府理想角色，也可以称为政府期望角色，是指政府在履行自身职能时，整个社会对其角色规定的理想的规范和公认的行为模式。政府领悟角色，可以理解为政府对其扮演的角色所理解的行为模式，不同的理解或领悟就会产生不同的行为。政府的实践角色是政府在实践政府职能过程中所表现出来的实际的行为模式。简单地说，政府角色就是政府在社会生产和生活中所发挥的作用，担负的责任。而严格意义上讲，政府角色是指在一定范围内充当社会公共权力主体的政府所具有的功能作用的人格化。

### 一、典型国家政府角色演进

从历史的发展看，工业革命以来典型国家政府角色的演进是政治、经济、文化与环境多方面综合作用的结果。工业革命以来，典型国家政府角色演进的大致分类，与此对应出现过"议会至上""行政主导""新公共管理"等施政模式。

### (一)"议会至上"模式与守夜型政府

自由主义主张"抑制国家并将其限制在一定的界限之内"。这种观点始于1690年洛克的《政府论》。1776年，亚当·斯密(Adam smith)的《国富论》仍依靠"自然"这个信条和"看不见的手"这一未经证实的假设，描绘了使经济和社会秩序良好运转的愿景。按照自由主义的理论预想和人们普遍"利己"的假设，自然和市场是完美的，个体之间自由竞争的结果不仅是有益的，还是和谐的，各种力量可以凭借理性选择和内在规则达到统一运作和均衡。为此，国家权力和政府职能必须受到限制。

19世纪上半叶的社会现实、经济需求及政治生态，使美国、英国等国家接受了古典自由主义的理论，随着"最好的政府就是管得最少的政府"的理念付诸实践，"守夜型政府"与"议会至上"的施政理念在19世纪顺理成章地成为主流。

### (二)"行政主导"模式与干预型、领航型政府

凯恩斯于1936年出版了《就业、利息和货币通论》一书，政府干预主义由此在西方理论界占据主导地位。凯恩斯的主要思想就是需求管理，即放弃自由放任的经济自由主义原则，实行国家对经济的干预和调节，以财政政策为主、货币政策为辅来刺激消费、增加投资，保证社会有足够的有效需求，实现充分就业，治理经济危机。政府的角色从"守夜人"变成了"积极的干预者"。

在实践中，罗斯福(Roosevelt)的新政拉开了政府干预的序幕，自由放任的市场经济时代宣告终结。这种政府干预的思想体系从宏观角度证明"市场缺陷"的存在，从而成为西方主流经济学的理论核心。资本主义国家从此纷纷奉行凯恩斯主义，加强了政府对经济活动的干预与调节，政府的经济职能不断扩大，推动了经济的繁荣和复兴。由此也形成了"行政主导"的施政模式。

### (三)"新公共管理"模式与有限型政府

20世纪的最后20年，人们发现不论是干预型、领航型的政府还是全能型的政府，在克服"市场失灵"的同时又可能产生"政府失灵"的困境。为此，发达国家开始探索"新公共管理"模式与有限型政府，对政府改革给予极大关注。

在这场行政改革中，普遍以"服务行政"为核心价值理念，提倡政府服务的顾客导向和回应性，通过理顺府际关系、合理划分权限、再造政府流程、引入竞争机制等手段，约束行政行为、提升政府能力。至此，基于公共服务理念的有限政府成为主流，并以"3E"(efficiency、effectiveness、economy)原则对政府效能进行"三次限定"：政府干预严格限定在市场失灵范围内，即遵循效率性(efficiency)；政府干预限定在弥补"市场缺陷"的范围内，即遵循有效性(effectiveness)；政府干预遵循成本—收益原则，即政府部门与私人部门一样，做事要有成本意识，即遵循经济性(economy)。

## 二、政府角色定位

### (一)"掌舵人"的角色定位

掌舵人的角色定位是相对于划桨者的角色定位而言的。政府在市场经济中应当扮演掌舵人的角色,而不是划桨者的角色。这就意味着政府组织应当关注政策的制定,而不是政策的执行。政府必须缩小规模,减少政府的预算和开支,致力于提高政府的绩效。因此,政府的主要管理职能在于宏观调控,政府必须关注整个经济社会系统的运行是否正常、有效,而不应过度纠缠于具体政策的执行层面。掌舵人角色的确立将政府职能严格界定为宏观调控与干预,使政府能够从微观的具体政策层面中解脱出来,真正履行政府应当履行的管理职责。同时,掌舵人角色的确立可以帮助政府树立"小政府、大社会"的管理理念,使政府更好地与市场机制相适应,充分尊重市场规律,从而在市场经济条件下实现社会的有效管理。

### (二)"接轨者"的角色定位

当今世界是一个开放的系统,政府的管理行为具有很强的国际性,世界各国的经济活动正在日益呈现全球化的趋势。因此,政府一个重要的角色定位就是促使政府的行政管理活动与国际惯例接轨。随着中国加入世界贸易组织,中国经济的对外开放程度更加扩大,与国际社会的经济往来显著增加,政府必须引导和建立一个适应全球化条件的开放的市场经济体系,这就要求政府必须按照国际惯例进行公共管理,减少政府管理规则和行为的局限性。

### (三)"裁判员"的角色定位

政府在市场经济条件下必须扮演"裁判员"而不是"运动员"的角色,这意味着政府组织必须尊重市场规律,充分发挥市场在宏观调控中的基础性作用。政府的管理活动范围将严格界定在市场失灵的领域。对于市场经济运行中出现的各种问题,政府必须以社会管理者的身份提供政策引导,运用市场经济手段加以调节,减少直接的行政干预和行政命令方式的使用。在市场经济条件下的政府要尽量避免直接参与经济活动和管理具体的经济实体,即严格实行"政企分开",赋予市场一定的自由度,维护市场优胜劣汰的竞争机制,实现市场经济的有序竞争和平衡发展。

### (四)"服务者"的角色定位

政府在市场失灵的领域必须实行"积极干预"的政策,这主要体现在政府提供公共产品和公共服务的过程,同时也是政府有效管理社会和市场的过程。政府提供的公共产品和公共服务具有非竞争性和非排他性的特点,整个社会的所有公众都可以享受政府提供的公共产品和公共服务,这对于社会稳定起着无法替代的重要作用。例如,在教育、公共交通和公共卫生等领域,政府就必须明确自身的角色定位,代表整个社会行使其管理职能,以保障社会系统的正常运行。近年来,随着新公共管理以顾客为导向的理念在实践中日益暴露出局限性,对新公共管理的一些原则和理论进行反思成为公共管理学者们关注的焦点。新公共管理理论中最为人们诟病的就是以顾客为导向的原则,这混淆了企业管理和公共管理的本质区别。在这个大背景下,新公共服务的理论逐渐形成,服务者的政府角色也成为人们关注的焦点。

### (五) "仲裁者"的角色定位

"仲裁者"的角色定位又可以称为政府提供法治保障的角色定位,即政府不仅要对市场经济进行有效的宏观调控,同时要运用法律手段限制市场的混乱与恶性竞争。一个完善理性的市场必须是一个高度法治化的市场,政府要为市场的运行提供一个公共的规则,并担负对过程实行监管的职责。中国政府提出的"依法治国"方略正是基于这样一种考虑。只有政府为社会和市场提供了一个强有力的法治保障,市场经济中的主体才能依照共同的规则进行公平竞争。建立中国特色的社会主义市场经济体系的一个重要方面就是实现社会主义市场经济的有序竞争,完善社会主义法治建设。因此,政府提供法治保障的职能在市场经济条件下具有十分重要的意义。

### (六) "平衡者"的角色定位

政府在管理社会时必须关注的绩效管理目标是在高绩效政府组织管理当中反复提及的一个重要概念,而实现社会公平与公正又是绩效考核体系中的一个重要指标。一个健康发展的市场只能出现在一个稳定的社会环境之中,社会体系的稳定、社会公平与公正目标的实现对政府管理尤其重要。西方国家普遍实行的高福利政策,实际上就是政府运用税收手段调节社会各阶层收入的一种措施。高福利政策当中的高额税收,除一部分用于政府的各种管理活动和管理成本所需之外,很大一部分通过某种方式回到了社会公众的手中。但是,这种回归不是简单意义上的"返还",而是带有显著公共管理特征的社会财富的再分配过程。通过这些调节手段和再分配,政府就可以保证社会的贫富差距维持在一个合理的水平,从而保证社会的稳定,促进市场经济的良性发展。

### (七) "保卫者"的角色定位

政府作为社会的管理者,必然要担负保卫国家经济与社会安全的职责。市场主体要实现发展,客观上要求一个安全的发展环境,一切形式的不安全因素都会严重阻碍社会的发展,进而严重影响市场的有效运作。例如,美国的"9·11"恐怖袭击事件发生之后,社会公众处于一片混乱和恐慌之中,国家的经济与社会安全遭受严重威胁,结果导致社会公众对经济发展前景的悲观情绪增长,消费信心指数严重下跌,给刚刚呈现复苏迹象的美国经济造成严重打击。这个惨痛的教训说明了政府保护国家经济与社会安全的角色定位的重要性。近年来,随着全球一体化进程的不断加快,市场经济的流动性也与日俱增,这就对政府的管理水平提出了新的挑战,市场经济的客观要求决定了市场必然选择那些稳定的社会和国家进行投资,从而影响一国市场经济的活力和繁荣程度。中国改革开放以来大量吸引国际资本促进市场和社会发展的成功经验中,一个重要因素就是维护了一个稳定的国际国内的社会环境，从而为市场经济的健康、高速发展奠定了稳固的基础。

综上所述，市场经济条件下政府的角色定位反映了市场经济和社会发展对政府管理的要求，体现了公共管理以市场和社会需求为导向的管理理念，适应了社会发展与市场发展，因此，以绩效观念为指导，有效完成政府角色定位的要求是成功的政府公共管理的重要基石。

# 第二节　政府与市场

在政府与市场关系论争中主要可以分为两个流派：反对政府干预与赞成政府干预。反对政府干预的流派要求充分发挥市场机制在资源配置中的经济调节作用；赞成政府干预的流派则要求充分发挥政府的宏观调节作用，反对完全自由放任的市场经济。这两种理论在发展过程中此消彼长，相互促进，孕育了混合经济的产生。

## 一、政府与市场的内涵

政府，从广义上讲泛指一切国家机关，包括立法机关、司法机关、行政机关以及一切公共机关。狭义的政府专指一个国家的中央和地方的行政机关。政府具有强制性和约束性、执行性和实践性等特征，表现为统治阶级借助军队、警察、监狱等暴力工具强迫全社会服从它的统治。它所拥有的是国家最高行政权力，权力的影响对象涉及全体公民，无一例外，它所制定的各种行政法规、行政措施和发布的一切行政命令等，所有的政府管理对象都要遵守，即使是统治阶级的成员也不例外。政府是国家权力机关的执行机关，在执行中不只是消极被动地照章办事，而是积极能动地参与和影响国家的立法和政策制定。

市场，是指商品和劳务买卖双方自由交换的场所和机制，体现了商品生产者之间的相互交换劳动的经济关系。狭义的市场指有形市场，广义的市场包括有形市场和无形市场。市场机制是市场运行的实现机制，是市场中供求、价格、竞争三大要素之间相互联系、相互作用和相互制约的关系；市场机制包括了价格机制、供求机制和竞争机制。市场主要拥有六大功能，即交换功能、信息传递功能、调节功能、约束功能、检验功能、促进技术进步功能。

## 二、政府与市场关系模式

政府与市场的关系主要有4种模式，即市场主导型模式、互动型模式、政府主导型模式和分裂型模式。

### (一) 市场主导型模式

这种模式与资本主义发展初期市场经济初步建立过程中简单的市场关系相适应，自由资本主义时期的政府对社会经济事务基本上采取放任自流的不干预政策，形成了强市场、弱政府的结合模式。

在经济工作中要尊重客观规律，首先要尊重价值规律以及相关的供求规律、竞争规律等。此外，发挥市场在资源配置中的基础性作用，使企业成为真正的市场主体，就是要进一步转变政府职能，政府不再充当资源配置的主角、左右市场的主角，不去直接干预企业的生产经营活动，而是要尊重价值规律的作用，发挥市场机制调节资源配置的积极作用，让企业根据市场信号自主地作出生产经营决策。

但是，"市场失灵"时常发生。造成市场失灵的原因一般是市场机制所假设的理想条件不能够满足或不完全具备。在假定完全竞争的市场条件下，市场失灵因外部性存在、垄断、公共物品、服务和信息的不对称等而产生。

### (二) 互动型模式

在这种模式下，政府与市场达到有机耦合，政府在区域经济规划、国有资产经营、社会管理等方面充分发挥作用，并且在政府强有力的保护、促进和引导下企业能够自主经营，形成自由交易制度。更重要的是在最优的情况下，外部性等市场失灵得到有效弥补，与此同时借助完善的制度建设避免政府效率低下和寻租腐败问题，实现"看得见的手"与"看不见的手"协调互动，建立市场与政府相结合的调节机制，建立一个公正公开的分配平台，既提高效率，又达成社会倾向于公平的目标。

### (三) 政府主导型模式

在这种模式下，政府以强有力的计划和政策对资源配置施加影响，以实现某种短期和长期增长目标。也就是说，政府拥有巨大的可供自己直接配置的资源，政府部门掌握大量的政策资源，政府本身成为市场主体。政府主导型模式存在着一些弊端，如政府目标出现偏差，扭曲了自身的行为，不利于平等竞争市场秩序的建立。

### (四) 分裂型模式

这种模式是所有国家和地区都力图避免的一种失败型的政府与市场结合的模式。这种状况的出现与政府公共政策的不当有直接关系。在这种模式下，市场发育迟缓，政府能力低下和市场机制的缺失之间形成一种恶性循环，其经济发展前景可想而知。由于市场机制的建立更需要时间和观念的转变，因此，此时政府应该做的是尽快转变职能，由分裂型模式转向政府主导型模式。

## 三、政府与市场关系中的主要问题

在处理政府与市场关系时，容易出现以下两种截然相反的观点。

### (一) 政府"全能"、市场无用论

传统的计划经济体制下，政府对一切社会事务特别是经济活动进行干预甚至包办，

扮演着无所不在、无所不能的角色。在这种模式下，下级政府依据上级政府下达计划和指令来管理经济活动，并不关心社会发展、环境改善、对外交往等事务，而上级政府往往显得力不从心。在这种政府"全能"论支配下，政府功能实际上是畸形发展的。

## (二) 政府"无为而治"、市场万能论

随着市场化改革的深入，"全能"政府越来越难以名副其实，一些人就以古典经济学的政府"无为而治"论、新古典经济学的"亲善市场"论为理论武器，主张政府功能越少越好，只要政府放手不管，市场这只"无形之手"就会把一切都安排得井井有条。

大量的理论与现实已证明这两种观点都失之偏颇。正确的政府与市场的关系，既要强调市场的充分发展，也要强调政府功能的合理发挥，前者是基础，后者是补充，要把握好如何实现市场对资源的基础配置与政府对市场的合理干预之间的平衡。现实而合理的政府与市场间的关系应当是保证市场对资源配置起基础性作用的前提下，以政府的干预之长弥补市场调节之短，以市场调节之长来克服政府干预之短，从而实现市场调节和政府干预二元制的最优组合。

## 四、正确处理政府与市场的关系

政府与市场作为现代市场经济中两个不可或缺的要素，在促进经济增长和社会进步方面各自发挥着不同的作用。构建新型的政府与市场的关系，寻求政府干预与市场自由发挥之间的均衡点，才能实现全社会对资源的有效利用及供求关系的平衡。

那么，在社会经济发展中政府与市场应保持怎样的关系，才能保证资源的合理有效配置，促进经济社会的可持续发展呢？如下所述。

### (一) 转变政府职能

一个有效的政府是经济与社会可持续发展的必要条件，它能够对市场经济和个人活动起催化作用、促进作用和补充作用，既能提高政府自身效率和使用公共资源的效率，也能提高和改进政府的能力。在市场经济转型过程中，需要重新界定政府的作用和干预内容。

政府在干预经济的过程中难免会暴露自身的缺陷，比如政府决策的失误、政府人员的自利性、政府干预的高成本及其结果的不确定性，甚至有寻租行为的发生。只有把政府干预的力度控制在一个合适的范围内，才能保证政府充分发挥作用。总之，"看不见的手"只有知道哪里应当"无为"，才能有所作为；"看得见的手"只有顺应"看不见的手"运行的规律，才能驾驭市场；"看得见的手"只有谨慎使用，才能有效发挥功能。

### (二) 重视发挥市场的功能

与计划经济体制比较，市场经济在信息传输上主要采取横向传输的方式，信息传输具有分散性、及时性、客观性、经济性等特征，这既有利于生产者和消费者以较低的成

本及时获取可靠的信息，提高微观经济活动的效率，又有利于宏观经济的决策者和管理者在有效的微观经济活动基础上，有针对性地获取客观的信息资料，提高宏观管理和决策的质量与效率。从激励机制看，市场是刺激竞争和优胜劣汰规律起作用的场所，既能有效地解决生产什么、如何生产和为谁生产的基本经济问题，也能解决消费者如何选择最有效的消费方式、消费结构等问题，所有这些反映到宏观层面，就为经济发展和经济效率的提高提供了足够的内在动力。

经济学理论认为，在完全竞争市场条件下的一般均衡能够实现社会福利的最优化。然而，在现实经济生活中，由于不能满足完全竞争市场发挥作用的种种严格假设的条件，市场失灵就成为一种客观存在。正确认识市场失灵，有助于在充分发挥市场职能作用的同时，正确把握政府调节的范围和力度，合理有效地发挥政府作用，有针对性地矫正、完善、弥补市场的不足与缺陷，构建市场机制与政府机制互补的"二元调节机制"。

### (三) 政府与市场应当相互配合、相互制约

从西方主要资本主义国家几百年的经济发展史中不难看出，政府与市场是在相互制约、相互促进中共同发展的。因此，应该让市场这只"看不见的手"与政府这只"看得见的手"共同作用，实现经济效益的最优化和社会福利的最大化。

政府与市场既要"分离"又要"合作"。发挥市场的作用并不否定政府的作用。同样，发挥政府的作用也不是排斥市场的作用。政府与市场的关系应该是相互补充与促进的。政府的作用要符合市场经济规律，随着市场化改革加快，政府的作用也在发生变化。总体上，政府从市场机制充分发挥作用的领域逐步退出来，从政府不该管或者管不好的领域撤出来，把政府该管的事管起来，并且管好。

### (四) 政府与市场的关系在不同的社会制度中有不同的表现形式

在资本主义制度中，由于劳动力成为商品，剩余价值转化为利润，资产阶级从自身的利益出发，追求资本的增值和超额利润，往往主张放任的、无拘无束的自由经济，让市场充分发挥作用。当市场机制失灵的时候，又迫使政府采取特殊政策来保证资产阶级的利益，政府充当资产阶级的"守护神"。

中国作为社会主义国家，实行社会主义制度，以生产资料公有制为主体和按劳分配为基本分配方式，最终目标是要实现共同富裕。在社会主义市场经济条件下，政府与市场的关系有其自身的独特性。在充分发挥市场机制有效配置资源、提高效率的同时，也要充分考虑社会公平，而市场本身不能兼顾这两点，这就需要政府的宏观调控，统筹安排，以实现社会主义共同富裕的最终目标。

在影响经济发展的过程中，政府的作用不是万能的，市场的作用也不是万能的。经济发展不能"一刀切"或者进行激进式的经济改革，经济的改革与发展应该循序渐进。政府与市场的作用应该在经济发展过程中同时发挥作用，互相补充，各自在不同的领

域发挥作用，才能实现整个国家经济高效、有序发展。例如，有一段时间猪肉涨价，这是影响民生的重要问题，政府当然需要关注，问题是应当采取什么样的办法来应对。按照市场经济的原理，猪肉涨价必然会刺激猪农养猪的积极性，而且猪肉涨价对于提高农民收入是有帮助的。所以在这种情况下应该关注城市中的低收入人群，他们承受不了猪肉的涨价，而城市里中等收入人群、高收入人群对于猪肉的涨价是可以承受的。因此，应该重点补贴给城市里的低收入人群。但是当时政府采取了补贴生产者的做法，这就容易过度刺激供应。而补贴生产者实际上是补贴了所有消费者，不仅包括城市里的低收入者，还包括中、高收入者，甚至外国人到中国来吃猪肉也享受了补贴。后来发生的情况就是由于过度刺激，猪肉因供过于求而降价，猪农利益受到损失。由此可见，尊重价值规律是非常重要的，如果人为地抬高或者压低价格，最后效果都不会很好。

党的十九大报告强调"使市场在资源配置中起决定性作用"，推动有效市场和有为政府更好结合，能够更好推动改革发展的有机统一，促进经济社会持续健康发展。就市场与政府的功能而言，有效的市场经济体制，需要市场与政府协同发挥效应，实现有机统一、优势互补。在政府与市场两者关系上，不能从范围或强度视角将两者关系简单理解为"大政府、小市场""小政府、大市场""强政府、弱市场""弱政府、强市场"等互斥性组合。党的二十大报告提出："坚持和完善社会主义基本经济制度，毫不动摇巩固和发展公有制经济，毫不动摇鼓励、支持、引导非公有制经济发展，充分发挥市场在资源配置中的决定性作用，更好发挥政府作用。"可见，市场和政府一个从微观的资源配置层面，一个从宏观的调控治理层面，共同推动社会主义市场经济发展。

中国政府在处理与市场关系时，一方面深化经济体制改革，不断完善市场经济体制，放宽市场准入标准，优化营商环境，鼓励和支持民间投资和创业，提高市场竞争性；另一方面优化政府职能，政府在经济中的角色逐渐转变为服务提供者和监管者，强调政府的宏观调控和公共服务职能，为市场提供公平、稳定和可预期的政策环境。

## 第三节　政府与企业

政府与企业是现代社会两大最有力量的组织机构，两者之间的关系既有合作又有竞争，既互相依存又存在利益冲突。在传统意义上，政府与企业的相互地位通常被认为是管制与被管制的关系，政府处于绝对的主导地位。政府在应对企业的过程中行使着一系列重要的权力，范围从征税到规章。反之，企业依赖于宪法的保护，并在充当创造收入、就业和物质生活标准的基本角色中依赖公众的支持。

政府与企业之间存在五重关系：规制和服从的关系、催化和反应的关系、示范和跟从的关系、认同和归依的关系、合作伙伴关系。由于市场全球化的进一步发展，社会经济的主体必将由企业组织担任，而政府也必然将重心从过去的关起门严加管制转变为建立和保障更广阔的市场环境，只有这样才能促进企业良性发展。

## 一、政府与企业的区别

政府是权力组织,而企业则是从事生产、流通等经济活动,通过满足社会需要获取利益,自主经营、自负盈亏、自我发展、自我约束的法人实体和市场竞争主体。所以,企业是经济组织而不是行政组织。

政府与企业分别提供个人消费的公共物品和私人物品;企业主要关心经济利益,而政府主要考虑社会效益。在计划经济体制下,曾经将两种组织混为一谈,让政府行使企业职能,使企业承担政府职能,造成政府膨胀、企业缺乏活力,并引发政治、经济、社会领域的各种矛盾。从组织性质分析,政府是国家的行政组织,企业是经济组织。从管理的限制与制约因素分析,法律是政府活动的基础,政府必须依法行政;法律对于企业活动只是一种外在约束条件。从组织的物质基础分析,政府活动所需的物质基础由国家财政提供,企业活动的物质基础主要是企业收益。从组织绩效评估方面分析,绩效评估指标存在重大差异,企业绩效评估比政府绩效评估更易于操作。

## 二、政府与企业的关系

### (一) 政府对企业的影响

在现代经济社会中政府制定市场竞争规则,保证整个社会良性运行。世界上没有一个国家允许企业完全自由地存在,不受约束地追求利润。政府干涉企业的深度、范围和方向使得政府和企业的关系成为当今社会讨论的热点之一。政府的角色尤其在对企业的管制方面,赋予了政府在企业外部环境中的重要地位。美国学者阿奇·B.卡罗尔(Archie B. Carroll)指出,政府所扮演的角色主要是企业游戏规则的制定者、企业产品和服务的重要购买者、企业的主要创办者和补贴发放者、庞大数量的生产性设备和财富的拥有者、经济增长的缔造者、针对企业开发社会不同利益的保护者、为达到社会目标再分配资源等。

政府可以利用许多政策工具来干预和影响企业组织,如管制、税收、货币政策等。其中,政府管制一直是政府和企业关系中引起最多争议的问题。大多数人认为,一定程度的管制是必要的,能够保证消费者和员工的公平待遇,保护自然环境,但是,过多的管制会造成文件繁多、程序复杂等负面效果。政府对于企业的干预主要致力于研究社会发展与经济可持续发展之间是否平衡,通过制定或修改法律法规、规章和政策影响和制约产业与企业组织。公共政策是政府及利益集团对企业施加影响的最主要表现。默里·韦登鲍姆(Murray Wadenbaum)在《全球市场中的企业与政府》一书中详细分析了政府和企业关系的两个方面,即政府的公共政策对现代企业行为的影响和企业对政府政策的主要反应。

### (二) 企业的政治参与

随着企业与政府关系日益紧密,企业管理者认识到企业的生存发展与政府决策有着很大的关系，他们开始参与政治活动，在政府机构中寻求或行使政治权利，发挥自己的影响力。无论这种影响力怎样，它都是企业与政府关系相互作用的产物。同时，由于制度和文化不同，企业与政府关系的表现也是不同的，各国学者大多基于本国情况进行了企业与政府关系的实证研究。

企业政治参与的行为主要有组建协会、游说、支持选举等。参与者会组建协会和组成一个利益集团来增强其影响力，满足自身的利益。其中，企业政治参与行为表现最为突出的也是学者们讨论较多的是游说。从定义上讲，游说是一个企业、行业协会或其他利益组织与政府某一部分的接触点，通过说客向政府表达企业和利益集团的立场。

### (三) 政府与企业的关系模式

#### 1. 政府规制型——美英模式

这种模式以美国和英国为主要代表，政府尽量让市场发挥作用，政府的作用主要是对市场进行规范和管制，弥补市场机制的不足。这种模式的主要特点有以下几个。

(1) 鼓励自由竞争。维护市场竞争的正常有序是政府的基本职能，通过法律手段对大企业独占市场的行为进行限制，是政府对竞争管理的主要政策。鼓励自由竞争有助于提高生产效率，但是，政府还必须兼顾社会公平。

(2) 运用财政和货币政策调控市场。政府使用财政政策、货币政策作为调控手段，在经济衰退和萧条时，采取宽松的财政政策和货币政策，包括减税和增加政府支出、降低贴现率或法定储备率、在市场上购进政府债券、放宽信贷条件等；而当经济繁荣或通货膨胀时，采取紧缩的财政政策和货币政策，包括增税和减少政府支出、提高贴现率、法定储备率、在市场上抛售政府债券、收紧信贷条件，等等。实际上政府常根据市场经济的运行状况将两种手段交替使用，实行松紧适度的财政和货币政策。

(3) 不制订政府经济计划和系统的产业政策。政府一般不制订政府经济计划和产业政策，主要依靠总统向国会发表的演说和咨文来表明政府对经济发展方向的意见。例如，罗斯福在1933年当选总统后推行的"新政"，里根总统于1981年实行的"经济复兴计划"等。英国政府在1945年至1975年之间曾几度试图制订并执行政府经济计划，但因收效不大，英国政府逐渐放弃了制订中长期经济计划，仅在年度政府预算中确定下一年度或中期的经济指标。

(4) 对企业依法实行必要而严格的管制。美国和英国都依法对企业进行严格而必要的管制，但管制的内容逐步减少。

#### 2. 政府引导型——欧洲模式

这种模式以德国和法国为代表，也包括瑞典等北欧国家。在这种模式下，政府控制着基础设施和公共服务行业及一些重要的产业，政府通过规制、政策、计划，以及对国有企业的管理来引导企业的发展。同时，政府不断完善社会保障系统，以保证社会公平。这种模式的基本特点有以下几个。

(1) 自由竞争与政府控制并存。德国、法国、瑞典等国家政府对经济的管理以市场手段为主，鼓励自由竞争，有比较规范的法律体系，同时对基础设施、公共服务、某些重要产业实行了较强的控制。

(2) 经济杠杆与政府引导并用。德国、法国、瑞典在制定财政和金融政策时，运用政府支出、信贷、价格、投资、税收等经济杠杆来调节市场，同时也强调运用计划、预算和产业政策等手段来引导市场。

(3) 经济增长与社会福利并重。德国、法国、瑞典在重视促进经济增长的同时，也十分注意完善社会保障和社会福利体系。德国政府为企业员工提供社会保障的一个重要原则是，当公民遇到危及生存的劳动和生活风险时，政府应当继续保障他们应有的经济和社会状况。

### 3. 政府主导型——东亚模式

这种模式以日本、韩国、新加坡为代表。在这种模式下，政府不仅采用法律规制、政策导向、计划引导等手段来管理企业，还利用政府与企业的密切关系对企业进行行政指导，使企业在政府的主导下运营和发展。这种模式的基本特点有以下几个。

(1) 政府运用严格的规制促使企业遵守市场规则。日本市场经济的法律体系主要由经济秩序法、经济组织法和经济活动法三部分组成。日本法律中有不少是涉及具体行业和产品的，而且多半是鼓励性条款。日本的法律体系完整、相互配套制约，政府和企业都必须依法行事。政府具有制定、解释、补充、修改、执法的权力，可以通过严格的规制迫使企业遵守市场规则。

(2) 采用利益机制诱导企业的行为。政府采用利益机制来诱导企业的行为，其中最有效的手段是对企业进行信贷控制。1945年以后，日本政府的信贷绝大部分用于扶持煤炭、钢铁等重点行业，同时限制对其他行业(如丝绸、化妆品、住宅、服务业等)提供贷款。随着日本经济恢复后进入高速增长时期，为了解决基础设施的"瓶颈"问题，信贷主要转向建设公路、铁路、码头、通信。20世纪50年代中期到60年代，日本政府利用其所属的金融机构并引导民间金融机构为重化学工业提供贷款，此后又转向扶持节能型、污染少的技术密集型产业，20世纪80年代后转向知识密集型产业。日本政府利用直接的信贷手段增加对一些新兴产业和企业的投资，增强对落后产业的支持，为产业结构转型提供了资金保证。

(3) 利用计划和产业政策引导企业发展。东亚国家政府多半习惯以计划作为调节经济的主要手段。例如，韩国的经济计划有"五年经济社会发展计划"、部门发展计划、解决某些重点问题的专项计划(如新经济百日计划)。韩国政府的经济计划着眼于长远行为，而依靠市场来决定企业的短期行为，两者互为补充。

(4) 通过行政指导说服企业服从政府的意图。日本政府的行政指导建立在政府和企业之间相互信任的基础上，通常包括"劝说交涉""信息交流"和"宣传教育"等指导方式。通过这些方式，日本政府实现了使企业按照政府意图进行运转的目的。对于那些与政府进行合作的企业，可以给予必要的"奖励"(如提供各种政策上的优惠)；反之，进行相应的惩罚。

## 三、中国政府与企业关系的变革

第一阶段(1949—1978年)。这一阶段属于传统的计划经济时期，中国实行的是国有企业制度。通过建立国有企业，采取高度集中的资源计划配置制度和没有自主权的微观经营机制，满足了在一个经济十分落后的发展起点上提高积累率的要求，并通过国有企业的发展，以较快的速度建成了门类比较齐全的工业体系。在法律上，国有企业是全民所有制的公有经济，属于国有资产，服从国家的统一领导和执行国家的计划，因此，国有企业从诞生之日起就与政府存在行政隶属关系。

第二阶段(1979—1984年)。这一阶段的核心内容在于促使企业放权让利，具体表现为以下几点：一是扩大企业自主权。为调动企业经营者和职工的积极性，国家对一些地方进行扩大自主权的试点，但由于多方面的原因，企业的自主权并没有完全得到落实。二是落实企业的经济责任，即明确企业对国家的经济责任，完成国家下达的利润指标，完成产量、质量、品种、消耗、成本等各项经济技术指标，同时进一步扩大企业经营管理自主权，把企业职工的经济责任和经济效果同经济利益联系起来。三是调整和规范国有企业与政府间的权、责、利关系。

第三阶段(1985—1993年)。这一阶段的核心内容是实行国有企业承包制。这种承包制主要是以经营合同的形式规范企业与国家的责、权、利关系，确定国家与企业的分配关系是其主要特征。企业承包制的宗旨是所有权和企业经营管理权两权分离，承包的对象是企业上缴的利税，承包制的性质是政府与国有企业围绕上缴的利税这一核心目标形成的一种行政契约关系。其中的承包经营责任制，即依据"政企分开"和"两权分离"的指导思想，全面推进以增强企业活力，使企业成为相对独立的经济实体，成为自主经营、自负盈亏的生产者和经营者。

第四阶段(1994—2003年)。这一阶段主要处理社会主义制度下计划和市场的关系问题，国有企业的改革以建立适应市场经济要求的现代企业制度为基本目标，建立与社会主义市场经济体制相适应的分配制度。具体内容包括以下两点：一是建立现代企业制度，把现代企业制度概括为适应市场经济和社会化大生产要求的，产权清晰、权责明确、政企分开、管理科学的企业制度；二是抓大放小，即国家集中力量重点支持少数关系国计民生的国有大企业和企业集团，增强其在国内外两个市场的竞争力；而对数量众多的国有中小型企业，特别是国有小型企业，实施放开搞活，允许其以不同改制形式转变为非国有企业。

第五阶段(2004年—2011年)。党的十六大之后，国企改革、政府与企业关系进入了一个新的深化发展阶段：在产权关系上，将现有企业改造成为股份有限公司和有限责任公司，同时提出建立归属清晰、权责明确、保护严格、流转顺畅的现代产权制度；在政企关系上，对国有资产管理体制进行了探索，这也是经济体制改革中的深层次改革，涉及政治体制和政府机构改革,使国企改革与资本市场的改革同步进行,有利于国有企业治理结构的完善,有利于现代企业制度的建立。

第六阶段(2012年至今)。党的十八大以来,政府与企业之间的合作与互动日益加强,共同推动了经济和社会的发展。中国共产党十八届三中全会之后,进一步转变政府职能,理顺政企关系,完善市场经济体制。企业的期望集中在几个方面:一是进一步加快土地、矿产、金融等生产要素的市场化,加快垄断行业改革;二是进一步深化政府行政管理制度改革,放松审批、加强监管、改善服务,建立新型政企关系;三是进一步优化创新环境,通过税收政策、教育培训、政府采购以及知识产权保护等方面改革,打造有利于企业创新和转型升级的外部环境。

2013年,国务院发展研究中心课题组就"进一步理顺政企关系、全面深化经济体制改革"问题对北京、天津、哈尔滨、无锡、成都、深圳等城市的1539家不同行业、不同规模和不同所有制的企业进行了实地调研和问卷调查。调研发现,企业对进一步深化经济体制改革抱有很大的期待,在所列举的全部9项改革任务中,企业最关注的问题依次为:完善市场体系、理顺政企关系和转变政府职能、加快财税体制改革、深化国有企业改革、支持非公经济发展、推进金融体制改革、建立有利于企业创新的体制和政策环境、完善劳动就业与社会保障体系、深化对外开放。

习近平总书记在党的十九大报告中指出构建"亲""清"新型政商关系,促进非公有制经济健康发展和非公有制经济人士健康成长。2019年12月22日发布的《中共中央 国务院关于营造更好发展环境支持民营企业改革发展的意见》,明确提出了营造更好发展环境支持民营企业改革发展的一系列措施,指出了如何构建亲清政商关系。党的二十大报告提出,优化民营企业发展环境,依法保护民营企业产权和企业家权益,促进民营经济发展壮大;政府支持中小微企业发展,深化简政放权、放管结合、优化服务改革;完善产权保护、市场准入、公平竞争、社会信用等市场经济基础制度,优化营商环境。2023年7月14日发布的《中共中央 国务院关于促进民营经济发展壮大的意见》(以下简称《意见》)提出,民营经济是推进中国式现代化的生力军,是高质量发展的主要基础,是推动我国全面建成社会主义现代化强国、实现第二个百年奋斗目标的重要力量。为促进民营经济发展壮大,该《意见》围绕6个方面部署了重点任务:一是持续优化民营经济发展环境;二是加大对民营经济政策支持力度;三是强化民营经济发展法治保障;四是着力推动民营经济实现高质量发展;五是促进民营经济人士健康成长;六是持续营造关心促进民营经济发展壮大社会氛围。

## 四、中国政府与企业关系转型的举措

### (一) 增强制度供给和制度创新能力

改革开放以来,中国在制度变迁方面已经取得了巨大成就,但由于受传统体制的影响，制度不均衡状态仍然十分普遍，当然也存在制度变革的空间和可能。进一步增强制度供给和制度创新能力是完善制度建设的根本手段。一方面应继续发挥政府在制度变革中的主导作用，提升政府的制度供给和制度创新能力；另一方面应尊重和保护其他社会成员的创造意识和创造能力，以维系制度供给和制度创新的持久生命力。

### (二) 为企业创造良好的制度和市场环境

要建立良好的政企关系，政府必须为企业创造良好的制度环境、市场环境，让企业学会在市场竞争中生存发展。这些制度环境、市场环境主要是指建立健全的社会保障制度，建立企业的联合、改组、兼并、破产制度，改革银行金融制度，建立资本市场、产权交易市场、劳动力市场等。它们将使那些有发展前途的国有企业卸下包袱，调整资产存量，重组产权关系，注入新的资金，不断发展壮大；为那些无发展前途的国有企业提供完善的破产机制，减少政府、企业进一步的消耗与损失。

### (三) 进一步转变政府职能

深化行政体制改革应以转变政府职能为突破口，以财权和事权的合理划分为出发点，全面理顺各级政府之间的责权利关系，以"省管县"和"强镇扩权"改革为契机，适时有序地调整行政层级结构，切实转变政府职能，强化政府的公共服务职能，提升公共产品的供给能力和水平，从而实现从"发展型政府"向"服务型政府"的转变，为政府与企业关系的转型创造公正、廉洁和富有活力的空间。

### (四) 完善社会治理机制

加强社会建设，一方面要从制度和机制上健全社会矛盾的吸纳和调解功能，降低因转型带来的社会风险，营造健康、和谐的社会秩序；另一方面要构建和完善社会治理机制，积极培育公民意识，推动公民社会的成长，形成社会公众自我管理和自我发展的良性循环机制，健全公民的利益表达和参与机制，实现政府、企业与社会的和谐共赢。政府在社会建设中负有不可推卸的责任和义务，应进一步深化公共财政体制改革，推动垄断行业和垄断领域改革，增加公共产品和公共服务供给，实现基本公共服务均等化，完善社会保障制度建设，缩小城乡和地区差距，构筑公平、非歧视、低风险的社会环境。

## 第四节　政府与社会

社会是人们生产、消费、生活过程结成的有机共同体。社会性是指一个特定的民族国家范围内除国家机构、制度之外的个人、群体及其相互之间联系的总和。从历史发展的角度看，政府来源于社会但又高于社会，政府管理要依赖社会。政府与社会相互独立又相互依赖。如何构建适合国情的新型的政府与社会的关系，是一个很有价值的研究领域。

# 一、政府与社会的关系

## (一) 政府与社会的互动关系

### 1. 制度供给视角

社会发生剧烈变革的过程中往往会出现制度短缺的问题。也就是说,当社会在较短的时间内产生出大量新的社会关系时,原有的制度系统难以对这些新的社会关系提供充分有效的制度约束与引导,会出现制度供给不足或短缺的问题。制度短缺又必然带来一个问题,即由谁来供给新的制度,实现制度供给与需求之间的平衡。实际上,政府的供给与社会的供给是制度供给的两种基本模式,这两种供给模式各有优点,都是制度供给不可或缺的。如果政府的供给与社会的供给不能形成良性互动关系,必然会造成制度供给的短缺。

### 2. 市民社会视角

市民社会理论关注现代市民社会与现代政府之间的关系。市民社会与政府是彼此独立又互相影响、互相制约的。一方面,政府承认市民社会的独立性,为市民社会提供制度性的法律保障,政府对市民社会进行必要的干预和调节。例如,为市民社会活动确立人人适用的法律规则、对市民社会自身无法解决的矛盾或冲突进行协调。另一方面,市民社会具有制衡政府的力量,即市民社会积极维护其独立自主性,使自己免受国家的超常干预和侵犯,市民社会的发展培育了多元利益社团,这些社团发展到一定阶段便会以各种不同的方式要求在政治上表达他们的诉求,市民社会为民主政治奠定了坚实的社会基础。

### 3. 政府合法性视角

根据现代政治理论,政府的合法性取决于社会成员的接受和承认,社会成员对国家的要求(民主和社会福利等方面)急剧扩张,使国家的能力受到挑战,其合法性陷入危机之中。因此,解决政府的合法性成为当代政治统治的一个基本难题。许多学者认为,解决政府合法性危机的出路在于使自发的、非政治化的社会健康发展起来。由此可见,从政府合法性的角度考虑,政府对建构市民社会的认同极为必要,强调政府与社会形成良性互动关系极为重要。

## (二) 政府与社会关系的4种模式

政府与社会的关系直接影响着社会治理状况,多年来学者和政治家们一直在寻找政府与社会之间理想的关系模式。纵观古今各国政府与社会的关系,大致可归纳为4种模式。

### 1. 强政府、弱社会模式

在这种模式下,生产力水平低下,社会分工不发达,国家内部各种社会组织的功能分化有限,它们之间彼此孤立,缺乏联系。此类政府通过高度的中央集权维护国家政令的畅通，运用行政强制力对社会成员和各种社会组织进行全面而严格的控制。

### 2. 弱政府、强社会模式

在这种模式下，政府处于软弱状态，但却面对着强大的社会。此类国家缺乏有效的政府机构，政府权力支离破碎，授权有限，其政治制度化程度低而社会参与程度高，各种社会力量直接在政治领域里进行活动。在这类国家中，种族、部落、血缘以及封闭性的庇护网络等传统力量占据着支配地位。

### 3. 强政府、强社会模式

在这种模式下，政府在经济发展中处于突出地位，政府将自己的意志、目标转化为现实的能力强大；同时，社会力量及其自主性也很强，具有许多强有力的、高度组织化而且有自己利益追求的社会群体。也就是说，一方面，政府机构具有明显的自主性；另一方面，社会力量及其组织化程度也是相当高的，能够以强有力的地位与政府在制度框架内进行对话。

### 4. 弱政府、弱社会模式

这种关系模式的特点是，既缺乏强有力的中央政府，又缺乏强有力的社会整合机制，市民社会的发育程度较低，强有力的社会力量难以形成。在此类国家中，缺乏发达的官僚系统，甚至缺少所必需的社会基础，经济落后，社会分化程度低；社会成员的效忠对象依旧是自己的部落或家族，其结果不是经常内乱就是政权的频繁更迭。

## 二、政府与社会关系理论

政府与社会的关系是随着国家的产生而出现的。在不同的历史时期和不同的国家形成了许多有关政府与社会关系的理论。

### (一) 无政府主义理论

在政府与社会的关系问题上，无政府主义的主要理论观点有以下几个。

(1) 政府是产生社会问题的根源。政治权力机构，尤其是政府，往往以社会的名义行使暴力和强制手段，对社会和公民进行政治压迫、经济掠夺和文化束缚。

(2) 废除国家与政府。无政府主义理论认定一切政治组织、机构是"罪恶"的化身，而国家和政府则是元凶之首，为了捍卫"正义"和"真理"，必须废除国家和政府，而且越早越好。

(3) 建立没有政府和个人绝对自由的自治社会。无政府主义理论有不同的表现形式，但是其高度　致方面则表现为信奉个人主义。

### (二) 国家主义理论

所谓国家主义是指国家与政府决定社会与公民，而社会与公民必须服从国家政府的一种社会政治学说或理论，主要观点如下。

(1) 国家和政府"神圣万能"。国家及政府具备无所不知、无所不能、无所不为的秉性,而社会敬畏于国家,公民顺从于政府。

(2) 社会及公民或臣民必须服从政府或君主。社会和公民只有在执行国家意志的政府的躯体之下,才能获取其生存和发展的条件。

(3) 政府要全面控制和管理社会。政府只有对社会进行全面干预和钳制,才能实现政府的目标和维护国家的稳定。

### (三) 自由主义理论

在政府与社会的关系问题上,无政府主义和国家主义的理论均走向了极端,而在西方国家长期占主流地位的自由主义理论则认为,政府对社会的干预必须有一定的限度。自由主义理论的主要观点如下所述。

(1) 政府应当承担对社会的管理职能。为了稳定社会秩序、促进和保护社会的公共利益,政府必须强化其作用,并对社会进行一定程度的干预。

(2) 社会不能被政府所取代。政府必须介入社会,但是不要取代社会和包办公民的一切事情。

(3) 政府的权力要受到制约。

### (四) 马克思主义理论

马克思主义关于政府与社会关系的理论,是以历史唯物主义观点作为基础的。马克思主义理论的主要观点如下所述。

(1) 政府产生于社会。政府是建立在经济基础之上的上层建筑,是国家政权系统的重要组成部分。政府产生于社会,作用于社会,受制于社会,并最终由社会来决定。

(2) 政府具有社会管理职能。从国家和政府的产生可以清楚地知道,政府具有很强的阶级性和政治性,它具有代表经济上占统治地位的阶级进行政治统治的职能。

(3) 政府的权力要受到制约。为了防止权力滥用,需要依靠法制和权力制约机制对政府权力进行有效制约。

## 三、中国政府与社会关系的演进

计划经济时期,政府全面干预社会生活,不仅导致了政府规模庞大,行政效率低下,给国家财政带来了沉重负担,还由于政府对于市场的越位与错位,政府"不该管的事管了,该管的事没有管好",导致社会自治能力较差,整个社会公共责任机制薄弱。建设服务型政府,建设政府与社会的合作机制,关键是要发挥非政府组织(第三部门)的作用,形成政府与非政府组织的合作伙伴关系。非政府组织可以在教育、扶贫、妇女儿童保护、环保、公共服务提供以及人口控制等领域发挥重要作用。随着现代化进程的进一步发展和社会的进一步成熟,社会的自主管理能力将不断增强,而政府与社会的关系将进一步调整,其发展趋势将是"小政府、大社会"。

近年来，中国政府开始将其承担的公共服务职能转由社会组织予以承接，通过向社会组织购买公共服务弥补政府行动能力的不足或者在提供特定公共服务方面的效率不足，同时也在一定程度上从源头消除了政府在直接向公民提供公共服务过程中可能出现的腐败风险。这项改革主要着眼于削减或转移职能，实现政府职能向社会领域分权。一是把政府公共政策制定和执行职能分开，通过合同的方式把政策执行职能由专门机构或政府之外的公共组织甚至民间机构承担，政府专门履行政策制定和执行的监督管理职能，政府开始转向一种"政策制定(掌舵)同服务提供(划桨)分开"的机制，实现政府"掌舵"社会"划桨"的分工与协调。这样做的好处有两方面：一方面有利于政策制定的科学性、民主性、有效性，避免主观随意性，并由此可以建立决策失误责任追究机制；另一方面通过社会竞争合同契约的方式，可以改变过去在政策执行中执行主体徇私走样以及谋取私利，损害公共利益的违法腐败行为，增强政策制定与执行的公开性、透明性。二是逐步实现公共管理社会化、公共服务市场化，转变政府职能，将部分公共产品、公共服务让渡给社会中介组织或私人部门承担，引进竞争机制，打破政府垄断，为公众创造更好的自由选择公共产品和公共服务的机会。

## 四、中国政府与社会关系的变革

### (一) 明确政府与社会关系的发展目标

政府与社会关系的发展目标是实现政府与社会的良性互动，"小政府、大社会"模式能够在一定程度上保证这一目标得以实现。"小政府、大社会"的基本含义是转变政府职能、精简政府机构、扩大社会自治功能，即在转变政府职能、调整政府机构、规范政府行为的同时，充分发挥社会自身的作用，把原来由政府包办的大量社会事务交还给个人、企事业单位和其他社会组织。

"小政府"并不意味着政府可以退出社会、民众和市场对之依赖的领域，"大社会"也不意味着社会可以超越时代所限的功能领域。"小政府"是指政府只管理属于自身的事务，而并不是弱政府。"大社会"是指把社会从政府的超常控制中解放出来，建立充分发育和健全的社会肌体，它意味着社会主体素质的提高、对人的权利及人格的尊重、各类团体组织的发展壮大和社会服务设施的完善。

### (二) 以社会本位原则建立服务型政府

坚持社会本位，要以转变政府观念为出发点。各级政府必须保持和发扬人民当家做主的主人观，人民是国家的主人，一切权力来源于人民，政府是受人民委托履行职权，政府官员所行使的权力是人民授予的，用人民赋予的权力为人民服务，造福于人民。

转变政府职能，要以改革政府机构为突破口，把握机构改革的规律，加快机构改革步伐，稳步建立突出公共事务管理的服务型政府。行政机关应当根据经济发展的需要，主要运用经济和法律手段管理经济，依法履行市场监管职能，保证市场监管的公正性和有效性，打破部门保护、地区封锁和行业垄断，建设统一、开放、竞争、有序的现代市场体系。

建立服务型政府，要以保障和改善民生为落脚点。政府要不断完善公共服务体系，重在提升公共服务能力和水平，加大财政对公共服务领域的投资，扩大公共服务的覆盖面和人民群众的受益面。

### (三) 实施有效的社会管理

社会管理是政府、市场和社会组织为了满足人类的各种需求，维持社会秩序，促进社会进步，通力合作对社会生活系统进行组织和协调的过程，它以秩序、公平、效率、服务为基本价值取向，在不同的发展阶段表现出不同的主导价值。

一是社会管理民主化。在公共服务社会化的发展趋势下，社会中介组织以其特有的优势，在许多领域承担着提供公共服务的功能。例如，公益性的社会中介组织本身就是公共服务的提供者和承担者，是政府在提供公共服务过程中的有力合作伙伴。二是创新行政管理方式，优化政府服务流程。引进全面品质管理的理念，通过制定政府服务标准，提高服务品质。政府部门应根据工作性质科学划分不同环节的任务、标准、责任，并量化到具体的岗位。三是树立"依法行政"的理念。在社会管理实践中，人们往往有意无意地以个人意志或政策优先。政府实施公共管理的实践证明，没有坚持依法行政的意识，社会管理的效果就大打折扣。

### (四) 促进公民的有序政治参与

国家和社会相统一的马克思主义观点，不仅揭示了国家终将回归社会、国家必将消亡的历史发展规律，还揭示了公民参与对于国家政治生活的重要性。社会主义民主是广大人民群众共同享有的民主，它充分体现了人民是国家的主人，国家的一切权力属于人民的社会主义本质。

公民参与是实现国家和社会事务人民管理的有效方式，是国家回归社会的直接表现形式。必须在坚持和完善人民代表大会制度、中国共产党执政多党参政和政治协商制度、民族区域自治制度以及基层群众自治制度的基础上，进一步创新政府管理方式，不断完善政府决策程序，拓展公民政治参与途径，加快实现人民对国家事务的民主管理。

### (五) 建立多中心治理模式

多中心治理模式是整合政府、市场以及公众的多元结构。社会治理的主体既包括在社会管理中一直承担重要甚至主导角色的政府，也包括这些年逐渐凸显出来的作为政府重要补充力量的社会非营利组织、市场化组织等。在多中心治理模式中，政府在治理中的主导作用不能被忽视。因为中国依然是发展中国家，保持稳定的现代社会政治秩序是最为关键的，只有以此为保障，才能建立多元、健康的市场。加之中国市场经济体制依然还有很多不完善的地方，市场本身还存在着缺陷，离不开政府的权威和作用。多元治理模式是以发达的社会中介组织为基础的，社会中介组织需要政府大力培植并促使其发展。因此，未来中国社会治理模式朝着实行以政府权威为主导、市场机制与公民参与相结合的模式发展，即在坚持政府权威作用的基础上，强调政府与社会的合作，强调市场机制的积极引入，从而建立起政府主导，政府、市场、社会三维框架下的多中心治理模式，是比较合理的。

公民参与的多元治理追求的是多元社会利益在公共治理过程中获得平等的代表和表达，追求的是在协商的基础上达成共识甚至形成合意。它的发展需要一个强国家，也需要一个"强社会"；需要一个开放的政府和完善的参与制度，也需要一个利益代表和表达机制充分发育的社会。中国在借鉴国外相关理论和成功实践的基础上，正在不断探索和创新，进一步转变政府职能，建设一个共治的良性社会。

# 第五节　政府间关系

政府间关系在现代政府体系中占有举足轻重的地位。孟德斯鸠曾经指出："一个共和国，如果小，则亡于外力；如果大，则亡于内部的不完善。"如何理顺国内政府之间的关系成为当代国家在治理过程中面临的主要挑战。20世纪80年代以来，全球范围内政府改革的浪潮兴起，政府间关系的调整和变迁成为一个不可逆转的趋势，政府间关系开始作为一个重要课题进入学术研究范围。

## 一、政府间关系的概念

20世纪60年代，"政府间关系"这个概念由美国学者安德森（Anderson）首次提出，他将其界定为"各类和各级政府机构的一系列重要活动，以及它们之间的相互关系"。不过，安德森是从政府公职人员之间的人际关系和人的行为角度看待政府间关系的。

20世纪80年代后，对政府间日常事务的管理开始成为政府间关系的重要组成部分。有学者认为，政府间关系发展到了一个新阶段，即处于政府间管理的时代。

政府之间不仅存在纵向关系，还包含政府间的横向关系。美国学者罗森布罗姆（Rosenbloom）等指出："联邦主义需要两种类型的协调与合作，其一是联邦政府与州政府之间的合作，其二是各州政府之间的合作。"至此，国内政府间关系作为涵盖一个国家内部政府间纵横两个层面的概念逐步确立。

中国学者林尚立认为，政府间关系主要是指各级政府间和各地区政府间的关系，包含纵向的中央政府和地方政府间的关系、地方各级政府间关系和横向的各地区政府间关系。综上所述，国内政府间关系是指一个国家内各级政府间利益和权力相互博弈的关系。

## 二、当代中国政府间的纵向关系

政府间纵向关系是依托国家结构以及行政区域的具体划分，在垂直结构中不同层级政府间形成的各种关系。在当代中国政府纵向关系研究中，政府间纵向关系在不同层面上具有高度的相似性。因此，在实际运行中，当代中共中央与地方关系的研究和当代中国政府间纵向关系的研究基本一致。

### (一) 政府间纵向关系发展的三个阶段

#### 1. 中央集权制的建立(新中国成立至1957年上半年)

这一阶段建立的中央集权制有以下特点：一是调整行政区划，集中地方权力，形成强有力的中央统一领导；二是增设和加强有关经济管理部门，实行"条条管理"，将工业生产、建设投资、物资管理、人事、财政管理等主要权限掌握在国家部委手中。

#### 2. 变化和调整阶段(1957年下半年至1978年)

1957年10月，中央开始调整与地方的关系，主要是给地方更多的独立性，让地方办更多的事情。1958年，政府加大了放权的幅度，使地方在财政、计划、物资分配、人事、企业管理、建设与投资等方面有了较大的权限。1977—1978年，中央又调整了与地方的关系，收回了部分财政、税收、物资和人事权。

这一时期中央与地方权力分配的特点有以下两个：①不断变化，始终在集权与放权之间摇摆，但总体来说是以中央集权居多，即使是放权，也是中央所作的单方面调整，地方政府始终处于被动地位；②恶性循环，出现了"一放就乱，一收就死"的恶性循环。

#### 3. 改革阶段(1978年至今)

改革开放以来，为了调动各方面的积极性，把经济建设搞上去，对中央与地方的权限进行了一系列调整：通过改革立法体制，中央向地方下放立法权，使地方在不违背宪法和国家法律的前提下，可以制定地方性法规和地方规章；通过改革经济管理体制，中央向地方下放经济管理权力，包括物资调配权、投资项目审批权、利用外资权等；通过改革财政管理体制扩大了地方财政自主权；通过改革干部人事制度，扩大了地方的干部人事任免权。总之，权力下放的改革，打破了高度集权体制的传统格局，极大地调动了地方的积极性，有力地推动了中国改革开放的深入和国民经济的迅猛发展。

### (二) 理顺政府间纵向关系的措施

#### 1. 坚持中央统一领导，维护中央权威

中国在体制转轨和社会转型时期，不但社会经济发展任务十分繁重，而且体制改革和制度创新的任务十分繁重。实现改革开放和社会主义现代化建设的基本目标需要一个稳定的国际国内环境，这就需要坚持中央的统一领导，维护中央权威。正如邓小平同志所指出的那样：我们的一切工作都会涉及全局与局部的关系、中央与地方的关系、集中统一与因地制宜的关系。在这些关系中，地方应服从中央、局部应服从全局，因地制宜应服从集中统一，不如此，就会发生地方保护主义、本位主义和山头主义。针对中国改革开放的实际，邓小平同志进一步明确指出："中央要有权威。改革要成功，就必须有领导、有秩序地进步。没有这一条，就是乱哄哄，各行其是，怎么行呢？我们要定一

个方针，就是要在中央统一领导下深化改革。"习近平同志指出："党中央权威是危难时刻全党全国各族人民迎难而上的根本依靠。中国特色社会主义制度，我国基本国情，决定了实现我们的奋斗目标、应对前进道路上的惊涛骇浪，必须坚持党的集中统一领导，必须维护党中央权威。实践再次证明，重大历史关头，重大考验面前，领导力量是最关键的条件，党中央的判断力、决策力、行动力具有决定性作用。只要毫不动摇坚持党的领导、毫不动摇维护党中央权威，把全体人民紧紧团结在党的周围，我们就一定能够战胜一切艰难险阻，乘风破浪，勇往直前。"

### 2. 正确处理中央与地方两级调控的关系

中央和地方在调控目标上存在着不一致性，中央更偏重公平，地方更注重效率。在实践中，各级政府要寻求恰当的结合点。中央的宏观调控应减少行政手段，多用经济手段，且宏观调控要有弹性，由地方政府进行微调。正确处理中央和地方的调控关系要以改革为导向，建立在市场化的基础上。在调控方式的运用上，既要有总量的调控，也要有结构的调控。实践证明，仅靠总量调控难以有效发挥作用，而结构调控不仅能解决结构性矛盾，也能真正控制住总量。中央和地方的两级调控应更多地建立在规范的规则制度基础上。

### 3. 扩大地方自主权，加强民主政治建设

扩大地方自主权已成为当前世界各国政府改革的趋势。在中国，人民是国家的主人，是权力的主体。因此，扩大地方自主权，从根本上说，就是扩大人民群众的民主权利，包括选举权、被选举权、监督权和罢免权等。此外，扩大地方自主权还包括扩大地方各级人民代表大会及其常委会的权力和扩大地方政府在行政管理中的权限。

从欧美发达国家的成功经验看，加强民主政治建设不仅增强了政府权威基础，还有利于民众对政府运行进行监督。在纵向政府关系中，第三部门的完善不仅有利于强化地方政府对中央的渗透，还有利于弥补自上而下的监督机制的缺陷。第三部门的发展超越了地方政府的自身利益，从而可以避免地方政府权力滥用造成的危害，使地方政府的权力运行更具公开性和民主性。

### 4. 中央与地方权力分配的法治化

中央与地方关系明确之后，还必须建立严格的法律体系以保障这种关系，防止任何一方对另一方的侵权行为。一般来说，这套法律体系应包括以下内容：在宪法中规范中央与地方的权限范围，明确划分中央政府与地方政府各自的活动空间；完善《中华人民共和国中央人民政府组织法》，规定中央与地方政府的职权，规定权限变更的法律程序，以防止职权随意变更，保护中央与地方关系的严肃性和稳定性；明确各级政府的法律责任，规定中央和地方政府承担责任的方式和途径。只有真正实现中央与地方权力分配的法治化，中央与地方的关系才能协调稳定，才能适应社会主义市场经济发展和现代化建设的需要。

### 三、当代中国政府间的横向关系

在市场经济发展和经济全球化的浪潮中，地方政府的经济力量和主体性在不断增强，如何在维护中央政府政治权威的同时促进政府间的合作，共同处理公共管理事务，成为各国政府十分关切的一个紧要议题。

政府间的横向关系主要指地方政府间的横向关系，主要包括以下内容：①相同行政级别政府间的关系和政府各部门之间的关系；②不同级别政府间的关系和政府部门之间的关系。

#### (一) 政府间横向关系的特点

##### 1. 涉及领域广

现阶段，中国地方政府间的横向关系主要围绕经济发展而展开，涉及政策、资源、能源、资金、工程、人才、市场等方面。但是，其他方面的内容也在增多，如环保、文化教育、疾病防治、交通建设、公共服务、打击犯罪等。政府间关系发展的趋势是逐渐从生产领域向生活领域扩展，从对外争夺资源的经济竞争向制度创新和服务提升的政府能力较量转变。

##### 2. 平等地位

地方政府间的横向关系不存在指导与被指导的关系，更不存在领导与被领导的关系。因此，在横向关系发生时，各个地方政府的地位是平等的，至少在多数情况下是这样的。特别是在市场经济条件下，遵循市场经济规律，就更加体现出横向关系中各个主体的平等性。

##### 3. 灵活性强

地方政府间的横向关系一般没有制度和法律上的明确规定，主要受到中央政府和地方政府政策的影响。例如，中央政府实行区域经济协调发展政策或大经济区发展政策，就会使得各区域内的地方政府间的横向关系更加密切、合作增多，而不同的地方政府实行相同的产业政策也会使得相关政府间的竞争加剧。政府间这种横向关系由于政策性比较强，也会造成一定的不稳定性，可能会出现一些违背中央精神的现象，加大中央政府宏观调控的难度。

#### (二) 理顺地方政府间的横向关系

理顺地方政府间的横向关系需要强化中央政府的协调作用，促进地方政府间的合作，用法律法规切实保证地方政府合作的顺利进行。

##### 1. 促进地方政府间的合作

改革开放后，中国进行了政治体制、经济体制、行政体制改革，地方政府在经济和行政管理权限上获得了一系列独立自主的权力，有了开展地方政府间合作的必要条件，出现了多种形式的政府间合作。比如，高层领导联席会议、城市政府联合体、区域内经济贸易协调会等。实际上，由于资源等各方面条件的差异，各地区之间客观上存在着通过互利合作而实现利益最大化的相互需要，社会劳动地域分工与经济主体追求地区比较利益必然产生区域经济合作。只要能进行良好的信息沟通，建立双边或多边的协商机制，降低交易费用，在一个相对规模较小的组织中实现集体行动应该是可能的。

### 2. 完善地方政府间协作的法律框架

在地方政府间的协作网络中各政府主体是主节点，而政府间的协议和契约则是串联线，它们一起构成了区域内多主体联合治理的多元图谱。通过一致性的公共服务标准和新的公共服务协议的建立，可以打破政府间存在的僵化的界限，将不同的政策建议演进融合为一项共识，使各个主体之间的协同工作得以实现，提升公共服务的品质和效能。

### 3. 利益协商与补偿机制

利益是地方政府间关系的基础，决定着政府间关系的属性。所谓利益分享和补偿机制，指的是各地方政府在平等、互利、协作的前提下，通过规范的制度建设来实现地方之间的利益转移，从而实现各种利益在地方政府间的合理分配。比如，地方政府建立合作关系的出发点是地方政府通过合作共享整体利益，这就必然打破传统的小而全、大而全的工业体系，重新调整各地方的产业结构，形成合理的产业布局和产业分工体系。但是，在合作双方中总有劣势的一方，有些地区可能必须从某些产业退出或放弃，这就需要对其进行利益补偿。

### 🔲 阅读材料

## 机构改革再深化，优化调整重点领域机构职责

党的二十大对深化机构改革作出重要部署，对于全面建设社会主义现代化国家、全面推进中华民族伟大复兴意义重大而深远。深化党和国家机构改革，目标是构建系统完备、科学规范、运行高效的党和国家机构职能体系，使党和国家机构的设置和职能配置更好地适应新时代新征程提出的新要求，充分彰显了以习近平同志为核心的党中央坚定不移全面深化改革、推进国家治理体系和治理能力现代化的坚强意志。

党的十八大以来，以习近平同志为核心的党中央把深化党和国家机构改革作为推进国家治理体系和治理能力现代化的一项重要任务。面对新时代新征程提出的新任务，党和国家机构设置和职能配置，需要在巩固党和国家机构改革成果的基础上继续深化改革，对体制机制和机构职责进行调整和完善。

### 1. 组建中央金融委员会

金融是现代经济的核心，关系发展和安全。党和国家机构改革方案中明确提出，组建中央金融委员会，加强党中央对金融工作的集中统一领导，组建中央金融工作委员会，统一领导金融系统党的工作，同中央金融委员会办公室合署办公。此次党和国家机

构改革，一系列改革措施聚焦金融监管，环环相扣、整体推进。

在深化国务院机构改革中，与金融监管直接相关的有6项之多，包括组建国家金融监督管理总局、深化地方金融监管体制改革、中国证券监督管理委员会调整为国务院直属机构、统筹推进中国人民银行分支机构改革、完善国有金融资本管理体制，以及加强金融管理部门工作人员统一规范管理等。

### 2.组建中央科技委员会

科技创新在我国现代化建设全局中居于核心地位。面对国际科技竞争和外部遏制打压的严峻形势，必须进一步理顺科技领导和管理体制。这次党和国家机构改革，加强党中央对科技工作的集中统一领导，组建中央科技委员会，中央科技委员会办事机构职责由重组后的科学技术部整体承担。

### 3.重新组建科学技术部

重新组建科学技术部，一方面优化职能，一方面聚焦关键，强化战略规划、体制改革、资源统筹、综合协调、政策法规、督促检查等宏观管理职责。推动健全新型举国体制、优化科技创新全链条管理、促进科技成果转化、促进科技和经济社会发展相结合。

### 4.组建中央社会工作部

《党和国家机构改革方案》明确，组建中央社会工作部。作为党中央职能部门，负责统筹指导人民信访工作，指导人民建议征集工作，统筹推进党建引领基层治理和基层政权建设等。

### 5.组建国家数据局

党和国家机构改革方案通过重点领域的机构职责优化和调整，进一步提高国家机构的管理职能、管理效率，更好适应质量变革、效率变革、动力变革，将带动深层次改革，更好推动经济社会发展。在这次机构改革方案中，组建国家数据局引人关注。当今社会，数字资源、数字经济对经济社会发展具有基础性作用，对于构建新发展格局、建设现代化经济体系、构筑国家竞争新优势意义重大。

上一轮机构改革后，广东、福建、浙江、贵州等多地均已成立省级数据管理机构。这次改革提出组建国家数据局，负责协调推进数据基础制度建设，统筹推进数字中国、数字经济、数字社会规划和建设等。

改革永远在路上。机构改革是一个过程，不会一蹴而就，也不会一劳永逸，需要根据新的使命任务、新的战略安排、新的工作需要，不断进行调整优化。

### 6.优化农业农村部职责

2021年2月，国家乡村振兴局挂牌成立。两年后，为统筹抓好以乡村振兴为重心的"三农"各项工作，此轮国务院机构改革提出，优化农业农村部职责，将国家乡村振兴局牵头开展防止返贫监测和帮扶、推动农村社会事业和公共服务发展等职责划入农业农村部，不再保留单设的国家乡村振兴局。

改革方案中明确国家乡村振兴局职责划入农业农村部，要继续加大对脱贫地区和脱贫群众的帮扶力度。

### 7.完善老龄工作体制

改革还关注到了我国面临的人口老龄化问题。一直以来，我国养老事业的管理涉及民政、卫健、医保等多个部门，这次改革将国家卫生健康委员会的组织拟订并协调落实应对人口老龄化政策措施、承担全国老龄工作委员会的具体工作等职责划入民政部。

党和国家机构职能体系是中国特色社会主义制度的重要组成部分，是党治国理政的重要保障。深化党和国家机构改革，是一场自我革命。一分部署，九分落实。改革落实关键在人。人心稳、改革进，人心顺、改革成。面对复杂的改革任务，从方案通过到真正落实，必须拿出更大的勇气、更务实的举措，破除深层次的体制机制障碍，把机构改革的任务落到实处，把我国制度优势更好转化为国家治理效能，为推进中国式现代化提供有力保障。

2023年3月18日

### 👤 延伸阅读

#### 长三角，五年之变！

资料来源：新闻1+1. (2023-06-08). https://tv.cctv.com/2023/06/08/VIDEgD9yuOgQ4R6JG7TMSEAW230608.shtml.

### 👤 本章思考题

1.在市场经济发展过程中政府应扮演什么角色？

2.如何正确处理政府与企业、政府与市场、政府与社会的关系？

3.简述政府间关系的基本内涵。

4.西方国家政府间关系有哪些模式？其特点如何？

5.结合实例分析，论述中国政府间关系现状及未来发展趋势。

# 第四章 公共政策与公共管理

公共政策学是第二次世界大战以后产生于美国的一门新兴的交叉学科。公共政策也是目前世界上公共管理研究的主要范畴。传统的公共政策研究派生于政治学和行政学，意在从规范意义上探讨国家、社会和公民之间的利益制衡，通过政治学和行政学的原理及模型对国家、地方和团体层面的政策制定、执行与评估进行研究，为高质量的公共政策提供咨询。

## 第一节　公共政策概述

### 一、公共政策的概念

公共政策(public policy)是公共权力机关经由政治过程所选择和制定的为解决公共问题、达成公共目标、以实现公共利益的方案，其作用是规范和指导有关机构、团体或个人的行动，其表达形式包括法律法规、行政规定或命令、政府规划等。

公共政策作为对社会利益的权威性分配，集中反映了社会利益，从而决定了公共政策必须反映大多数人的利益才能使其具有合法性。因而，许多学者都将公共政策的目标导向定位于公共利益的实现，认为公共利益是公共政策的价值取向和逻辑起点，是公共政策的本质与归属、出发点和最终目的。

### 二、公共政策的特征

#### (一) 政治性

自从诞生了国家便有了公共政策，因为无论什么阶级组成的政府，若要维护其统治，要使国家按一定的方式继续下去，就必须对整个国家的行动进行统一的规范和指导。尽管有违统治阶级意愿的政策结果在社会生活中并不鲜见，但那只是由于政策制定者或执行者缺少经验致使措施不当造成的，而不是出于统治阶级的本来意愿。由此可见，公共政策的制定是政党和政府的政治行为，公共政策集中体现了统治阶级的利益需要，是源于政治动机的组织产物，带有鲜明的政治倾向性。

#### (二) 明确性

公共政策的明确性是指公共政策的内容、规范、要求十分明确，绝不能含糊不清，模棱两可。首先，公共政策目标要明确、具体；其次，公共政策措施要明确、便于操作；最后，公共政策的调整对象、适用范围，甚至包括文字表述都应当明白无误。只有明确的公共政策，才能使公共政策对象依据公共政策内容来规范自己的行为，知道应该做什么、不应该做什么以及做到什么程度，从而使公共政策产生实际效用。公共政策的明确性依赖于公共政策主体对公共政策所要解决问题的透彻了解。公共政策主体只有准确把握问题的性质、范围、原因和过程，才能制定出切合实际、明白无误的公共政策。

### (三) 复杂性

现代社会有什么样的特征，现代公共政策就有什么样的特征。这是因为，现代公共政策以现代社会的一切问题为诉求和行为对象，而现代社会是复杂的，现代社会问题是复杂的，现代公共政策也因此具有了复杂性。从执行结果来看，政策表现出多重作用。例如，中国人口政策的正面效应是不言而喻的，可以降低人口的增长速度，缓解人口的压力，提高人口的素质，促进经济发展。但是，它也有非常明显的副作用，例如人口老龄化。如今，人口老龄化问题已成为阻碍经济发展的重要因素之一。

### (四) 权威性

公共政策的权威性是以其合法性为基础的，政策只有合法化才能具有对公众的约束力。一般而言，一项政策不可能符合所有人的利益，有时不得不为了多数人的利益牺牲少数人的利益，为了全局利益牺牲局部利益，为了长远利益牺牲眼前利益。为了维护公共政策的合法性和权威性，使公共政策能够全面贯彻实施，必须有强制性的措施加以保证，否则公共政策的权威性就会被削弱。

### (五) 稳定性

公共政策必须保持一定的稳定性，才能够有利于政策的实施及政策目标的实现。朝令夕改、变化无常的政策是最不得人心的，不仅会丧失政策的严肃性和权威性，还会使政策对象和执行机关无所适从，降低公众对政策的信任程度，进而影响社会生活秩序的安定和社会生产力的发展。当然，强调政策的稳定性并不是否定政策的变动性。古人云："世异则事异，市异则备变。"事物是发展的，没有一成不变的东西，公共政策应该随着环境的变化而有所调整，但保持相对稳定是绝对必要的，特别是关系全局和政策体系中居主导地位的公共政策，不宜过于频繁地变动，否则会影响国家的安定和社会经济的发展，因此，保持公共政策的稳定性具有极为重要的意义。

## 三、公共政策的功能

公共政策是政府进行行政管理所采用的方法和手段，在社会生活中发挥着十分重要的作用。现代公共政策已成为政党和国家管理社会的工具，其本质是对社会公共利益的权威性分配。其功能主要有以下4点。

### (一) 导向功能

公共政策是一定时期政策主体所制定的整体目标与行为准则。它具有引导社会组织、公民个人行为方向的功能。现实社会中，无论是个人还是群体和组织，都有不同的利益要求，从而会产生不同的行为并形成不同类型的社会秩序。一定的社会秩序直接或间接地影响着社会资源在时间和空间上的配置，从而影响着社会发展方向和发展速度。这些反过来又最终决定着个人、群体和组织的现实利益。在社会行为方式、社会秩序、社会资源配置与社会发展之间存在一个环环相扣的链条，处在链条开端的是社会行为主体的行为方式。因此，确保社会行为主体有合理的行为，是确保社会有合理的秩序、合理的资源配置和合理的社会发展的关键。公共政策的导向功能从作用结果来看，既有正向功能也有负向功能。所谓正向功能是指公共政策对事物发展方向的正确引导，表现了对事物发展规律的正确认识，如"改革开放政策""农村家庭承包责任制"政策等，体现了公共政策与事物发展规律的协调一致性；所谓负向功能是指对事物发展方向的错误引导，表现了公共政策与事物发展规律的冲突和矛盾，如西方某些国家的一些社会福利政策，使社会寄生虫阶级同时受益，懒汉越养越多，这无疑体现了政策的负向功能。在实施公共政策过程中，既要充分发挥公共政策的正向功能，又要清醒地认识到它的负向功能，克服消极影响。

### (二) 管制功能

为避免影响社会良性运行的不利因素出现，公共政策要发挥对目标群体的约束和管制功能。这种管制有两方面内容。

一方面是积极性管制。政策条文的规定突出正激励原则，即对某种行为加以物质或精神方面的奖励，以刺激这种行为重复出现的频率，从而达到减少其反向行为的目的。

另一方面是消极性管制。政策条文规定突出负激励原则，即对某种行为加以物质或精神方面的惩罚，以抑制这种行为重复出现的可能，从而达到有效管制的目的。

公共政策的管制既可产生直接作用，也可产生间接作用。一般来说，一项政策对于其控制的领域能够发挥的作用是直接性的，而对于相关的领域其作用则是间接的。比如，作为基本国策的人口政策对于人口增长与优化有直接的调控作用，但是对于产业结构的调整与优化，则只有间接的作用。

### (三) 调控功能

公共政策的调控功能是指政府运用政策在对各种社会矛盾进行调节和控制的过程中发挥的作用。公共政策的调控功能主要体现在调控社会各种利益关系，尤其是物质利益关系。在社会生活中，人们有着不同的利益追求，利益的差别使冲突不可避免。为了缓解这些矛盾和冲突，使社会趋于和谐，作为政府重要管理手段的公共政策需要承担起调控社会利益关系的重任。公共政策的协调功能既可以在社会常态运行下表现出来，也可以在社会的非常态运行下表现出来。在社会的常态运行下，由于社会、经济、政治、文化环境的变化，会导致社会现象、社会过程的变动，从而产生利益矛盾，甚至会出现利益冲突。政策的作用就是对这些一定范围内的利益矛盾和冲突加以缓解、调和、协调，使之趋于和谐。在社会非常态运行时，即社会处于激烈变迁、较大转型时期，政策的作用在于重新调整和规范人们之间的行为和行为关系，以保证新的体制、制度和模式建立。公共政策对社会利益、社会行为的协调具有渐进式与激进式两种。

### (四) 分配功能

公共政策是对社会价值的权威性分配，主要体现为对利益的调整。换句话说，就是要面对一个"政策是谁受益"的问题。任何一个社会的资源都是有限的，不可能时时事事都满足每一个人的需要。社会中每个利益群体和个体都希望在有限的资源中多获得一些利益，这必然造成利益分配上的冲突。为减轻社会成员之间的利益冲突，缓解而不是激化这些矛盾，需要公共政策调整社会利益关系。通常公共政策所体现的分配原则主要有三种：①为追求效率而鼓励扩大差别的原则；②为消灭差别而牺牲效率的原则；③效率与公平相统一的原则。

## 四、公共政策类型

### (一) 依据政策对象分类

按照公共政策的对象可以将公共政策划分为政治政策、经济政策、社会政策、文化政策。

政治政策是政府处理政治问题或调整政治关系所采取的行动或行为规范，如政党政策、法制政策、行政政策、民族政策、国防政策、外交政策、公共安全政策等。

经济政策是指一个国家在经济领域所颁布的政策，是政府处理经济问题或调整人们之间经济利益关系的手段。经济政策一般包括农业政策、工业政策、金融政策、财政政策、税收政策、物价政策、贸易政策、房地产政策等。

社会政策是指专门解决社会问题、促进社会安全、改善社会环境、增进社会利益、谋求社会秩序平衡发展的基本原则和规范，如人口政策、环保政策、治安政策、社会保障政策等。

文化政策是政府用来处理文化问题以及发展文化事业的行为规范，也是国家、政府管理公共事务的重要依据，这类政策不仅事关国家物质文明建设，还事关国家精神文明建设，比如科技政策、文教政策、体育政策、卫生政策等。

### (二) 依据政策范围和层次分类

按照公共政策的范围和层次可以将公共政策划分为总政策、基本政策和具体政策。

总政策是指用来规范与指引政策制定行为本身的准则或指南，包括总路线、总方针、总纲领、总任务等。

基本政策是执政党和政府针对某一社会领域或社会生活某个基本方面而规定的目标、任务和指导原则，也称为基本国策。例如，计划生育、环境保护、政治和行政体制改革、建立社会主义市场经济体制等都是基本政策。基本政策处于政策金字塔的中间层次，是介于总政策和具体政策之间的中间环节。

具体政策又被称为部门政策。具体政策是在基本政策的指导下，为解决特定时期和范围内的某类或某个特定问题所确定的具体目标任务和行动准则。具体政策的内容极其广泛，涉及面很广，国家和社会管理的所有领域都有许多具体政策。公共政策的执行往往体现在具体政策上。

### (三) 依据政策的作用和功能分类

按照公共政策的分配作用和功能可以将公共政策划分为分配性政策、调节性政策、自我调节性政策和再分配性政策。这是根据著名政治学家罗威等人的看法确定的，是现代政策科学文献中较为常见的分类方法之一。

分配性政策是指将服务和利益分配给特定个人、团体和社区。这类政策有时为社会中众多的个人、团体提供利益，如农业补贴政策、免费公共教育等。有时则仅为一两个团体或单位提供利益，如政府为特定企业提供贷款担保。这类政策只有得利者，没有受害者，但需要全体纳税人共付代价。

调节性政策是指根据某种政策目标对某些个人和团体的行为进行限制或约束的政策，其结果会使某些人受益，某些人在利益上受损。这类政策通常涉及两个团体或团体之间的冲突。控制污染条例、反垄断法、食品和药品管理条例、消费者权益保护法等都属于这类政策。

自我调节性政策是指政府为保护和促进社会主体自我利益的实现，而对某一事物或行为进行控制，引导人们主动进入控制的规定。例如，应某一专业或职业团体关于"营业执照"发放的立法需求，政府实行了某些特定职业和营业执照的发放。

再分配性政策是指政府在社会各阶级(层)或团体中进行有意识的财富、收入、财产或权利转移的政策，如累进所得税、医疗保险计划和其他社会保障措施。由于这类政策直接涉及财产和权利的再分配或调整，往往引起激烈的争论和冲突。

## 五、公共政策工具

### (一) 政策工具的概念界定

政策工具(policy instrument)，或称为治理工具(governance instrument)、政府工具(tools of government)，对这个概念，学者有不同的界定。

帕特里夏·英格拉哈姆(Patricia Ingraham)认为，政策工具是系统探讨问题症结与解决方案之因果关系的过程。

张成福认为，政策工具是把政府实质性的治理目标或政策目标转化为具体行动，以改变政策目标群体的行为，从而最终实现政策目标的手段和机制。

陈振明认为，政策工具是人们为解决某些社会问题或达成一定的政策目标而采取的具体方式和方法，但最好将政策工具限定在实现政策目标或结果的手段这一特性上。

### (二) 政策工具类型

#### 1. 强制性政策工具

强制性政策工具也称为指导性政策工具，它是借助国家或政府的权威及强制力，迫使目标群体及个人采取或不采取某种行为。政府为实现其政策目标，可以通过选择规制、公共企业或国家直接供给等手段或方式来履行其功能。

(1) 规制。规制指的是一种活动过程，在这种过程中政府对个人和机构提出要求或规定某些活动，并经历一种连续的行政管理过程。规制是由政府作出的，必须由目标群体及个人遵守、服从，如果不遵守或不服从将受到惩罚。

(2) 公共企业。公共企业也称国有企业，在公共企业里，政府作出特别的规定以控制它的所有活动，这些规定被当作内部管理的指令。

(3) 国家。国家直接供给公共物品，运用公共财政资金，通过政府雇员直接向社会提供物品。私人部门和个人基本没有参与空间。政府所做的很多事情都是通过直接提供来进行的，如国防、外交、教育、社会保障等。

#### 2. 非强制性政策工具

非强制性政策工具由民间力量或市场进行自主运作。政府在许多公共问题上往往不做什么事情或不主动介入，而采取引导或政府购买的方式。因为政府相信家庭和社区、志愿者组织或市场自身能够处理好这些问题。

(1) 家庭和社区。家庭和社区是一种常见的非强制性政策工具。在任何社会中，亲戚、朋友和邻居都能够为个人提供无数的物品和服务，政府也往往有意识地来发挥它们在达成政策目标上的作用。

政府间接地通过削减服务职能鼓励家庭和社区提供服务，或者政府直接将服务职能交给社区及家庭。从转轨时期中国政府职能的转变以及加强社区建设的实践中可以明显地看到这一点。

(2) 志愿者组织。作为一种政策工具，志愿者组织的活动免受国家强制力和经济利益分配的约束。志愿者组织能够提供某项社会服务。例如，慈善机构为穷人提供医疗保健、教育和食品；志愿者团体提供诸如清洁海滩和公园的公益服务等。志愿者服务的最大优点是创新，即具有创造性地迅速确认并满足需求的能力。由志愿者提供社会服务还可以减少对政府行动的需求或减轻政府的负担。但是，其应用范围有限，大量的经济与社会问题不能通过这种手段来处理；志愿者组织容易变成准官僚机构，从而降低其效能和效率。

(3) 市场。到目前为止，市场是一种最重要且最具争议的非强制性工具。消费者总是希望用最少的钱买到最多的东西，而商家总是追求最大的利润。所以，消费者和商家通常希望有能够使双方都满意的结果。从理论上看，尽管交易双方都是自利的经济人，但作为一个总体的社会却可以从它们的相互作用中实现社会福利最大化。

市场的实现需要具备三个要素：①明确划分生产者和消费者；②市场主体签订合同和商业契约，并在此基础上运作；③需要一定的付费制度和会计制度作为保障。

## 六、公共政策在公共管理中的地位和作用

### (一) 公共政策是公共管理现代分析技术与方法的集中体现

公共管理实践和公共管理研究所需要的工具性方法和模型都能够在公共政策分析中找到，把数学、自然科学、工程科学、互联网技术与定量分析方法引入公共政策分析已成为社会和学科发展的必然。在公共政策学科中运用这一系列定量分析方法大大增强了公共管理的科学化程度，使得公共管理不再是纯粹逻辑推论的纸上谈兵，从而降低了公共管理中人为决策的随意性和主动性，增强了因果之间的必然联系。

### (二) 公共政策是政府实施公共管理的重要途径

在市场经济条件下，政府不应当取代、干涉个人的家庭生活和个人的发展，也不应当干预不属于政府职责范围的企业经营。政府活动的范围是社会中的个人、企业、自治组织所无法管理的公共领域。而政府对社会实施公共管理的主要途径是为个人、群体的行为制定并实施具有约束力的准则和规范，这就是公共政策。公共政策是政府履行其职能、进行公共管理的最主要、也是最重要的方式。政府机构就是制定、执行和评估公共政策的机构；政府公职人员就是要对公共政策进行规划、制定、分析、执行、评估。

### (三) 公共政策的稳定性是公共管理的重要途径

追求稳定是任何一个政治系统的基本目标。公共政策作为政治系统运行的中心、公共部门履行职能的手段和进行公共管理的途径，必须保持稳定。公共政策稳定性的前提是政策的正确性，最重要的表现是政策的连续性与严肃性。公共政策既是稳定的，又是变动着的。公共部门制定和实施公共政策的目的是协调和平衡公众利益，而公众的利益是处在不断变动之中的，已有的差距和不平衡得到调整后，又会出现新的矛盾与冲突，需要有新的政策进行协调。

# 第二节　公共政策系统

一般认为政策系统由政策主体、政策客体和政策环境三要素组成。政策主体是在公共政策运行过程中起主导作用的参与者；公共政策客体是指公共政策所发生作用的对

象，包括公共政策所要处理的社会公共问题和所要发生作用的社会成员(目标群体)两个方面；政策环境是指影响公共政策产生、存在和发展的一切因素的总和。

# 一、公共政策主体

目前，被广泛认可的公共政策主体的划分是由美国学者詹姆斯·E. 安德森(James E.Anderson)在《公共决策》一书中提出的。他从政策主体的身份出发，将其划分为官方决策者和非官方参与者。

## (一) 官方决策者

官方决策者包括立法机关、行政机关、司法机关、执政党等。现代西方国家的政治体制通常以三权分立的原则进行构建，由议会(国会)掌握立法权，政府(内阁)掌握行政权，法院掌握司法权。这三者通过行使三种不同的权力相互制约、相互监督，最终达到平衡。

### 1. 立法机关

立法机关体现国家意志，代表国家制定各种法律法规，是一个国家的权力中心。立法机关作为公共部门执行主体的一个重要组成部分，是通过立法、官员任免来影响公共部门管理过程。在西方社会，立法机关是国会、议会，它们通过审议政府议案，制定各项法律法规影响公共部门的管理。在中国，全国人民代表大会是最高权力机关，其他国家中央机关都由全国人民代表大会产生并对它负责，受它监督。全国人民代表大会及其常务委员会通过的法律和决议，其他国家机关都必须遵守和执行。因此，从法律地位看，全国人民代表大会是人民民主的实现形式，也正是这种地位决定了它在国家公共政策运行中所发挥的作用是其他组织所不能及的。

具体地说，全国人民代表大会通过其所拥有的宪法赋予的职权来实现官方决策者的角色。一是最高立法权。只有全国人民代表大会有权制定和修改涉及整个国家生活，关系到全国各族人民根本利益的基本法律。二是最高任免权。中央国家机关的重要领导人都是通过全国人民代表大会选举或决定产生的。三是最高决策权。全国人民代表大会审查批准国民经济和社会发展计划以及计划执行情况的报告；决定特别行政区的设立及其制度。四是最高监督权。全国人民代表大会常务委员会、中央人民政府、最高人民法院、最高人民检察院都要对全国人民代表大会负责并报告工作；中央军事委员会也要对全国人民代表大会负责。

### 2. 行政机关

中国的行政机关包括国家行政机关和地方各级国家行政机关。作为国家行政机关的国务院所享有的行政职权是多方面的：一是行政立法权，根据宪法和法律制定行政法规，发布决定和命令；二是提案权，向全国人民代表大会及其常务委员会提出有关议案；三是行政管理权，统一领导全国行政机关的工作，统一领导全国的内政、外交事务。四是人事权，依照宪法和法律任免国家行政机关的领导人员。

当今社会，公共政策的广泛性和复杂性日益突出，同样是官方的决策者，立法机关和行政机关在政策运行中作用的方式和效力不同。行政机关更多的是着眼于政策的具体化和现实化，立法机关不可能对所有政策领域作出预先规定，这就需要行政机关通过法律之外的政策弥补法律条文的不足。

在西方社会，行政机关在政策制定过程中的地位和作用越来越突出，"行政国家"已成为一个司空见惯的提法。就美国而言，总统在立法方面的权威显然已经被确定，委员会导致了国会领导的分散，加之缺少强有力的政党权威，使国会越来越依赖于总统提出的立法建议。而且，国会还常常将一些非常重大的决策权授予总统，特别是在需要高度集中的外交和军事领域，总统所拥有的合法权力和行动自由比其在内政方面所拥有的权力和自由要大得多。

### 3. 司法机关

作为国家和政府组成部分的司法机关，在公共部门执行主体中占有重要地位。从传统观点看，司法机关只是涉及司法审判和监督，难以介入公共部门的执行过程，不具备实际的执行功能，对公共部门执行的影响也是微乎其微。其实不然，司法机关一开始就涉及公共部门的战略执行过程。法院还有解释和决定那些只有抽象的表述且容易引起歧义的法规的含义的权力。当法院接受这一种而非另一种解释时，它在无形中就进入了政策制定领域，因为解释的结果无疑会使胜方的政策选择得以贯彻和实施。司法活动并非新事物，司法判决中逐渐确立的某些原则对公共政策制定有着至关重要的影响。

在美国，法院通过自己的决定能够促进、阻碍或抵消某一政策的执行。法院对行政活动最重要的影响是通过它们的法令、行政规则和制度的解释，以及对提交给他们的行政决定进行审查。它不仅规定了政府不能做什么，还规定了政府应该采取何种行动以符合法律和宪法的规定。

作为中华人民共和国最高审判机关，最高人民法院以维护宪法法律尊严为己任，秉持司法为民之理念，致力于构筑法治社会基础，构建公正高效权威的司法制度。最高人民法院以司法裁判发正义之声，以司法解释行法治之策，把握时代脉动，体察社会需要，满足人民期望，弘扬法治精神，是宪法法律的忠诚守护者。依照《宪法》规定，中华人民共和国设立最高人民法院、地方各级人民法院和专门人民法院。最高人民法院是中华人民共和国最高审判机关，负责审理各类案件，制定司法解释，监督地方各级人民法院和专门人民法院的审判工作，并依照法律确定的职责范围，管理全国法院的司法行政工作。

首先，我国地方各级人民法院作为司法机关其主要职责是审判案件，保证司法公正和公正裁判。其次，我国地方各级人民法院还有其他的职责。例如，人民法院需要制定司法解释，指导审判工作；人民法院还要参与行政管理和监督工作，确保行政机关依法行使职权；人民法院还要积极开展司法宣传工作，提高公众对法律的认识和理解。

### 4. 执政党

现代国家的政治统治大多通过政党政治的途径来实现。可以说，现代政党特别是执政党在各个国家公共决策的过程中，都发挥了核心和主导作用。执政党可以将特定的要求转变为可供选择的政策方案，履行特定的利益聚合功能。所以，执政党是一个不容忽视的政策主体，公共政策在很大程度上可视为执政党的政策。执政党作为阶级利益的代表者和阶级力量的领导者，在当代政治生活中发挥着日益巨大的作用。

2018年12月18日，习近平总书记《在庆祝改革开放四十周年大会上的讲话》指出："为中国人民谋幸福，为中华民族谋复兴，是中国共产党人的初心和使命，也是改革开放的初心和使命。我们党来自人民、扎根人民、造福人民，全心全意为人民服务是党的根本宗旨，必须以最广大人民根本利益为我们一切工作的根本出发点和落脚点，坚持把人民拥护不拥护、赞成不赞成、高兴不高兴作为制定政策的依据，顺应民心、尊重民意、关注民情、致力民生，既通过提出并贯彻正确的理论和路线方针政策带领人民前进，又从人民实践创造和发展要求中获得前进动力，让人民共享改革开放成果，激励人民更加自觉地投身改革开放和社会主义现代化建设事业。"

### (二) 非官方参与者

非官方参与者包括利益集团、公民、大众传媒、思想库等，相对于官方决策者而言，尽管他们对政策制定过程的影响较为间接，但同样也是政策制定中不可忽视的主体因素。

### 1. 利益集团

利益集团是由具有相同价值需求和利益倾向的个人所组成的团体或团体间的联盟。它代表成员的利益，履行利益代表的功能。利益集团作为执政体系不可或缺的组成要素之一，是一种由来已久的政治现象。利益集团的一个共性就是试图通过影响与他们自身有关的公共政策来提高或促进共同的利益。利益集团影响政策制定的方式(即如何表达自身利益的方式)是多种多样的：通过本团体在各种代表机构中的代表人物，就某个政策问题向政府陈述意见，提出建议或方案；通过社会舆论表达本团体对某个问题的观点和见解，力图使政府采纳；对社会规范的价值重新加以界定；积极向相关的官方决策者提供政治捐款和抗议示威等。

### 2. 公民

公民是指具有某国国籍并依照该国宪章享有权利和承担义务的个人，是公共政策主体的重要组成部分。在民主化社会中，公民的政治参与常常成为民主国家宪法的基本原则。公民参与政策制定的过程是为了直接表达自己的利益与要求。其中，选举权的内容又具体分为两类：一类是由公民以主权者的身份，通过直接投票来决定某些重大政策问题；另一类是指由公民投票选出代表，由代表们直接参与政策的运行。公民在政策运行中的作用不容忽视。因为，所有的公共政策都与公民的利益有联系。同时，所有的公共政策若没有公众的合作与参与，难以想象会有怎样的前景。在公共政策的运行中如何调动公众的积极参与热情，如何正确引导公众的参政方式，如何制定出能够让公众配合执行的政策方案，这是决策者应该深刻揣摩的。

### 3. 大众传媒

大众传媒是指通过报纸、杂志、网络、电视、广播等形式表达各种思想和意愿，传播和交流各种信息的舆论工具。在现代社会，大众传媒是社会公众获取信息的主要来源，是最直接、最方便的沟通工具，是公众参与公共决策的一种重要工具和途径。大众传媒的影响力也越来越大，甚至被称为与立法权、行政权、司法权并列的"第四种权力"。它为公共政策提供必要的信息和观点，并借助"舆论制约"与"舆论导向"对政策形成制约。

### 4. 思想库

思想库是现代政策研究组织的别称，又称智囊库或专家库。它是一个十分独特而又非常重要的政策主体，是社会不断发展的产物。它是由各种专家、学者组成的跨学科的综合性政策研究和政策咨询组织，没有独立的决策权，仅仅是对政策的制定和执行提出意见和建议，属于非权力的政策主体。思想库既从事理论研究又从事应用研究，既关注学术问题又关注实际问题，其服务对象、成员组合、研究领域和构成形式有很大差别，在政策制定过程中所起的作用也不相同。

## 二、公共政策客体

### (一) 社会公共问题

政府的主要功能及其公共政策的主导作用就在于，有效地解决了社会所面临的诸多问题。所以，社会问题的客观存在及其主观认定被普遍认为是政策过程的起点。从抽象意义上讲，社会公共问题就是指实际条件与应有条件之间的偏差，或者是实际状态与社会期望状态之间的差距，而这种偏差或差距往往会导致社会的紧张状态，它超越了个人稳定的环境和范畴，牵扯到较为广泛的社会关系。

并不是所有的社会公共问题都是公共政策客体，只有那些纳入政府议事日程、涉及社会上相当多人的利益的社会问题才是公共政策客体。因此，成为公共政策客体的社会公共问题虽然是一种客观存在，但被大多数人所感知、关注后才进入公共决策的视野。社会公共问题具有以下特征。

### 1. 社会公共问题是一个关系大多数人的问题

如果某个问题只涉及个别人或少数人的利益，往往不能形成社会焦点，也难以引起人们的普遍重视，因而一般构不成社会问题。例如，某个工厂倒闭、一部分人失业，那只是少数人的问题，但由于社会经济动荡而造成的许多人失业就会形成社会问题。当然，这并不等于说对少数人的事政府就可以弃之不顾，而只是表明政府应该更多地关注那些引起社会普遍反响的问题。

### 2. 社会问题的形成往往具有一个发展过程

社会问题往往不是突然发生的，而是逐渐形成的，它有一个从小到大、从潜到显、从小范围到大范围的变化过程。以中国人口老龄化问题为例，随着生活水平的提高，医疗条件的改善，人们预期寿命的增长，人口老龄化问题日益严重。统计数据显示，1982年，65岁及以上老年人口比例只有4.91%，与1953年相比变化不大。到2007年底，60岁以上老人超过1.53亿，占总人口比重达到11.6%，标志着中国已经进入了人口老龄化社会。2022年末我国60岁及以上人口为2.80亿人，占总人口的19.8%，其中65岁及以上人口为2.10亿人，占总人口的14.99%。

### 3. 社会问题往往是系统性问题

任何一个社会问题都不是孤立存在的，往往是整个社会系统中的一个有机组成部分，一个小范围的社会问题往往是更大范围社会问题的局部，并且这个小范围社会问题的内部还有可能包含几个更小范围的社会问题。比如，公房出租问题、户籍制度问题、流动人口问题等。

## (二) 目标群体

尽管政策目标各式各样，类型千差万别，规模有大有小，但它总是表现为对一部分人的利益进行分配或调节，对一部分人的行为进行规范或指导。这些受到政策影响和制约的社会成员被称为目标群体或政策对象。

一般来说，目标群体的态度有两种：一种是接受；一种是不接受。接受者通常基于这样一些考虑：①接受者的利益与政策执行之间是相辅相成的，如果一项政策被目标群体视为是对其利益的侵害和剥夺，就难以得到目标群体的认可。②公共政策的权威性使得接受者不得不考虑如果反对可能为此付出的代价，接受者因为畏惧而选择接受。③对大局或整体利益的考虑。虽然人是"经济人"，但也是"社会人"，他们不仅会从成本或收益考虑问题，还会从整体和大局的角度进行判断，从更高层次理解政策的动因，从而接受政策。

不接受者抗拒的原因可能有以下几个：①缺乏对政府官员的信任。信任作为一种复杂的心理现象，很早就引起了学者们的关注。在任何一个社会，倘若人们缺乏必要的相互信任，社会运行成本必然会大幅度增加。对目标群体而言，对政策执行者的不信任会通过态度泛化的机制向传递的政策信息投射。②心理承受能力的差异性。由于个体的生活环境、受教育程度、价值观念、成长经历、健康状况等因素的不同，表现出巨大的差异。抗拒者的心理承受能力在一定程度上影响了他们对新政策的理解和认同。③政策自身存在缺陷。政策本身存在这样或那样的缺陷，从而使政策的客观性和公正性受到公众的质疑。譬如，福建漳州市曾规定民营企业纳税大户的子女中考可以加20分；乌鲁木齐也有过"重大项目的投资商子女，在录取时加10分"的规定。这类政策无疑会引起目标群体的政策抗拒。

### 三、公共政策环境

政策环境是指作用和影响公共政策的外部条件的总和。它涉及诸多因素，从人到物，从自然到社会，从历史到文化，几乎无所不包。政策环境可以有多种分类方法，比如有国际环境与国内环境之分，自然环境与社会环境之分等。从政策环境的分类和定义可以看出，政策环境本身也是一个系统。

公共政策是政策环境的产物，两者存在辩证统一的关系。它们相互联系、相互依存、相互影响。就其关系而言，环境决定和制约政策，起主导作用；政策则改善和塑造环境，具有反作用。

## 第三节　公共政策过程

一般认为，公共政策过程主要包括政策制定、政策执行、政策评估、政策监控和政策终结5个方面。

### 一、政策制定

社会问题经过政策议程的筛选就产生了政策问题，也意味着政策制定过程的正式开始。一个政策问题在经过确定政策目标、设计备选方案、论证评估政策方案和抉择方案等几个相互联系的环节之后，就会以政策的形式展现在人们面前。

#### (一) 政策目标确定

政策目标是政策制定者期望通过政策实施所要达到的解决问题的社会效果或所要避免的消极社会影响。简言之，政策目标就是政策制定者的预期。确定正确的政策目标在政策制定过程中具有非常重要的作用。一是确立政策制定的方向。政策目标的确立，明确了整个政策制定过程应该朝着哪个方向努力，便于依据目标拟订各种备选方案，从中选择满意的结果。二是为备选方案的设计和筛选提供依据。任何一项公共政策的制定都不会出现单一方案设计和论证的情况，一般都是多方案的设计与筛选。三是为政策执行和政策评估提供基本依据，有了正确的政策目标，就可以对政策实施情况加以控制，同时对政策结果提供可评价的标准。

## (二) 设计备选方案

在确定公共政策目标之后，设计各种备选方案便成为公共政策制定过程的一项基础工作和中心环节。所谓政策方案设计，就是针对公共政策问题提出实现公共政策目标的各种具体途径、方式和方法。为了确保政策方案的科学性，设计政策方案时一般要遵循以下基本要求。

(1) 政策备选方案的整体详尽性。所谓整体详尽性，是指在拟订的备选方案中不应漏掉某些可能的方案，尤其是最好或满意的方案，以免影响决策者的抉择和政策的最终效果。

(2) 注意备选方案之间的相互排斥性。所谓相互排斥性，是指通过的各种备选方案之间在内容上是有差异的，相互排斥的，执行一种方案就不能执行另一种方案，彼此具有独立性和排他性。因此，在拟订备选方案时要鼓励大胆创新。

(3) 设计备选方案必须依据实际，适当超前。由于政策制定是为了解决现实社会问题，在设计备选方案的时候必须考虑实际的社会状况，包括对人力、物力、财力等现实条件进行设计，在可能的范围内寻求解决方案。

## (三) 论证评估政策方案

这一环节主要是对政策方案价值、政策方案可行性、政策方案效果、政策方案风险等进行论证评估。在此过程中应遵循以下标准：一是政治价值标准，科学合理的政治价值标准要体现出社会大多数人的利益；二是成本—效益标准，能够以最小的成本获取最大预期的社会整体效益的政策方案才是高质量的政策方案；三是伦理道德标准，良好的政策方案要符合社会普遍认同的道德规范和伦理准则。

## (四) 政策方案的抉择

这一环节就是在评估论证各种备选政策方案的基础上进行比较，最后选择出最佳政策方案的过程。最终政策方案的确定基本上通过集体抉择来确定，常见的集体抉择规则有以下几种：第一，一致同意规则，是指参与抉择的全体成员必须一致同意选择某个政策方案才能通过；第二，多数抉择原则，即少数服从多数原则，以多数票决定最终政策；第三，赞成票原则，由全体成员对认为可以接受的方案投赞成票，得票最多的备选政策方案即可胜出。

政策方案在被抉择时必须由权力机关按照一定的法定程序予以审议和批准，才能转化为正式的政策而具有合法性，才能得到社会的认可与遵循。取得了合法性的方案具备了强制力，可以交付执行机关贯彻落实。

## 二、政策执行

所谓政策执行是政策执行者通过建立组织机构，运用各种政治资源，采取解释、宣传、实验、协调与控制等各种行动，将政策观念的内容转化为实际效果，从而实现既定政策目标的活动过程，是一种动态的过程。政策执行过程主要包括政策宣传、政策分解、物质准备、组织准备、政策实验、全面实施、协调与监控等环节。在政策执行过程中可多种手段并用。

### (一) 行政手段

行政手段，即依靠行政组织的权威，采用行政命令、指示、规定及规章制度等方式，按照行政系统、行政层次和行政区实施政策的方法。行政手段具有权威性、强制性、直接性、无偿性、时效性的特点。

### (二) 经济手段

经济手段，即根据客观经济规律和物质利益原则，利用各种经济杠杆，调节政策执行过程中各种不同经济利益之间的关系的方法。经济手段具有间接性、有偿性、关联性的特点。

### (三) 法律手段

法律手段，即通过各种法律、法令、法规、司法、仲裁工作，特别是通过行政立法和司法方式调整政策执行活动中的各种关系的方法。法律手段以促进政策顺利实施为目的，具有权威性、强制性、稳定性、规范性的特点。

### (四) 思想教育手段

思想教育手段，即通过制造舆论、说服教育、协商对话等引导人们贯彻政策的方法。思想教育手段具有引导性和人本性的特点。

## 三、政策评估

政策评估是公共政策运行的重要阶段。加强公共政策评估对于检验公共政策效果、决定公共政策的存废具有十分重要的意义。一般认为，政策评估是指依据一定的标准、程序和方法，对公共政策的效率、效益和价值进行测量、评价的过程，旨在获取公共政策实行的相关信息，作为政策维持、调整、终结、创新的依据。

(1) 政策评估是检验政策效果、效益和效率的基本途径。一项公共政策分析后，其执行效果如何，并不是显而易见的，必须利用一切可行的技术和手段收集相关信息，并在此基础上加以分析和科学阐释，以确认一项政策的优点、缺点，检测一项政策的实际效益和效率。

(2) 政策评估是决定政策修正、调整、继续或终止的重要依据。公共政策其实是一种假设。由于社会情况的复杂性，完全理性的政策几乎是不存在的，为了使公共政策收到预期的效果，政策执行一段时间之后决策者必须根据政策执行的实际情况决定一项政策的延续、改进或终止，而政策评估正是作出决定的主要依据。

(3) 政策评估是有效配置资源的基础。政策资源总是有限的，只有通过评估才能确认每项政策的价值，并决定投入各项政策资源的优先顺序和比例，以寻求最近的整体效果，有效推动各方面的活动。

(4) 政策评估是决策科学化、民主化的必经之路。政策评估正是实现传统经验型决策向现代科学化决策转变的重要一环。

## 四、政策监控

政策监控是政策监督与政策控制的合称，是为了实现政策合法化与保证政策贯彻实施而对政策的制定、执行、评估和终结进行监督与控制的过程，其目的在于保证政策系统顺利运行，提高政策制定与执行的质量，促进既定政策目标实现和政策效率提高。

目前，存在着各种反映民众声音的社会监控形式。比如，听证会在一定意义上可以看作对政策制定过程进行监控。

## 五、政策终结

政策终结是指公共决策者通过慎重的政策评估，采取必要措施终止那些过时、多余、无效或失败的公共政策的过程。政策终结发生在政策评估之后，是人们主动进行的提高政策绩效的一种政策行为。它不仅代表旧的政策结束，还象征着新政策的开始。政策终结的主要方式有以下几个。

### (一) 政策替代

政策替代，即用新政策替代旧政策，而所面对的政策问题和政策目标基本没有改变。政策替代能更好地解决旧政策没有解决或根本解决不了的问题，以满足目标群体的政策需求，实现政策目标。

### (二) 政策合并

旧政策虽然被终止，但是其部分功能并没有被完全取消，而是将其合并到其他政策内容中，即为政策合并。

### (三) 政策分解

将旧政策的内容按照一定的规则分解成几部分，每一部分形成一项新政策，即为政策分解。例如，单位保障包括养老保险、失业保险、人寿保险、医疗保险、生育保险。

### (四) 政策缩减

政策缩减，即采用渐进的方式逐步使政策终结。政策缩减能够有效缓解因政策终结所带来的巨大冲击，逐步协调各方面的关系，比较稳妥地实施终结，减少损失。

# 第四节　公共政策分析

## 一、公共政策合法化

### (一) 公共政策合法化的含义

公共政策合法化是政策制定的必要环节，是指经过政策规划得到的政策方案上升为法律或获得合法地位的过程。它由国家机关依据法定权限和程序所实施的一系列立法活动与审查活动构成。合法化使政策获得了法律的保护，具有强制力，为政策执行提供了条件。政策合法化是政策过程的重要阶段，是现代国家实施政治统治和社会管理的前提，也是决策民主化、科学化、法治化的具体过程。

### (二) 公共政策合法化过程

在现实生活中，公共政策合法化主要包括合法的政策程序、政策合法性。

1. 合法的政策程序

程序之所以重要，是因为它规范了决策组织行为的有效途径。如果没有程序作保证，公共政策的制定就很有可能演变成随机性行为，使个人或少数人的意愿凌驾于组织目标之上。不否认决策者能够作出英明的个人决断，但是如果完全寄希望于决策者个人的英明决断、行为自律和大公无私，是非常不可靠的，历史的经验也充分证明了这一点。所以，需要对程序作出必要的规范，使之符合法律的要求，以更完善的形式合理地抑制可能产生的实质的不合理。

政策合法化有以下几个程序。

(1) 提出政策议案。议案是各种议事提案的总称，包括立法议案、质询案、罢免案等。行使立法提案权的主体应就本身职权或业务范围内的问题以及属于接受方案的机关职权范围内的问题提出立法议案，并向自己能够提出立法议案的机关提出立法议案；具有立法提案权的人员要符合法定的人数；提案的机关、组织和人员应通过一定的方式进行，并符合特殊的程序和要求。

(2) 审议政策议案。审议的过程是议案修改的过程，立法机关会提出关于议案的一些建议和问题，要求议案的提出者给予解释，而议案的提出者也能够从立法机关吸取意见对方案进一步修改和完善。

(3) 表决和通过政策议案。表决和通过一般的方案，采取的是多数原则；制定和修改宪法，需要三分之二以上的多数才能通过。

(4) 公布法律。立法议案经过立法机关审议、表决并获得通过之后，即成为法律。为了发挥其法律的作用，规范和调整社会关系，必须通过不同的方式将法律公之于众。此时法律才能生效。

从以上的分析可以看出，通常情况下，公共政策合法化权力由行政机关、国家权力机关所拥有。司法机关作为执行法律的机关，似乎不具有公共政策权力。但事实上，最高人民法院出台的大量司法解释和典型判例可作为法律的延伸，在司法审判中极具权威性，也属于公共政策。

### 2. 政策合法性

政策本身的制定过程及其内容是符合宪法和法律要求的。这种合法性决定了政策的实施效力和运作结果，它是政策合法化的根本问题。公共政策的合法性必须建立在政治统治的合法性基础上。一般来说，公共政策的合法化都是在政治统治的合法性不受质疑的前提下进行的。在美国，政策合法的过程就是政策方案经参众两院多数议员同意，并经总统签署的一个过程。德国、法国、意大利等国家都建立了专门的机构——宪法法院或宪法委员会独立行使违宪审查权，它们多采用预防性的审查方式，即在法律法规正式生效前作出最终裁决。

## 二、公共政策合理化

公共政策的合理化体现了政策制定中必须遵循一定程序，必须体现社会公正原则。社会公正是现代社会的基本准则，必须体现最终收益人是个人的原则，即公共政策制定的独特性质就在于着眼于并且实际能够照顾社会的绝大多数人的需要。公共政策的本质属性决定了公共政策必然以社会公正作为价值诉求，同时，还必须体现保障弱者的原则和连续性的原则。

### (一) 重视发展民间组织

民间组织参与政策制定在一定程度上限制了易于膨胀的决策者的自身利益，保护公共利益不被公共权力所侵害，防止决策者为谋取自身利益最大化而置广大人民群众利益于不顾，违背公共政策以公共利益为最高目标的价值取向。民间组织参与政策制定，会促使决策者依法制定公共政策，防止滥用权力，避免政策成为强势群体垄断某一行业或领域的手段和工具。

### (二) 充分调动公民参与

公民参与对公民个人的成长、思想的升华以及其抉择的方法都起着教育和锻炼的作用。每个公民都享有同等权利去表达自己的意志，去考虑或批评别人的观点，通过一系列讨论和思忖的过程，公民会逐渐培养出独立决策和辩证看问题的能力，这对于其生活、事业等方方面面的抉择是不无裨益的。同时，积极的参与陶冶了公民的政治热情，使其成为一个自觉参与政治、自觉表达个人意志、自觉维护个人权益的个体。

### (三) 完善公共政策议程的制定程序

公共政策议程是一个集思广益、兼听则明的过程。公共政策议程的提出就具有统一认识、达成共识的意图。倘若拘泥于单一的部门利益或者甘愿为一些特殊的利益集团所捕获，就会使得"部门本位"和"长官意识"处于支配地位，从而陷入偏听偏信的境地，公共政策制定过程就会为各种潜规则和"暗规则"所左右；也会导致政出多门、政令不止，甚至各种公共政策相互冲突、相互抵触，从而导致公共政策效用不断衰减，产生逆向激励的结果。

### (四) 发挥民主党派的作用

在社会利益结构多元化的状态下，中国的八个民主党派分别联系不同的社会阶层和群体，这些阶层和群体除了在关系到国家和民族整体利益方面有着基本一致的利益要求外，还都有他们各自的意见和要求。民主党派代表其成员和所联系群众的利益诉求，是国家、民族整体利益格局中的特殊利益，这样的利益得到表达有利于广大人民根本利益的实现。在国家政治生活中反映和代表他们所联系的阶层和群体的利益和要求，可以促进公共政策在顾及各方利益诉求的基础上保持公平性。

## 三、公共政策社会化

所谓公共政策制定过程的社会化，简单讲是指在公共政策制定过程中提高公民、法人、思想库、利益集团等民间利益表达主体参与政策议程、政策规划的深度与广度，使制定的公共决策能够更好地反映社会公共利益。从本质上讲，公共政策制定过程的社会化是公共政策民主化的重要体现，是提高公共政策科学性的一个重要保证，也是公共管理模式不同于传统公共行政模式的一个重要特征。为此，应建立和完善制度化的公民参与政策的机制与方式，增加公民参与公共政策制定的机会与渠道；应通过推行政务公开、转变决策观念等为社会参与公共政策制定营造一个良好的环境。此外，有些直接与公民利益相关的政策制定，则可以通过转变政府职能、权力下放等直接转归或委托各种非政府公共组织依法作出。

### 📖 阅读材料

#### 小驿站，大作为——海南积极促进多渠道灵活就业

2022年以来，海南省创新就业公共服务思路和方式，调动各方资源，将就业驿站建设列入海南省委省政府年度重点工作，把就业服务延伸到群众身边。从2022年5月首家就业驿站揭牌至2023年4月，不到一年时间实现从零到百的突破，已经建成177家驿站。百家驿站工作人员累计走访劳动者12.8万人次，走访用人单位3.3万家，接待求职者5.9万人次，发布岗位信息10.3万条，开展技能培训活动227场，举办线下招聘活动471场，帮助13.4万人次劳动者实现就业(灵活就业13万人次)；开发驿站"海南好就业"App，登记求职者1.2万人，浏览量11万次。

1. 坚持问题导向，着力构建就业公共服务体系便民圈

针对基层就业服务人手不足、力量比较薄弱，就业公共服务体系覆盖面、精准性、便捷性不能满足实际需求等情况，坚持问题导向、试点先行，推进就业驿站建设，搭建

在群众身边的就业公共服务平台。2022年5月26日，首家海南就业驿站在海南乐东县黄流镇运营，主要服务农业企业用工和农产品采摘包装工灵活就业，在短时间内成效显著。各市县纷纷借鉴、布点建站，以实现就业为核心目标，主要开展就业咨询、求职登记、信息发布、职业指导、职业介绍、技能培训、劳动关系调解等工作，面向劳动者提供一揽子就业公共服务。驿站工作人员进村入户，摸清城乡居民求职创业、技能培训等方面需求，建立"一人一档"台账，开展岗位推荐对接，为困难群体撑起顺利就业的"晴天"。

**2. 创新思路方法，调动各方资源提供就业服务**

一是选点灵活，哪里需要哪里建。按照因地制宜、合理布局、灵活设置的原则，综合考虑人口规模、就业群体、产业分布等因素，建设灵活多样、经济实用的就业驿站，目前已有乡镇站、城市社区站、园区站、群团站、商圈站、高校站、银行站等多种类型。二是整合赋能，不盖一间房、不占一寸地。就业驿站既依托现有就业公共服务机构、基层服务平台等平台建设，也在街道、园区、高校、大型商超、城乡接合部等用工较多、人员聚集的地方择优布点，充分利用原有富余办公或商业空间，配以统一标识和办公系统，呈现低成本、高效率的特点，不同驿站各有侧重，突出服务特色亮点。三是精准聚焦，疏通供需对接的"毛细血管"。驿站工作人员走出去进村入户、访企拓岗、详细建账，依托劳务经纪带头人、致富能人、乡村匠人"三支队伍"，鼓励经营性人力资源服务机构发挥优势，积极对接岗位和求职需求，开展职业技能培训、招聘对接等各类服务，帮助用工单位招工和求职者实现就业。四是多方参与，共绘就业服务"同心圆"。人社、教育、工会、乡村振兴等部门通力合作，通过政策扶持引导和政府购买服务，吸引智联招聘、海南人才集团等30多家优质人力资源服务机构参与驿站运营；市县各级政府、高校、群团、银行、产业园区等共建共营，最大限度实现资源共享。五是规范运作，统一服务。印发《关于进一步加强就业驿站管理的通知》《海南就业驿站工作规则》，规范就业驿站建设、运营和管理。全省就业驿站统一场所标识、统一命名规则、统一装修风格，提高辨识度，提升服务形象；对标对表公共就业服务标准化要求，统一服务要求、服务流程，统一使用"海南好就业"App，全面提升规范化水平。

**3. 完善服务体系，巩固提升服务成效**

一是快速织密就业公共服务网。就业驿站建设运营低成本、高效率，在实践中灵活、灵动，一批经营性人力资源机构通过参与运营，职能得到充分发挥。东方市、保亭县、昌江县等7个市县实现就业驿站在乡镇全覆盖，其他一些市县根据当地实际探索"一站多镇""大站带分站"等建站模式，健全就业公共服务体系。"省级就业服务机构+市县就业服务机构+乡镇劳动就业和社会保障所(站)+海南就业驿站"的多层次、立体化服务体系正在形成。二是成功撬动各方资源助力就业。就业驿站建设取得显著成效，得到市县党委政府、村镇(居)委会、高校、商圈、园区、银行等大力支持，无偿提供场地、设备，加强各方面保障，形成"党建+就业""社区服务+就业""精神文明实践+就业""残疾人帮扶+就业""银行+就业"等不同模式。三是较快取得服务成效。高效运行的海南就业驿站，不仅免费为劳动者找"饭碗"，而且成为众多用人单位揽才招工的好帮手；就业驿站将散落的非全日制用工、短期用工、平台用工、家庭雇工等岗位收集起来，把人员流动大的小商小贩、小店面、小农场纳入服务对象，人力资源市场中钟点工、维修工、包装工、采摘工等用工逐步成势，市场中一批灵活就业岗位增加，"化零为整"做大劳务市场，有效缓解疫情冲击下岗位供给不足问题。四是逐步形成服务品牌。暖黄底色和两人跑腿服务造型的海南就业驿站标志，寓意"爱的小站"和"站小二"精神，展示在大街小巷，逐渐深入人心。工作人员身着印有"海南就业驿站"字样的马甲进村入户登记信息，到园区、商圈登记岗位、宣传就业政策，成为一道靓丽风景。就业驿站坚守公益性质，着力解决就业服务难点问题，取得积极成效，得到中国政府网、新华社、人民网、海南日报、海南广播电视总台、各市县融媒等各级媒体的持续关注和报道，品牌效应迅速提升。

资料来源：2023年4月27日. 中华人民共和国人力资源和社会保障部农民工工作司. http://www.mohrss.gov.cn.

**延伸阅读**

### "公交优先"优化，情况如何？

资料来源：新闻1+1. (2023-06-02). https://tv.cctv.com/2023/06/02/VIDEcFlRBtIE1N4q7O5X24By230602.
shtml.

### "努力稳外贸，政策再发力！

资料来源：新闻1+1. (2023-04-26). https://tv.cctv.com/2023/04/26/VIDEWmVZoT0gKK9p5CpyCZad
230426.shtml.

**本章思考题**

1. 什么是公共政策？公共政策的基本特征是什么？
2. 简述公共政策的类型及功能。
3. 结合实例分析，论述公共政策在公共管理中的地位及作用。
4. 简述公共政策系统的构成，并说明每一组成部分的作用。
5. 简述公共政策合法化的内涵及合法化的过程。

# 第五章 | 公共部门人力资源管理

公共部门人力资源管理(public sector human resources management)是指以国家行政组织为主要对象，依据法律规定对其所属的人力资源进行规划、录用、任用、使用、工资、保障等管理活动和过程的总和。公共部门人力资源管理是建立在全新的现代人力资源理论和管理思想基础上的，它是对公共部门人事行政管理理论和实践的全面更新，不同于传统的人事行政管理，无论是从管理内容、管理原则、管理方法还是在管理部门的地位等方面都有很大的区别。

公共部门人力资源管理是一套不断回应现实问题而获得自身发展动力的知识体系。适应复杂的外部环境变迁，面向组织发展的战略目标，开发组织人力资源的能力，提升组织员工的综合素质，是公共部门人力资源管理的特质所在。

## 第一节 公共部门人力资源管理概述

### 一、公共部门人力资源管理的发展演进

在现代公共管理领域中公共部门人力资源管理的地位日益凸显，已成为公共管理过程中的核心环节。公共部门人力资源管理是整个社会系统人力资源管理的一部分。公共部门人力资源管理经过半个多世纪的发展，已经形成了较为完整的理论基础，并随着公共管理理论的不断发展而逐步完善。

#### (一) 西方国家公共部门人力资源管理思想的发展演进

20世纪初，美国的泰勒(Taylor)、法国的法约尔(Fayol)和德国的韦伯(Weber)等人的管理思想应运而生，他们的管理方法对当时企业劳动生产率的提升有很大帮助，而进一步调动工人的工作热情则成了人力资源管理理论发展的动力。人力资源管理思想起源于20世纪60年代，此时为西方工业社会早期，社会分工、分层及人们之间的社会关系日趋复杂，生产力水平日益提高，需要相对完整的管理制度和管理方法与之相适应。随着工业革命的进一步推进，人力资源管理思想得到进一步完善和发展。

企业管理中的管理思想是在形成与发展过程中逐步向公共部门渗透的。人事行政作为政府的职能之一，是伴随着国家的产生和社会经济的发展而逐步产生和发展的。在农业经济社会，血缘亲情是选人任免的重要依据。随着生产力的发展和社会的进步，工业革命带来的资产阶级变革推动了西方国家公共部门人力资源管理的进一步发展。英国等工业化起步较早的国家建立了以公开竞争、注重功绩、强调法治为主要特征的文官制

度。随着信息社会的发展与进步，人事行政发生了新的变化，从人事行政管理向公共部门人力资源管理转变，这不仅仅是名称的改变，同样是对政府改革的积极回应。

### (二) 中国公共部门人力资源管理的发展与变革

经过半个多世纪的发展与演变，中国的公共部门人力资源管理已开始由传统的"进、管、出"的人事管理模式逐步向当代的人力资源开发与管理并重的新体制模式转变，逐步树立起人力资源管理的新观念，紧密结合中国人力资源开发与管理的经验与实际情况，探索出适合中国国情的公共部门人力资源管理新模式。

自改革开放以来，中国对政府及其他公共组织的人事管理制度进行了大幅度的改革，公共部门人力资源管理工作进入新的发展阶段。例如，1980年，邓小平同志在《党和国家领导制度的改革》重要讲话中提出："坚决解放思想，克服重重障碍，打破老框框，勇于改革不合时宜的组织制度、人事制度。"1987年，党的十三大正式提出，对干部实行科学的分类，建立和推行国家公务员制度。1989年，国家公务员制度开始在审计署、海关总署、国家统计局、国家环保局、国家税务局、国家建材局等六部门进行试点；1990年，试点扩大到哈尔滨和深圳两市，标志着中国公务员制度从理论研究进入实践探索。1993年8月，国务院颁布了《国家公务员暂行条例》，1993年10月1日起在全国行政机关实施国家公务员制度，党的机关、人大机关、政协机关、民主党派机关和群团机关参照实行，标志着中国党政机关人事管理工作逐步走向法治化轨道。1997年底，国家公务员制度在全国范围初步建立。2006年1月1日，公务员法正式实施生效，标志着中国特色公务员制度的形成，干部人事依法管理进入了新阶段。2012年，党的十八大提出完善公务员制度。2013年，党的十八届三中全会作出深化公务员分类改革的重大部署，提出推行公务员职务与职级并行、职级与待遇挂钩制度，加快建立专业技术类、行政执法类公务员制度。2016年以来，先后印发《专业技术类公务员管理规定(试行)》《行政执法类公务员管理规定(试行)》《公务员职务与职级并行规定》等重要文件，公务员分类改革"四梁八柱"的制度框架基本建立，司法人员分类管理稳步推进。2018年12月29日，第十三届全国人民代表大会常务委员会第七次会议审议通过新修订的《中华人民共和国公务员法》，并于2019年6月1日正式实施，实现了中国特色公务员制度的与时俱进，中国公务员制度进入科学化、法治化、规范化发展新阶段。

人力资源管理模式在中国政府人事管理中的引入，必定对政府的人事管理实践及公共部门人力资源的开发产生重要而又深远的影响。它将有力推动干部人事制度的全面改革以及公务员制度的完善，加快公共部门人力资源开发利用步伐，提高政府行政管理水平，促进社会经济的全面进步与发展。

中国共产党十八届三中全会公报指出，要深化干部人事制度改革，建立集聚人才体制机制，充分发挥人民群众的积极性、主动性、创造性，鼓励地方政府及其他公共组织大胆探索，及时总结经验。党的十九大进一步强调要深化事业单位改革，人力资源管理理念、管理机制和管理制度等方面优化升级是重要内容。党的二十大报告指出，要建设堪当民族复兴重任的高素质干部队伍；全面建设社会主义现代化国家，必须有一支政治过硬、适应新时代要求、具备领导现代化建设能力的干部队伍；要坚持严管和厚爱相结合，加强对干部全方位管理，激励干部敢于担当、积极作为；关心关爱干部，坚持尊重劳动、尊重知识、尊重人才、尊重创造，实施更加积极、更加开放、更加有效的人才政策。

## 二、公共部门与公共部门人力资源内涵

自20世纪70年代以来，人力资源管理已经初步形成了一套较为完善的理论、方法、步骤和措施，并逐步取代了传统的人事管理。人力资源管理理论的基本精神有以下内容：确定以人为中心的管理思想；注重组织的整体效益、群体目标和团队精神；在管理原则上既强调个人又强调集体；在管理方法上既强调理性又强调情感；在领导方式上既强调权威又强调民主；在管理实践中既强调能力又重视资历。现代人力资源管理的最终目标是通过各种管理手段达到人与人、人与事之间相互关系的最佳状态，最大限度地释放人的内在潜能，从而产生最大化的效益。人力资源管理的基本职能包括人力资源的获取、发展、激励、维持和研究等方面。

公共部门人力资源管理是整个社会人力资源管理系统的一部分，而对"公共部门"的界定决定了公共部门人力资源管理的范围。因此，必须首先阐述公共部门人力资源管理的相关内容。

### (一) 公共部门的含义

社会经济主体分为公共部门(public sector)和私人部门(private sector)。公共部门是指负责提供公共产品(public goods)或进行公共管理(public management)，致力于增进公共利益的各种组织和机构。私人部门则是指提供私人产品(private goods)，谋求实现自身利益最大化的个人和组织。

典型的公共部门是政府部门，以公共权力为基础，具有明显的强制性，依法管理社会公共事务，其目标是谋取社会的公共利益，对社会与公众负责，不以营利为根本目的。

### (二) 公共部门人力资源的含义及特征

#### 1. 公共部门人力资源的含义

人力资源是指在一个国家、地区乃至一个组织内，能够作为生产性要素投入到促进经济和社会发展的各项活动中的全部劳动人口的总和。公共部门人力资源是指在公共部门中工作的具有劳动能力的各类人员的总和，是整个社会人力资源的重要组成部分。

#### 2. 公共部门人力资源的特征

公共部门人力资源作为一种特殊的经济资源具有以下基本特征。

(1) 人力资源的本质具有能动性。人力资源的一大基本特征是人力资源的能动属性。人力资源的能动性是其区别于其他资源的最根本、最显著的特性。人力资源的能动属性，核心表现为人力资源在经济和社会活动中的主导作用。一切经济和社会活动都是由人力资源的活动引起的，是由人力资源的活动所引发的其他资源的活动，在各项人类社会活动中它总是处在发起、组织、领导和控制其他资源的中心位置，并且可以能动地整合其他资源，从而创造出更高的价值。与其他物质性与非物质性资源相比较，人力资源是唯一具有创造性的因素。创新是一切组织活动的生命，而只有高质量的人力资源才能承担不断创新的任务，正是人力资源特有的能动性，促成了人类社会的不断发展。

(2) 人力资源的生成具有时代性。时代性是人力资源产生与发展中的一个醒目标签，是区别不同时期人力资源的显著要素。任何人力资源的成长与成熟，都是在特定的时代背景条件下进行的。每个时代的经济、教育、社会、文化的发展状况，都会影响和制约在这个时代中开发出来的人力资源。特定的价值观念、道德观和认知方式等贯穿于人力资源的全部发展周期，并体现在他们的工作行为和劳动态度中。人力资源生成的时代特征，意味着人力资源管理不能脱离时代性，同时也意味着人力资源具有的知识、能力和素养不是一下子就能生成与拓展的，它是一个变化的发展过程。人力资源的时代性揭示了人力资源的发展不仅需要资金投入，还需要必要的时间投入。

(3) 人力资源的发展具有增值性。人力资源的发展具有增值性是从人力资源发展变化的角度来理解人力资源的基本属性的。人力资源基于"人"的特性，所产生的价值与影响、收益的份额等都远远超过其他资源，并且呈现不断上升的趋势。因此，劳动力的市场价格在上升，人力资源投资收益率在上升，劳动者自己可支配的收入也在上升。另外，人力资源和其他资源一样，在投入使用后都可能引起一定的损耗，但人力资源又能够在使用过程中不断实现自我补偿、更新和发展。因此，人力资源是一种高增值的资源。人力资源发展的增值性既是有限的，又是无限的，是有限与无限的统一。

(4) 人力资源的使用具有时效性。人力资源的作用不是无限的，它受制于人力资源的时效属性。自然资源和物质资源可以闲置，资金和财政资源可以存于金融机构，但人力资源往往无法储存，如果不及时应用就不能获得已有的价值，同时也不能保留日后被使用。社会知识、技术的飞速发展使得"闲置的"人力资源逐渐流失其价值与特性。因此，人力资源的闲置是巨大的浪费，唯有前瞻性地、有计划地适时使用人力资源，才能发挥其作用。当个体处于生理和心理都比较成熟的阶段，不仅年富力强、精力充沛，同时随着工作经验的积累和素质的提高，各方面的能力也渐入佳境。这一时期个体的能力处于巅峰，组织应及时地使用，如果储之不用或不充分使用，不仅会导致人力资源的浪费，还会影响人力资源的绩效。

(5) 人力资源的开发具有持续性。人力资源的开发与培训是一个完整的体系，它与物质资源的一次性开发不同，人力资源具有多重潜在的素质，所以要在人力资源的成长和使用过程中持续地进行开发。为了维持与提升人力资源的价值，只有依据经济社会发展和环境变化的要求，持续不断地投资于人力资源开发，拓展其知识、提高其技能、优化其心理素质,才能使其价值得到增值。因此,人力资源的开发是一个持续的过程。

(6) 人力资源具有特殊的资本性。人力资源也是一种经济性资源,因而具有资本的属性,但与一般形态的资本又有明显的区别。资本的某些突出特点,人力资源同样具备。第一,人的能力是后天获得的,人力资源质量的高低完全取决于投资的程度,所以它是投资的结果和产物。第二,人力资源在一定时期内能够不断地给投资者带来收益,这种收益既可以直接表现为货币形式,也可以以非货币的形式表现出来。第三,人力资源在使用过程中会出现有形磨损和无形磨损,劳动者自身的衰老属于有形磨损,而知识和技能的老化是无形磨损。而人力资源与一般有形资本的不同则在于,一般的实物资本普遍存在收益递减规律,而人力资源却体现出收益递增的规律,其收益份额远超过自然资源和资本资源,显现了高增值性特征。因此,高素质的人力资源实属最重要的资产或资本。

## 三、公共部门人力资源管理内涵

### (一) 公共部门人力资源管理的含义

有学者认为,公共部门人力资源管理,是指公共部门依照宪法和相关法律对其管辖内的人力资源所进行的规划、获取、维持和开发等一系列管理行为。它由纯粹的公共部门(即政府组织)人力资源管理和准公共部门(即第三部门)人力资源管理两部分构成。

还有一些学者认为,公共部门人力资源管理是以国家行政机关和国有事业机构公共部门人力资源为主要对象,依法对其所属的公共部门人力资源进行预测、规划、考录、使用及其工资、保障等项目管理活动和过程的总和。

我们认为,公共部门人力资源管理是指对从事公共事务的人员进行规划、录用、使用、培训、保障等管理活动的总和。

### (二) 公共部门人力资源管理的特点

公共部门人力资源管理具有其特殊性,主要表现在以下几个方面。

#### 1. 权威性

公共部门人力资源管理与一般组织人力资源管理的最大区别在于管理主体不同。一般组织人力资源管理的主体是不拥有特殊权力的社会组织,而公共部门人力资源管理的主体却是拥有一定国家权力的公共部门。因为公共部门是凭借国家权力和公共资源对公共部门人力资源进行管理。

#### 2. 公益性

公共部门人力资源管理的目的不像其他社会组织那样是为本部门谋取利益。也就是说,其他社会组织提高人力资源价值的目的是让人力资源为本组织回报更大的利益,而公共部门对其人力资源进行管理,提高公共部门人力资源的素质、提升公共部门人力资源的价值,其目的不是为公共部门自身谋求利益,而是为全体人民谋求公共利益。因为，公共部门人力资源属于公共资源的一种，而公共资源从本质上讲属于人民。另外，公共部门的权力也是由人民赋予的，所以，公共部门没有也不允许有自身部门的利益，它必须以公共利益为其最基本的价值取向。

### 3. 复杂性

公共部门特别是纯粹的公共部门(即政府组织)是一个纵横交错、层层节制的组织结构体系，这样的组织体系是按照完整统一原则建立起来的，要求目标统一、事权统一和功能配置统一。因为建立完整统一的人事管理制度，明确职责范围是遵循统一原则、高效管理公共部门人力资源的基础。公共部门人力资源管理权的划分是一项复杂的系统工程，这种复杂性是任何其他组织都无法比拟的。

### 4. 法治性

公共部门依法对人力资源进行管理，具有很强的法治性，这也是公共部门人力资源管理不同于其他社会组织人力资源管理的鲜明特点。这种独特性主要表现为两点：一是公共部门设置的管理人力资源的组织机构及其宗旨和目标、人员编制、财政预算等都必须由相关的法律决定；二是公共部门要依据法律规定行使人事管理权。

## (三) 公共部门人力资源管理比较

### 1. 公共部门人力资源管理与传统的人事管理的区别

现代公共部门人力资源管理是在传统的人事管理学科的基础上发展起来的，它与传统的人事行政管理在管理理念、管理原则、管理方法、管理内容、管理机制及管理部门的地位等方面有着较大的区别。

(1) 现代人力资源管理注重对个体的开发和有效使用。传统的人事管理往往只强调对人力资源的管理，只把个体看作一种生产成本。而现代人力资源管理把个体看作能够给组织带来较大收益的一种资源。传统的人事管理忽略了人力资源的能动性，也忽略了对人力资源能动性的开发。因此，传统的人事管理强调管制等方面的功能，而现代人力资源管理将人作为组织发展的主体，注重塑造个体成长的环境，尊重个体的主体地位。

(2) 现代人力资源管理的职能大幅度提高。传统的人事管理的内容较为简单，主要体现为录用、考核和奖惩活动，而现代人力资源管理不仅包括这些内容，还增加了新的内容。现代人力资源管理从行政的事务性员工管理、控制工作转变为以实现组织目标而建立的一个人力资源规划、开发、利用与管理的人力资源管理系统，从而提高了组织的竞争力。因而，现代人力资源管理最大的特点是更具有系统性、战略性、整体性和未来性。

(3) 人力资源管理部门逐渐成为组织的效益部门。人力资源的吸收与录用功能的基本任务就是用最少的人力投入实现组织目标。人力资源开发的功能则更能为组织创造效益，人力资源整合与调控功能的目的在于增加员工的满意度，提高其劳动积极性，发挥人力资源的整体优势，为组织创造效益。

(4) 现代人力资源管理实行人本化管理。传统的人事管理视员工为"经济人"，现代人力资源开发与管理视员工为"社会人"。在此假设下，组织的首要目标是满足员工的自我发展需要。人力资源部门在对员工进行管理时，更多实行的是"人性化"管理，重视员工的工作满意度以及工作生活的质量，减少对员工的监督，帮助个人在组织中成长与发展。

总之，现代人力资源管理与开发同传统的人事管理相比，更具有战略性和主动性，更适合当今组织的管理模式与发展趋势。

2. 公共部门人力资源管理与企业人力资源管理的区别

作为整个社会人力资源管理的一个组成部分，公共组织人力资源管理与企业组织人力资源管理具有部分相同的特性。但是，由于公共组织本身的性质和特点，使得公共部门人力资源管理区别于企业人力资源管理。

(1) 公共部门人力资源管理强调公共性。公共组织建立的基础与企业不同，公共组织建立在人民公意和授权的基础之上。因此，公共组织的一切行为都必须符合和有利于公民的意志、利益与需求，公共组织人力资源管理必须紧紧围绕为社会提供公共产品和服务的组织目标来进行。而企业的建立并不需要人民的授权，其行为只要符合相关的法律即可。

(2) 公共部门人力资源管理强调服务性。公共组织存在的目的是向社会公众提供公共服务，而这种服务与企业组织的服务存在着本质上的区别。社会利益是公共组织服务的核心，而企业组织的服务通常是有偿服务，这就是两种服务的根本区别所在。因此，企业对人力资源进行管理并提高人力资源的价值的目的是为企业谋求更大的利益，而公共组织对人力资源进行管理是为提高公共组织人力资源的素质与价值，最终目的是为全体公民提供服务，为社会公众谋求公共利益。

(3) 公共部门人力资源管理强调公开性。公共组织掌握着一定的国家权力和公共资源，服务的对象是全体人民。从某种意义上讲，公共组织人力资源管理行为实际上形成了公民与公共组织的委托与代理关系。基于此，公共组织内部管理制度的公开性成了人力资源管理的重要特点。与公共部门人力资源管理的公开性不同，企业的人力资源管理制度往往是企业商业秘密的组成部分。

总之，公共部门人力资源管理与企业人力资源管理相比较，更具有公共服务性和稳定公开性的特点，更能够适应公共部门提供公共产品和服务的基本内容。

# 第二节　公共部门人力资源管理的主要内容

## 一、公共部门人力资源管理的理论基础

### (一) 人力资本理论

人力资本理论是在人力资源和人力资本思想长期沉积、演进基础上形成和发展起来

的一种经济理论。人力资本理论的提出对指导现代社会及其经济的发展具有重要意义。

所谓人力资本,是指对人力进行投资而形成的、凝结在人身上的、能够带来未来收益的知识和技能,这种知识与技能是一种不同于物质资本的生产要素,是推进经济持续增长的重要源泉。人力资本投资收益率远高于物质资本投资收益率,人力资本投资增长水平决定人类经济和社会发展的未来。因此,在现代社会,决定一个国家或个人贫富的根源在于对人力资本投资的质量和数量。

### (二) 社会公平理论

社会公平强调的是给予妇女、少数民族、残疾人等社会弱势群体以公平的待遇,公平理论往往体现为公平的就业机会、弱势群体保护行动和劳动力多样化计划等,这些均建立在社会公平和个人权力价值,以及用于实现这些价值的弱势群体保护行动的法律和程序的基础上。公平强调的是对那些处于最不利地位的人给予更多的福利,特别重视回应与参与。

### (三) 人力资源管理的一般理论

(1) 系统优化原理。人力资源系统经过组织、协调、运行、控制,使自身的整体功能获得最优绩效。

(2) 能级对应原理。能级指人的能力大小分级。能级对应原理承认人具有能力的差别,强调按照能级层次要求建立和形成稳定的组织形态。

(3) 系统动力原理。系统动力原理强调在人力资源管理活动中,通过物质的、精神的或其他方面的鼓励,激发人的工作热情。系统动力可以分为物质动力、精神动力、信息动力。

(4) 反馈控制原理。反馈控制原理强调在人力资源管理过程中利用各环节、各要素或各变量前后相连、首尾相顾、因果相关的反馈关系,力争通过控制某些变量和环节实现整体流程的良性循环。

(5) 弹性冗余原理。弹性冗余原理强调在人力资源管理过程中必须留有余地,不能长期满负荷或超负荷运行。

(6) 互补增值原理。互补增值原理强调在人力资源管理过程中利用人力资源的能力、性格等多方面的差异性和互补性,发挥个体的优势,扬长避短,使人力资源系统达到总体最优。

(7) 利益相容原理,即当系统内两个群体或若干个个体之间发生利益冲突时,谋求通过协商达成共同接受的方案,实现双方或多方的利益相容。

(8) 竞争强化原理。竞争强化原理强调通过组织部门内部和外部的各种竞争,发现和锻炼人才,实现人力资源的总体增值。

## 二、公共部门人力资源管理的原理、目标与任务

### (一) 公共部门人力资源管理的原理

在公共部门人力资源管理的科学理论指导下，人们经过长期的管理实践已经初步总结出了公共部门人力资源管理的一些基本规律和运行规则，并在实践中对这些规则予以高度重视和不断总结。

1. 人本原理

人本原理指的是以人为本，一切管理活动必须以人为中心，调动人的积极性和创造性。"以人为本"这一观念应贯穿于公共部门人力资源管理的始终。在公共部门人力资源管理过程中，应当认识到公职人员是第一资源，只有最大限度调动其积极性和创造性，才能从根本上促进公共部门的发展，同时应当认识到公职人员自我价值的充分实现是公共部门人力资源管理的终极目标，是社会进步的标志。因此，在公共部门人力资源管理过程中，应当把公共部门的发展和公职人员个人的进步有机结合起来，尤其要高度重视公职人员自我发展的要求，营造尊重知识、尊重人才的氛围和良好环境；保证公职人员的合法权益，建立激励机制和开发机制，在重视公共部门长期发展需求的基础上，重视对公共部门人力资源的培训。

2. 德才统一原理

公共部门人力资源的"德"主要指其政治觉悟、职业道德、个人品行；而"才"主要指其具备的智力、知识、水平和能力。有才无德的公职人员往往会以权谋私，损害公共部门的形象；而有德少才的公职人员，在管理和服务实践中难以有所作为。在公共部门人力资源管理实践中强调德才并举，要求应同时注重"德"和"才"的高度统一，要把德才作为甄选、使用、培养、提拔公职人员的标准，充分发挥两者相互促进、相得益彰的作用，使公共部门人力资源的综合素质不断得到优化。

3. 能级匹配原理

适才适用是公共部门人力资源管理中人本主义思想的一种具体体现和运用，就是要使各类型、各层次的公职人员都得到合理的、充分的使用。在进行人力资源配置时，要根据人的能力将其安排到合适的岗位上，使其能力与具体承担的工作相匹配，从而达到人尽其才、才尽其用、各展所长的目的。准确、全面地掌握公职人员的实际能力、特长和各自的差异，是适才适用的前提，也是按照各自能力与岗位要求有机结合、最大限度发挥作用的条件。

4. 激励原理

管理公共部门人力资源的出发点和归宿，就是为了激发公职人员的积极性和创造性。没有激励就不会有动力源泉，公职人员也就不会进一步发展。公职人员的发展动力除内动力外，还有外动力。外动力来自公共部门满足每个公职人员不同层次的期望和需

求，来自公共部门营造良好、有序的竞争环境。外动力能够激发、鼓励公职人员充分发挥自身的积极性、主动性和创造性，尽力展示自己的才能，从而创新自己与公共部门发展、进步的生机和活力。

### 5.动态原理

从哲学的观点看，任何事物都在不断运动、不断变化中发展。动态原理是指人力资源管理的对象、目标以及各个管理环节都处在不断运动、变化、发展中。因此，对人力资源进行管理时要根据人员和组织环境的变化及时调整人员的工作岗位，力争做到适才适时适岗，以便最大限度地发挥人力资源的作用。

### (二) 公共部门人力资源管理的目标

公共部门人力资源管理的目标是达成"人"与"事"、"人"与"人"的和谐，这种和谐会带来生产效率的提高，并最终促进组织目标的实现。人力资源管理的具体目标主要表现在以下三个方面。

(1) 最大限度地开发与管理组织内外的人力资源，促进组织的持续发展。为提高公共部门生产力、取得最优的投入－产出效率，就要提供公共部门管理工作所需要的各种类型、各个层次、训练有素的人才，建立公共部门与公职人员之间的良好合作关系，满足社会经济发展对公共部门提出的要求，满足公共部门组织、管理和发展的目标。

(2) 保证组织对人力资源的需求得到最大限度的满足，保证和提高每个员工的工作生活质量，以满足公职人员个人成长和发展的要求。

(3) 维护与激励组织内部人力资源，使其潜能得到最大限度的发挥，从而使人力资本得到应有的提升与扩充。这就要处理好部门内部员工与管理者之间的关系，使个人目标和组织目标协调一致，保证组织的行为服从于与人事相关的法律，给予员工平等就业和发展的机会、安全和谐的工作环境，为劳动者的利益服务。

公共部门人力资源管理目标可分为战略、经营、员工三个层次，具体包括帮助树立公共部门持续发展的生命力，以达成使命愿望；推动公共部门中短期业务目标的实现；实现员工的职业发展。公共部门三个层次的人力资源分别对应三个层次的人力资源管理人员，因为他们在公共部门中承担的任务和对公共部门人力资源管理目标的实现所起的作用不同。因此，不同层级公共部门人力资源管理工作者的职责也有所不同。

高级人力资源主管的任务是根据公共部门的目标制定人力资源管理目标，并促使该目标实现。因此，高级人力资源主管的主要职责是配合公共部门总体战略制定人力资源战略和发展目标，协调中级人力资源主管的工作，为公共部门的存在与发展提供人力资源保证。

中级人力资源主管的任务是连接高级人力资源主管和初级人力资源主管的工作，其职责在于把高级人力资源主管制定的人力资源战略规划转变为可执行的人力资源管理方案。比如，制定人事规章制度、协调初级人力资源管理人员工作。

初级人力资源管理人员负责人力资源管理方案的实施，即把中级人力资源主管制定的人力资源管理方案细化为具体的计划和实施细则。

### (三) 公共部门人力资源管理的任务

公共部门人力资源管理的目标定位应该是开发政府行政管理和发展科技、教育、文化、卫生等各项事业所需的各类人才，建立起公共部门与公职人员之间的和谐关系，以高效管理和优质服务满足经济社会发展的需要，满足公职人员个人成长和发展的各种需求。公共部门人力资源管理的任务主要有4个方面。

**1. 营造环境**

公共部门人力资源管理的良好环境是高效开发公共部门人力资源的基础。只有打好这个基础，公共部门人力资源开发的各种措施才能奏效。营造良好环境应着力做好以下工作。

(1) 依法规范公共部门的行为，摒弃过时的观念和不合时宜的人事制度，合理确定其职权，科学配置职能，明确工作目标，建立和完善科学的公共部门人力资源管理体制。

(2) 依法制定科学、合理、客观、公正的公共部门人力资源管理规则，确立法治化的管理机制，为优秀公职人员脱颖而出创造有利条件。

(3) 把科学、先进的公共部门人力资源管理理念贯穿于具体的管理措施和管理方法之中，设计与生产力发展相配套的公共部门人力资源开发方案，提供公职人员积极进取的保障体系和动力机制，以良好的公共部门人力资源管理环境促进公共部门完成管理任务。

**2. 合理使用**

公共部门合理使用公职人员，就是要切实使现有公职人员能够"岗得其人""人适其岗""适才适用"，最大限度地发挥各自才能。也就是说，公共部门要采取科学分类、严格管理、公正任用及辞退等奖惩措施，充分发挥每个公职人员的作用，从而提高公共部门人力资源的配置效率。

**3. 持续开发**

要在合理使用人力资源的同时，采取各种措施加强继续教育，使公共部门人力资源既适应经济社会发展的需要，又符合建立高素质公职人员队伍的要求。培养具有较高业务水平、道德情操、政治觉悟的公职人员已成为公共部门人力资源管理的基本任务之一。时代在发展，环境在变化，这就要求公共部门人力资源不断适应新形势下的新要求，不断培训、开发公共部门人力资源，为公共部门的持续良性发展服务。

**4. 招才留才**

招才就是公共部门通过公开、公平、竞争、择优的方式，选拔、录用、吸纳优秀的政务人才和科技精英。为此，既要扩展高素质公共部门人力资源的社会基础，保证公共部门能够广泛获取优秀人才，增强公职人员之间的竞争，又要对优秀公职人员及时嘉奖、委以重任，以此招纳更多、更优秀的人才。留才，则是通过科学而高效的管理，将优秀的公职人员尽力留住，防止其流失。为留住优秀人员，公共部门应建立健全的保障机制和激励机制，帮助其获得更大的工作动力和更广阔的发展空间。

## 三、公共部门人员分类

### (一) 公共部门人员分类的含义与意义

人员分类是人力资源管理中的一项基础工作。公共部门人员分类，就是把公共部门中的工作人员或职位按工作性质、责任轻重、资历条件及工作环境等因素分别归类、设定等级，为公共部门人员的选拔、使用、培养、升迁、报酬支付等管理活动提供相应的依据。公共部门人员分类的对象是公共部门中的公职人员或职位，由此形成了三种典型的公共部门人员分类制度：一是以公职人员的官阶为中心的品位分类；二是以职位为中心的职位分类；三是官职并立的职务分类。

公共部门人员分类是公共部门人力资源管理科学化、规范化、条理化的基础，其意义具体表现在以下几个方面。

#### 1. 有助于公共部门人力资源管理实现简明高效

公共部门人员众多，工作繁杂多样，没有一定的分类就无法实现管理的目标。从某种程度上讲，没有分类就没有科学的管理。对公职人员进行分类，可以使国家的公共部门人力资源政策有的放矢，实现人力资源管理的简明高效。

#### 2. 有助于公共部门人力资源管理的规范化

无论是品位分类、职位分类还是两者的混合分类，每种分类都有相应的分类标准，每等、每级都有客观的评价依据。这就使公共部门人力资源的录用、考核、薪酬等管理工作有章可循，标准客观，有助于公共部门人力资源管理规范化程度的提高，使公共部门人力资源管理实现客观、公正、高效。

#### 3. 有助于公职人员的自我激励和开发

分类管理使公职人员的等级有了明确的划分，公职人员可以清楚地了解到自己所处的等与级，进一步明确自身的升迁途径和升迁目标。一方面可以激励其圆满完成现任工作；另一方面激励其为将来升迁后可能从事的工作做好知识、技能上的准备，进一步搞好自我开发，实现自我的不断完善。

#### 4. 关系到公共部门人力资源系统的稳定

任何社会组织要维持自身结构的稳定和发展，除了必须具备运行的各种外部条件和内在动力外，内部的分类与分等也起到了相当重要的作用。公共部门人力资源通过分类与分等来强化公共系统的各种功能，满足各种复杂的需要，为公共部门人力资源系统提供一个资源分配、信息传递、公职人员流动和功能运作的基本模式，有利于公共部门人力资源系统自身的稳定和发展。

### 5. 有利于公共部门克服官僚主义

分类管理的基本特点就是通过把公共部门中每一个职位的职责、权限以一定的形式确定下来，使之规范化、制度化，进而促使公职人员在工作中有章可循，做到权责统一。由此可见，公职人员只要按照分类制度所确定的标准认真履行职责，就能够有效抑制官僚主义的产生。

## (二) 公共部门人员分类制度的原则

现实生活中，各个时代、各个国家的公职人员的分类制度存在着很大的差异，在选择人员分类制度时，应主要考虑以下两个原则。

### 1. 传统与文化原则

人员分类制度作为众多政治行政制度中的一项特殊安排，并非独立发挥作用。它不能脱离其他制度安排所构成的文化背景，必须与其他制度相契合而发挥作用。比如，在美国流行的职位分类制度，与美国式的民主、平等、自由的文化特征相吻合；而英国的品位分类制度则与英国讲究个人身份、等级的文化相一致。从传统的角度看，每种制度都有它自身的历史渊源，制度的演进必然要受到路径依赖的制约。这就是说，以前选择的人员分类制度决定着现在与将来可能的选择。例如，中国古代实行的按品论级的用人制度，仍或多或少地影响着今天的人员分类制度的安排和选择。

### 2. 组织需求原则

对于不同的公共部门，由于其组织目标、组织任务、组织手段不同，需要的分类制度和方法也不同。在教育、文化、科研单位等开放型组织中，实行品位分类能够促进工作的开展和效率的提升；而在公用事业等经营服务性的公共部门中，职位分类更能促进效率的提高。具体来说，即使在流行职位分类的美国，依据1949年职位分类法的规定，也有22类机关及职位不适用职位分类，如军队、某些准军事组织(警察及消防部门)、公共卫生服务部门、外交部及大专院校。通常谈到的"公共品"生产提供组织就是传统上适用品位制度的部门；水电、交通、电信等带有自然垄断性质的公用事业部门，则适合职位分类制度。

## (三) 品位分类管理

### 1. 品位分类的含义

品位分类(grade classification)是一种以文官的个人条件，如学历、资历等为主要依据的分类管理方法。品位分类在中国已有悠久的历史。自魏晋以来，官阶就称"品"，朝廷官吏分为"九品十八级"，以后各代逐步完善，品级也逐步增多且品级与俸禄挂钩。但是，在封建社会，品位主要是特权和身份的标志，同现代意义的品位分类有着根本的区别。随着文官制度在西方国家的建立和发展，品位分类由封建社会的注重特权和身份到注重任职资历条件，再到现代的工作内容和资历并重，品位分类逐步完善。英国是现代品位分类的典型国家，实行品位分类的国家还有法国、意大利等。

2. 品位分类管理的特征

(1) 品位分类是以人为中心而不是以职位为中心的分类体系。品位分类制度注重人员的学历、资历、经验和能力，个体的背景条件在职位录用和升迁中起着最重要的作用。任职年限、德才表现等通用资格条件是晋升的主要依据。可见，品位分类以人为标准，人在事先，以人择事。

(2) 分类与分等相互交织。在品位分类中，分类实际上同职务、级别的分等同时进行。因此，品位分类通常采用先纵后横的实施方法，也就是先确定等级，再分类别，分类和分等同时进行。

(3) 品位分类强调人员的综合管理能力。相对于工作职位分类而言，品位分类注重"通才"，不注重某一方面的特殊知识和技能，公职人员的调动、交流、晋升，受所学专业及以往工作性质的限制较少。

(4) 官等和等级职位可以分离。在品位分类规则中，官等是任职者的固有身份，可以随人走，官等和所在职位不强求一致。薪酬取决于其官等而非其所从事的工作。

(5) 职类的划分较为简单。品位分类对公务职位的分类以职务划分的形式表现出来。职位与职务的意义不尽相同，职位指某一工作人员所担任的工作与责任，并且工作与责任的内容较为明确、具体；职务却是指某人获得的某种名称，如处长、科长、科员等。职务的工作与责任内容较为广泛。例如，在政府的各个部门中，担任同一职务的人可能很多，但每个人的工作与责任却会有较大的差别。又比如，在一个机关内部可能有数百个职位，但是，职务数却远不如职位数多。所以总体来说，以品位分类为基础建立起来的人事框架结构较为简单。

品位分类一般盛行于等级观念较浓的国家。

3. 品位分类管理的优缺点

1) 品位分类管理的优点

(1) 品位分类的人员分类线条粗犷，结构富有弹性，适应性强，应用范围广，便于人事机构调整公务员的职务。由于官阶与职务分离，使公务员不会因职位调动而引起地位、待遇的变化，从而免除了公务员因职务变动所带来的不安全感，有利于个人的全面发展和人才流动。

(2) 品位分类强调工作人员的个人条件(如学历、资历等)，有利于吸收高学历、经验丰富的人员进入公共部门。

(3) 注重综合管理能力，有利于领导人才的培养。

(4) 官职和具体工作职位相对分离，使任职者不致因工作职位变动而引起地位和待遇变化，有利于公职人员队伍的稳定。

(5) 注重学历背景，有利于吸引高学历的优秀人才；强调教育水平，有利于吸收教育程度高的优秀人才；提高公务员队伍的整体素质，有利于提高全社会对教育的重视程度。

2) 品位分类管理的缺点

(1) 由于是以"人"而非以"事"为中心，容易出现因人设岗、机构臃肿、职责不清、人浮于事的局面。

(2) 在管理中主观随意性较大，没有系统、规范的要求，不利于严格的科学管理和人才在专业领域内的发展。

(3) 过分重视学历、资历等因素，限制了学历低、能力强的人的发展。

(4) 轻视专业人才的选拔与培养，不利于业务类工作效率的提高。

(5) 以官阶定待遇，导致同工不同酬，不利于对公职人员的激励。

(6) 在民主与法制不健全的情况下，用人问题上的腐败难以解决。

### (四) 职位分类管理

#### 1. 职位分类的含义

职位分类(position classification)又称"职务分类"或"职务分级"，其基本含义是指在工作分析的基础上，将适合职位分类的公务员职位，按工作性质、责任轻重、难易程度和所需资格条件，分成若干不同的类别和等级，从而对组织职位进行分类管理的过程。也就是说，以工作的类型和所要求的职责水平为基础，将所有相似的职位集中于同一模式或类别之内。可以看出，职位分类的前提是工作分析，假定每一职位都能在组织分类体系中得到合理的安置。

职位分类始于美国，是以美国为代表的许多国家普遍采用的一种人员分类制度。美国1883年通过了彭德尔顿法，开始正式推行文官考试制度，并将政府的工作人员划分为两大类：一类为事务人员，一类为政务人员。这一改革为职位分类奠定了基础。1896年，联邦文官事务委员会明确提出，应以公职人员的职务和职责作为职位分类的依据，并于1903年建议政府机关正式推行职位分类原则。1905年，时任总统罗斯福设立"部务规程委员会"，开始进行有关分类和工作评价的研究。1911年，芝加哥市首先制定了《职位分类法》，并于1912年推行了这一制度。在以后的二十多年里，许多州和地方政府都先后实行了职位分类制度。1923年，美国国会正式通过了美国第一个《联邦政府职位分类法案》。此后，职位分类制在美国成为定制，具有法定的意义。由于这一分类方法所具有的科学、规范、高效的特点，近些年来，这一分类方法已被越来越多的国家采用。

#### 2. 职位分类管理的特征

(1) 规范化的系统分类。职位分类有一套严格的程序。它从职位调查入手，对适用职位分类的每一职位进行详细调查，了解其工作性质、任务、责任等，在此基础上对职位进行分级、分等和分类，制定出各种相关的规范性文件，如职位说明书、职系说明书、职级规范、职等标准等，准确说明每一类别、等级职位的名称、定义、工作内容、责任、任职资格条件、待遇等，将职位分类的结果以法规的形式制度化，作为实际人事工作的依据。

(2) 以"事"为中心的分类体系。职位分类以事为标准,事在人先,以事择人。这种分类首先重视职位工作的性质、责任大小、繁简难易程度,其次才是人所具备的资格条件。

(3) 分类方式先横后纵。职位分类先进行横向的职系、职组、职门区分,然后依工作的难易、繁简和责任大小的程度提取纵向等级。

(4) 注重人员的专业知识和技能。职位分类注重"专才"人员的任职调动、交流和晋升,一般在同一职系至多在同一职组范围内进行,跨职系、跨行业的流动和升迁极少。

(5) 职等与官等合一。职位分类中没有官、职分离的现象,这是因为在这种分类结构中不存在独立的官等结构。职位分类中的职等就是官等。而划分职等的依据是职位的工作性质、责任大小、难易程度和所需的资格条件,对事不对人,与公职人员个人所具有的资格条件没有直接的关系。无论公职人员个人具有什么样的资格条件,一律以他任职的等级作为"官等"。因此,尽管公职人员的资格具有永久的个人属性,但其"官等"却不具有永久的个人属性,它随职位的变动而变化。

(6) 官等和职能相重合。在职位分类中,官等与职位相连,不随人走,严格实行以职位定薪酬的规则,追求同工同酬。职位变动后,官等薪酬取决于新职位的工作性质。

(7) 实行严格的功绩制。在职位分类制度中,功绩制是人员升迁和薪酬增加的唯一标准。例如,美国一般职务类人员薪酬的增加有两种方式:一是工作年限增长自动提升等级,表现突出奖励提升一级;二是职务提升,薪酬相应提高,并且规定,一个人每年只能提一级,并且必须有几个人同时竞争,才能最终选出一人提升。

3. 职位分类管理的优缺点

1) 职位分类管理的优点

(1) 因事设人有利于获得职位的最佳人选。职位分类以确定的职务内容、责任和困难程度为中心制定职业规范,这就使人员选录有的放矢,有利于公共部门获得适合的人选,并避免了滥竽充数现象的发生。

(2) 可以使考试和考核的标准更加客观。在职位分类下,对公务员的考核是对其履行职务的情况进行评定,职级规范中各项目为测量任职人员的业绩提供了尺度;在业绩考核的基础上,人员的升调晋级也可以变得较为合理。此外,职位分类使得升迁、调迁路线的选择十分方便。

(3) 有利于公平合理的酬劳制度的建立。职位分类对每项工作的责任和困难程度进行了分析,为建立同工同酬的工资制度提供了基础。

(4) 可以做到职责分明,减少不必要的推诿纠纷,解决机构重叠、层次过多、授权不清、人浮于事等问题,提高组织机构的运行效率。

(5) 有助于预算管理。职位分类有整齐划一的职级名称,这就使得预算编制时能够进行合理归类,使款项数目计算简单化,编制预算精确而简明。

2) 职位分类管理的缺点

(1) 在适用范围上，职位分类比较适合专业性较强的工作和职位，而对于高级行政职位、临时性职位、通用性较强的职位不太适用。

(2) 职位分类强调以事为中心，规定了每个职位的工作数量、质量、责任，使个人的积极性不容易得到充分发挥。同时，职位分类严格规定了人员的升迁调转途径，妨碍了人员的全面发展和人才的充分流动。

(3) 职位分类的实施程序非常繁琐复杂，需要动用大量的人力、物力，需要有专门知识的专家参与，与品位分类相比，职位分类显得费时费力，而且成本高。

(4) 职位分类存在着误差问题。许多国家的研究表明，职位分类的误差率为6%～15%，职位分类不正确会造成人力与钱财的浪费。

## 四、公共部门人力资源招募与甄选

### (一) 招募与甄选的意义

人力资源招募与甄选是一个十分复杂的过程，其中每一步都需要事先详细规划。对于任何一个组织来说，这一过程在人力资源管理中都有着重要的意义。对公共部门而言，招募与甄选的意义表现在以下几个方面。

1. 招募与甄选是确保公共部门吸收高素质员工的基础

招募与甄选本身就是一个层层考核、层层筛选的过程，每一步都有明确的评价标准，依据这些标准进行选择，最后被录用的人员都是符合组织要求的，他们的知识结构和技能水平都是组织需要的。因此，招募可以基本保证公共部门人力资源的素质水准。

2. 招募与甄选是公共部门人员需求的保障渠道

任何组织在其发展的各个阶段需要不同层次、不同背景的人才，公共部门也不例外。作为代表政府为公众服务的组织机构，公共部门的发展更应先行于其他组织，对人力资源的需求也更为迫切。

3. 成功的招募与甄选帮助公共部门更有效率地达成目标

任何组织都需要高素质的员工和科学合理的人事安排，而且对于一个组织来说，员工素质往往是影响组织运作成败的关键因素。因为，随着市场竞争日益激烈和知识经济的发展，开发物质资源带来的边际利润已十分有限，开发利用人力资源却有着巨大的潜力。公共部门若能在招募与甄选过程中找到并且留住高素质的人员，就能够有效提高公共部门的办事水平和办事效率，有效实现工作目标。

4. 招募与甄选使公共部门保持活力和树立良好形象

公共部门在吸收外部人员时可以借助他们的信息和技能为组织的发展提供帮助，提供新思想，改进组织运作方式。借助招募与甄选还可以树立公共部门的良好形象。招募与甄选活动实际上是组织对外宣传自己，树立自身形象的过程。在招聘与甄选过程中可以让公众更好地了解公共部门的作用，精心策划并且周密组织的招聘活动可以提高公共部门在公众心目中的形象。

### (二) 招募与甄选的原则

#### 1. 符合国家法律法规原则

组织的任何活动都应该遵循国家法律、法规和各项规章制度，招募与甄选也不例外。《中华人民共和国劳动法》中对组织进行人员招募甄选作出了明确规定，包括在人员录用时必须男女平等，不得有歧视；不得歧视不同种族、民族或者宗教信仰的人；禁止用人单位招用未满16周岁的未成年人等。这些都是组织在人员招募与甄选过程中应当遵循的基本原则。公共部门在招聘过程中应该遵守国家相关法律的规定。

#### 2. 公开招聘原则

公开招聘就是要求组织将所要招聘的职位、需要的人数、工作范围和职责、对人员的要求、工作地点等详细信息通过各种媒介告知公众。这样的方式首先有利于促进竞争，吸引更多的人才前来应聘，使组织能够发现更多优秀人才；其次，使得招聘过程受到外部监督，确保了公开招聘的公平性。

#### 3. 公平竞争原则

公平竞争原则是组织进行人员招募甄选时的一个重要原则，它要求招聘方本着一视同仁的态度，而不是人为地设置一些没有理由的门槛将应聘者拒之门外，更要杜绝"走后门"这类扰乱招聘秩序的腐败现象。不公平的竞争会挫伤那些因为不平等的待遇而出局的人才的积极性，不仅使公共部门失去优秀人才，还有损公共部门的公正形象。

#### 4. 按需所求原则

按需所求指的是用人单位应根据组织工作需要，确定某个岗位的工作职位后，再挑选符合岗位要求的人员。与之相反的是因人设事，是指为了安排某个人员而设置岗位的做法，这种做法没有从实际工作的角度出发，往往造成人员冗余、组织资源浪费、组织利益受损等。只有按需所求才能提高人员的使用效率，使公共部门更加有效地运作。

#### 5. 全面考量原则

全面考量是指对应聘者的德、智、体各个方面进行综合考量。如果应聘者缺乏团队精神，甚至很难与人相处，就不能满足组织长期发展的需要。因此，全面考量应聘者的综合素质成了招募与甄选人员的重要原则之一。

### (三) 招募与甄选的主要步骤

人员的招募与甄选是一个完整连续的程序化操作过程，这一过程的每一个步骤都是为了确保人员招募与甄选的质量，从而使组织录用到合适的人才。人员招募与甄选程序包括以下几个步骤。

### 1. 人员的计划与预测

人员的计划与预测指的是对人员的需求与供给作出预测，通常包括三个方面：人员需求预测、外部候选人供给预测和内部候选人供给预测。对内外部候选人供给分别作出预测是因为内外部组织的人事政策不同，对人员的需求比例存在差异。

### 2. 招募与甄选前的准备

招募与甄选前的准备工作可概括为调查和分析，确定组织需要的人力资源应具备的职业技能、个性条件及心理素质，如分析职务性质、所需人员标准等。根据调查、分析并结合现有的资源，确定最为合适的人员招募与甄选方案。

### 3. 候选人的招募

公共部门人员的招募主要分为内部招募和外部招募。内部招募是指当组织中出现职位空缺时，公共部门的人事管理部门首先倾向于积极地从组织内部寻找、挑选合适的公职人员。外部招募是指根据一定的原则和程序，从组织外部招募符合空缺职位要求的公职人员。通常候选人的来源有以下几个渠道：组织内部的推荐、布告、广告、就业服务机构、校园招聘、推荐等。

### 4. 人员的甄选

人员的甄选工作一般由人力资源部门和用人部门的人员所组成的甄选小组共同完成。首先，对初选入围的人员进行各类测试，如笔试、心理测试和面试进一步了解求职者。其次，对甄选合格的人员进行背景调查，排除求职者提供的虚假信息，确保组织招募到优秀的员工。最后，对拟录用的人员进行身体检查，确保求职者的身体条件能够胜任所申请的工作。

### 5. 发出通知

根据甄选得出的结果作出录用决策，向决定录用的求职者发出正式通知。同时，也应当向未被录用的求职者致信表示歉意。

## 五、公共部门人力资源开发与培训

### (一) 公共部门人力资源开发与培训的内涵

广义的公共部门人力资源开发的主要形式是教育。狭义的公共部门人力资源开发指的是员工培训，它是广义人力资源开发的一种重要形式，是组织为开展业务教育及培育人才的需要，采用各种方式对员工进行有目的、有计划的培养和训练的管理活动，其目标是使员工不断更新知识、开拓技能、改进员工的动机、态度和行为，使其适应新的要求，更好地胜任现职工作或负担更高级别的职务，从而促进公共组织效率的提高和公共组织目标的实现。

综上所述，人力资源开发与培训应包括培训、教育和开发三种类型，知识、技能、能力和态度4项内容。因此，公共部门人力资源的开发与培训，是指为了促进公共部门组织目标的实现，根据组织实际工作情况和员工发展需要，公共部门通过有计划的培训、教育和开发活动，提高员工的知识、技能和能力水平，改善员工的态度，以提高其工作效率，促进组织的发展和员工的成长的活动。

### (二) 公共部门人力资源开发与培训的原则

#### 1. 计划性

根据经济社会发展的客观需要，公共部门要有计划地进行人员培训与教育，避免主观随意性和盲目性。培训的内容必须根据社会发展的需要，有针对性地确定。国家行政机关的每个职位都是根据工作需要而设置的，每个职位在任务、职权、责任方面都有一定的要求。公务员的职位还要定期进行交流和轮换，只有按照职位的要求对公务员进行有针对性的培训，才能保证他们出色地完成所担负的工作。

#### 2. 理论联系实际

理论联系实际就是培训应从实际工作需要出发，与职位特点紧密结合，与培训对象的年龄、知识结构、能力结构、思想状况紧密结合，避免培训与实际脱节。

#### 3. 学以致用

学以致用既是培训的目标，也是培训的方法。它要求培训内容与培训目的相一致，把培训与培训后的工作及使用统一起来。培训是为了更好地开发员工的潜能，提高员工的政治思想水平与解决实际问题的业务能力，提高工作效率。因此，培训必须坚持学以致用、学用一致的原则；否则，不仅会造成人力、物力、财力的浪费，也失去了培训的意义。

坚持学以致用原则应注意以下三点：一是按要求选拔真正需要培训的对象，不能把学习当成应付差事或当成解决文凭的手段；二是培训内容必须有针对性，要根据公务员制度的特点，区别不同的培训对象，确定不同的培训内容；三是根据公职人员培训的成绩决定使用情况。具体来讲，培训为进入职位、转换职位提供保障；培训和晋升结合；培训与奖励结合；在培训过程中发现人才，挖掘人才潜力，为进一步使用人才提供意见；在实践中发现潜在的人才，通过培训提高其技能，以便更好地使用。学用一致也是各国公职人员培训中都十分注重的原则。

#### 4. 按需施教

按需施教是指根据不同时期社会经济发展的需要，结合各职位的要求决定培训内容。坚持按需施教原则应注意以下4点：一是有的放矢，即要从受训员工的实际需要出发，有针对性地授之以所需的知识和技能；二是具有灵活性，培训内容要根据社会发展、组织发展以及个体发展的需要，不断充实、更新、加深和拓宽，培训方案不必追求整齐划一；三是具有层次性，即根据不同职位层级进行分级分类培训；四是前瞻性，不仅要满足当前工作的需要，还要对未来发展的实际需要有预见性，提高员工对现实和未来的适应性，提高工作效率。

### 5.讲求实效

讲求实效主要是针对公职人员培训的实际效果而言的，它关系到培训的声誉。这就要求培训注重实际效果，保证培训质量，制订全面周密的培训计划，采用灵活多样的培训方法，选择切合实际的培训内容，把公职人员在培训期间的学习成绩和鉴定作为其任职和晋升职务的依据之一，确保培训收到应有的效果。从国外的公务员培训来看，他们非常注重公务员培训的实际效果。例如，美国的各种培训机构都有一个培训成本分析模式，供各机关计算培训成本，只有在全部培训成本、培训预期成效、对机关的价值，以及班次开设、课程安排、时间长短等方面符合机关的需要时，各机关才可能派公务员参加培训。

计划性、理论联系实际、学以致用、按需施教、讲求实效几项原则是互相联系、相辅相成的统一体。只有遵循计划性的原则，才能保证培训顺利进行；只有坚持理论联系实际这一原则，才能保证公职人员培训健康发展；只有贯彻学以致用、按需施教、讲求实效的培训原则，才能克服学用脱节、不从实际出发、不讲实效、追求形式等弊端。

### (三) 公共部门人力资源开发与培训的组织机构

公共部门人力资源开发与培训的组织机构包括培训的主管机构和培训的教育机构。前者是指主管国家公务员培训工作、专业技术人员继续教育的行政领导机构，其职责包括制定培训教育的有关法规、政策、计划，统筹安排培训教育工作；后者是指承担实施国家公职人员各项培训教育任务的各种教学机构，其职责包括为培训教育提供场所、师资，按预定计划完成培训教育任务。它们共同组成一个有机的整体，是国家公务员培训制度、专业技术人员继续教育得以贯彻实施的具体保障。

#### 1.培训的主管机构

公务员培训的主管机构是管理公务员培训的综合机构，其基本职责包括以下内容：制定培训法规、政策、标准、规划；在公务员培训过程中进行宏观协调和政策解释；按照分类分级管理的原则，对培训教育机构进行指导和管理等。

#### 2.培训的教育机构

公务员培训的教育机构是承担公务员培训任务的场所。凡实行公务员制度的国家，都特别重视在全国建立公务员培训网络。

中国公务员的培训机构有三种：一是国家行政学院和地方行政学院(主要设置综合性、基础性、通用性课程)。国家行政学院是最具权威的公务员培训院校，主要承担高级、中级公务员以及国务院各部门初级公务员的培训。地方行政学院是由地方政府建立的承担本地区中级、初级国家公务员培训的基地，由同级人民政府直接领导，业务上接受同级人民政府人事部门的指导。二是管理干部院校。管理干部院校是经国家人事部门审批，国务院各部委和直属机构的管理干部院校，主要承担本部门或者本系统国家公务员的专门业务培训任务。此外，还有地方各级各类管理干部院校。三是其他培训机构。

其他具有相应资格的培训机构，经国务院人事部门和省级政府审定，普通高等院校、科研院所等，可以根据自己的实际情况承担部分公务员的专业培训和更新知识技能的培训。

### (四) 公共部门人力资源开发与培训的类型

由于培训对象、内容、条件、形式、目的等各不相同，在实践中形成了各不相同的公共部门人力资源培训种类。以是否在职为标准将培训分为在职培训(在岗培训、不脱产培训)和脱产学习：在职培训是在不脱离工作岗位的情况下进行的培训；而脱产培训是指职业外的培训。根据培训的目的，将培训分为观念转变培训、专项技术培训、管理技能培训等。根据培训层次，将培训分为高级、中级和初级培训。根据受训人员的不同将培训分为管理人员培训、专业技术人员培训和操作人员培训等。根据职业生涯发展阶段的不同，将培训分为新员工入门培训或职前培训、调任培训、晋升培训和退休培训等。

从世界范围看，各国都十分重视对公务员实行规范化、制度化的培训，并将其纳入公务员的管理体系中。培训的内容主要是在职工作需要的专业知识和能力，而不是普通学校的一般课程，并且随着科学技术的发展和行政管理职能的变化，培训内容不断更新。例如，美国的公务员培训课程分为三类：任前培训、任职期间培训、高级文官培训，允许在职文官报考学校。日本的公务员培训分为两类：一是初任进修，二是职后研修。法国的公务员培训主要有4种：初级培训、考前培训、适应性培训、深造培训。

中国公务员培训的种类主要有4种：初任培训、任职培训、专门业务培训和更新知识培训。

#### 1. 初任培训

初任培训也称为入门培训、职前培训等，是指国家行政机关对新录用担任主任科员以下非领导职务的公务员，在正式上岗前所进行的理论和实践教育培训。它是被录用后试用期内的必经环节，培训时间一般不少于10天。初任培训一般采取两种方式：一是工作实习，让新录用人员在有经验的公务员指导下，直接参加实际的行政工作；二是集中培训，由各行政部门组织培训班进行集训，或者将培训对象送往专门培训基地接受培训。初任培训的目的在于帮助新录用人员了解党和国家的方针、政策，了解政府机关的工作性质、运行特点、基本程序和一般方法，明确自己的工作内容和职责范围，初步掌握拟从事工作所需要的基本知识。

#### 2. 任职培训

任职培训也称为资历培训、晋升培训等，是指国家行政机关对晋升领导职务的国家公务员，按照拟任职务的相应要求所实施的培训。任职培训一般在到职前进行，是晋升的基本依据，时间一般不少于30天。特殊情况下，经任免机关批准，也可先到职后培训，但培训必须在到职后的一年内完成。

任职培训对象主要包括两类人员：一是行政机关以外调入国家行政机关担任领导职务的国家公务员；二是在行政机关内晋升一定层次领导职务的在职公务员。任职培训的目的在于提高拟晋升公务员的政策水平、行政领导能力和组织管理能力，增加、补充拟晋升职位必要的知识和技能等，为其胜任即将担任的职务做好充分的准备。

国外多实行任职培训制度，并将任职培训同职位晋升结合在一起。比如，日本规定对晋升职务的国家公务员必须进行培训；德国的任职培训随着晋升考试而结束，不及格者不能晋升职务。

### 3. 专门业务培训

专门业务培训是指国家行政机关为国家公务员在从事某项专门性的业务工作或临时性业务工作之前所进行的专门知识和技能的培训。专门业务培训的时间和方式具有较强的灵活性，应视具体需要而定。专门业务培训的目的是使公务员掌握专业工作所要求的特殊知识、技能和注意事项等。例如，中国建立和实行的向企业派出特派稽查员制度，担任特派稽查员的公务员就要首先接受财务、审计等方面的特殊专业知识和技能的培训。

### 4. 更新知识的培训

更新知识的培训是指国家行政机关有计划地对在职的国家公务员所进行的旨在增加、补充、拓宽其知识面的培训。根据有关规定，中国国家公务员每人每年参加的更新知识培训的时间一般不少于7天，培训期间享受国家公务员的各种待遇。培训的形式多种多样，既可将国家公务员派往各级行政学院接受正规培训，也可委托各高等院校或者专门教育机构进行培训。目前，中国公务员更新知识培训的内容主要包括三个方面：综合性的知识、专门性的知识和特殊性的知识等。进行更新知识培训的目的在于，通过对全体在职国家公务员进行分期分批的有计划培训，使其不断更新知识，学习和掌握新技能，从而适应不同职位的要求和经济社会发展的需要。

## (五) 公共部门人力资源开发与培训的内容

### 1. 政治理论学习

这是由中国国情决定的。中国是一个社会主义国家，公务员制度是建立在社会主义制度基础之上的，具有鲜明的政治性和阶级性，不实行也不可能实行西方所谓的"文官中立"制度。公务员必须接受中国共产党的领导，坚持党的基本路线，在政治上同党中央保持一致，积极参加政治活动。因此，公务员必须学习马克思主义基本理论，学习党的路线、方针、政策，用马克思主义的立场、观点分析问题、解决问题，通过培训树立起为社会主义服务、为人民服务的思想。

### 2. 公务员的职业道德培训

培养公务员的职业道德和行为规范，主要包括忠于国家、忠于职守、严守国家机密，不得从事与本部门业务有关的营利活动等，同时要强化公务员的主体意识，树立法治观念，使其有正确的价值导向，形成乐观向上的积极心态，树立稳定、健康、和谐的行政心理，进一步提高行政能力。

### 3. 以公共管理知识教育为主

要通过理论知识的学习和管理活动的实践开拓公务员的视野，在理论和实践上培养领导下属、运筹决策、协调冲突、融洽关系的能力；努力培养公务员以提高行政效率为目标的行政管理创新的个体能力和实现行政知识共享的团队精神。

面对改革开放的新形势和新的社会需求，必须加强对政策科学的学习和研究，培养精通政策科学的专门人才，提高领导干部制定政策和执行政策的水平。只有这样，公务员才能有效运用政策工具进一步推进和深化改革开放和现代化建设进程。政策训练课程主要涉及的是国家的战略目标和政策问题的讨论，课程的基础知识涉及经济学、公共政策、管理学和组织行为学等。它们构成了公务员政策训练课程的核心。

### 4. 提供应用现代技术的技能培训

随着大数据、人工智能等现代技术在公共管理中的应用，公务员必须努力学习和应用现代管理技术和方法，变革传统的观念和工作方式，使工作手段智能化，从而提高自己的实际工作能力和行政技能，为实现科学的公共管理奠定坚实可靠的物质基础。

### 5. 加强专业知识培训

专业知识培训主要是与公务员工作密切相关的专业理论、专业技术知识和专业操作知识的训练，其目的在于提高公务员的知识素养和行政效率。公务员应全面掌握与自己专业相关的理论知识、技术知识和操作知识，不同职位和级别的公务员对专业知识的需求和培训也各有侧重。因此，专业知识培训必须有的放矢地进行。

## 六、公共部门人力资源绩效管理

### (一) 绩效管理的含义和内容

#### 1. 绩效管理的含义

绩效管理是指通过持续开放的沟通，组织的管理者和员工共同形成组织目标及所要求的工作绩效，推动组织和个人作出有效的行为以保证其实现的过程。

#### 2. 绩效管理的内容

绩效管理是一个完整的系统，包括以下几个环节。

(1) 绩效计划。绩效计划是整个绩效管理体系中最重要的环节。在这一环节，管理人员与员工在平等沟通交流的基础上，就下一年的工作目标、绩效要求等一系列问题进行探讨并达成共识。以往，许多人认为绩效管理体系中最重要的环节在于绩效评估，实则不然，制订绩效计划才是最重要的。因为，只有明确计划和目标，组织和员工的行为才能有方向；只有明确要求，才能知道实际与标准之间的差距。所以，没有计划的绩效评估仅仅是在绩效完成后进行的评价和总结，这对提升绩效是没有意义的。

(2) 绩效沟通。绩效沟通是绩效管理体系的灵魂与核心。这一环节要求管理者与员工双方在绩效计划实施的全部过程中保持动态、持续的联系，评估者要全程追踪绩效管理进展情况，及时发现和解决问题。

(3) 绩效评估。绩效评估在整个绩效管理活动中所占比重最大。人们对绩效评估的关注由来已久，但纳入绩效管理体系的绩效评估与以往最大的不同在于思想和观念的转变。在绩效管理中，评估应该在融洽和谐的气氛中进行，管理者不再是权利和级别的象征，而是帮助员工成长的伙伴，评估也不必对数字斤斤计较，因为真正有助于提高绩效的不是绩效评估本身，而是绩效管理过程中沟通的质量和水平。

(4) 绩效诊断与反馈。没有诊断和反馈环节的绩效管理是没有意义的。组织只有在发现问题并解决问题的过程中才能不断进步。这一环节就是通过对评估结果的沟通交流找到影响绩效的原因，并提出改进意见。

(5) 绩效再计划。完成了上述环节之后，绩效管理的一轮工作就结束了，但绩效管理没有所谓的时间界限，它是一个循环往复的过程。可以看到，绩效管理特别强调员工的参与，以及评估各方持续动态的沟通。绩效管理的实质就在于通过持续动态的沟通，评估者与被评估者之间达到真正坦诚相待，确立统一的目标，在实现组织绩效目标的同时促进员工发展。追求双赢或共赢的管理理念正得到越来越多的认同，而人力资源的绩效管理正是一个力图实现组织、管理者与普通员工共赢的过程。

## (二) 绩效管理的目的

### 1. 确保公平

在员工看来，管理的关键问题就是公正性问题。而绩效管理可以促进公正、公平的人才竞争机制形成，公平分配诸如工资和晋升这样的组织奖励，实现合理使用人才，适人适所，同工同酬。在绩效管理中，从设定目标之初，到具体的实施过程，再到评估结果的反馈，这一系列程序中都在努力保证员工能够充分自由地表达意见和见解。当个人目标与组织目标发生冲突时，绩效管理可以保证员工能够提出问题并能得到合理解释的权利，评估双方能够进行坦诚的沟通，以达成共识。

### 2. 创造激励

有效的绩效管理可以创造一个优胜劣汰的组织环境，打破员工维持现状、不求进取的心理和组织缺乏活力的状态，为员工的行为提供测量标准，从而起到激励、鞭策员工，强化员工责任感的作用，为组织创造竞争和激励的措施，使组织充满生机和活力。

### 3. 加强沟通

在现代组织中，沟通日益重要。一个高绩效的团队离不开有效的沟通，再完美的管理制度都无法弥补管理层和员工因缺乏沟通而带来的消极影响。良好的沟通能够及时排除障碍，最大限度地提高效率。绩效管理能够很好地满足组织对沟通的需求。绩效管理过程包含管理层与员工就绩效目标的设定、执行、评估到评估结果的反馈等一系列环节所进行的经常性沟通，可以说，绩效管理过程就是一个管理层与员工之间沟通的过程。

通过沟通，员工的目标和组织的目标得以达成一致并不断强化，为员工提供反馈信息，引导员工了解自我，不断自我改善。

### 4. 提供改进信息

绩效管理为人力资源管理者改进管理行为提供信息。如果绩效结果不令人满意，绩效管理提供的信息可以帮助组织从工作分析、员工选拔或者晋升标准等方面找到存在的缺陷，从而改进整个组织的绩效。

### (三) 绩效管理的意义

公共部门人力资源绩效管理是公共部门人力资源管理的重要环节，它不仅有助于明确责任，增强学习和合作，提高员工的绩效水平，还有助于增强公共部门的后续能力，提高公共管理整体绩效。绩效管理对于公共部门有着重要的意义，具体体现在以下几个方面。

#### 1. 完善公共部门人力资源管理制度

绩效管理是建立和完善科学化、规范化的人力资源管理不可缺少的手段。它能够为员工发展提供一个公平的组织环境，也有助于防止人力资源管理流于形式。如果没有绩效管理，公共部门员工工作的量与质就很难测量。绩效管理可以使员工认识到自己的努力程度与个人的发展息息相关，从而充分调动其积极性。同时，绩效管理还可以打破员工维持现状、不求进取的心理和组织缺乏活力的状态。

#### 2. 为组织战略提供支持

绩效管理能够在员工职业生涯的早期就对其进行远景规划，使员工个人的期望、职业发展目标与组织的战略和目标达成一致，并开发、释放员工的内在能力，以使员工在实现自身价值的同时，为组织战略目标的实现提供支持。

#### 3. 为合理使用人才提供途径

绩效管理可以帮助组织发现和了解员工素质的优劣、能力的大小，从中发现和鉴别工作成绩突出的员工，判断他们是否具备担任高一级领导职务的条件，进而为组织根据员工的特长合理、有效地选拔和使用人才奠定基础。

#### 4. 为公众依法监督公职人员行为提供手段

以往的人力资源管理只重视组织内部成员对员工的评估，认为对员工进行评价是组织内部的事情，与组织外部没有关系。现代绩效管理强调了组织外部成员对员工绩效的评价，使公众和第三方能够据此监督公职人员的工作作风与工作效率，促使政府依法行政，克服官僚主义，提高服务质量。

同任何其他管理机制一样，绩效管理并不是万能的。近年来，为了更加科学、有效、客观、公正地进行人力资源管理，各类组织都对绩效管理进行了诸多艰难的探索。然而，由于绩效管理的多因、多维、动态等特点，绩效管理总是难以取得令人满意的效果。公共部门应该正确地认识这种情况，既不能完全否认绩效管理的价值，又不能不切实际地认为只要实施绩效管理，员工和组织的绩效就会自然而然地提升。

### (四) 改善绩效管理的措施

实施绩效考核、关注绩效管理的改进，是公共部门不断自我提升和实现战略目标的重要保证。改善绩效管理可以采取以下措施。

#### 1. 宣传和渗透绩效管理理念

加强宣传，提高认识，让全社会尤其是公共部门充分认识到绩效评估的重要意义和作用，改变对绩效评估的消极、抵触态度。实施绩效管理的唯一目的是帮助个人和组织提高绩效，它是管理者与员工之间的真诚合作，是为了更及时有效地解决问题，而不是为了批评和指责员工。

#### 2. 绩效管理立法

制度化是当前国际上绩效管理的趋势。立法可以保证绩效评估走上制度化、规范化和经常化，立法可以在法律上确定绩效管理的地位，保证其作为管理的基本环节受到重视。在法律上树立绩效管理的权威，保证绩效评估机构在公共部门中应该具有的地位，享有调查、评估的权利，不受任何行政、组织或个人的干扰。为绩效管理立法可以保证绩效管理活动有法可依、有章可循。

#### 3. 引进公民参与机制

社会公众作为政府机关的服务对象，所作的评估具有很强的说服力。因此，改进政府部门绩效管理可以采取社会公众参与的办法。

#### 4. 营造现代公共部门管理文化

公共部门管理文化可以看作公共部门形成的管理思想、群体意识和行为规范，它是公共部门潜在的无形资产和精神财富。现代公共部门树立以人为本的公共部门管理文化，建立透明、高效、公正、廉洁的公共部门，不仅有利于推动绩效管理，也有利于公共组织的长远发展。

# 第三节　公共部门人力资源管理环境

公共部门人力资源管理环境，是指直接或间接地影响或作用于公共部门人力资源管理系统及其管理行为的各种要素的总和。世间万物都不可能封闭、孤立地存在，都生存在特定的环境中，人力资源管理部门也不例外。因此，环境因素不仅对其管理行为有直接影响，还对公共部门人力资源管理过程产生影响。

## 一、公共部门人力资源管理系统

用开放系统的观点看，每个人力资源管理部门都是一个开放系统，与其所处的环境不断交换信息，从而有的放矢地投入公共部门人力资源，进而对经济社会实施管理和服务。从整体来看，公共部门人力资源管理与环境都是范围更广的系统中的分系统，即分别是其中的公共部门人力资源管理系统和环境系统。

公共部门人力资源管理系统与其所处环境之间存在相互作用、相互制约的关系模式。

公共部门人力资源管理环境决定和制约着公共部门人力资源管理系统及其活动。这种作用关系主要表现在三个方面：①公共部门人力资源管理环境影响管理系统目标的确定及目标的实现程度；②公共部门人力资源管理环境影响公共部门人力资源管理部门的组织结构；③公共部门人力资源管理环境决定或影响公共部门人力资源管理过程、行为和方法。

公共部门人力资源管理系统及其活动必须适应环境的变化，也就是适应环境提供的有利条件或不利条件，扬长避短，提高管理效率。同时，公共部门人力资源管理系统及其管理行为要随着环境而变化，调整目标、组织结构和行为方式，满足环境提出的不同要求。例如，在建立社会主义法治国家的前提下，公共部门人力资源管理系统必须适应这一要求，摒弃传统的"人治"的管理模式。

公共部门人力资源管理系统及其管理行为对其所处环境具有反作用。公共部门人力资源管理系统并非完全消极、被动地对环境作出反应，而是对环境具有反作用，其主要表现为两点：一是高效率的公共部门人力资源管理系统能够使公共部门获得高素质的人力资源，并不断开发出高素质的人力资源，对经济社会的发展产生促进作用；二是如果公共部门人力资源管理不善，无法调动人员的积极性，或者是优秀人才短缺或大量流失，就会阻碍经济社会发展，损坏公共部门的形象，甚至会给政府带来负面影响。

## 二、公共部门人力资源管理环境影响因素

影响公共部门人力资源管理的环境因素可以划分为外部环境因素和内部环境因素。作为公共行政管理的一个特定子系统，环境因素的构成极其广泛而复杂。在众多环境因素中，有的直接影响和制约公共部门人力资源管理的过程与结果，有的间接对公共部门人力资源管理产生作用。

### (一) 公共部门人力资源管理的外部环境因素

#### 1. 人口环境

人口环境即一个国家或地区可以向公共部门提供的人力资源的性质、数量、质量、分布、结构、年龄、性别等。高质量的人口环境是获得高素质公共部门人力资源的基础。

#### 2. 教育环境

教育环境即一个国家或地区对教育的重视程度和公民的平均文化水平，以及教育制度的完善程度和专业化程度。这个环境因素对公共部门人力资源的来源和构成的影响十分明显。

### 3. 文化环境

文化环境即国家的社会历史背景、意识形态、价值观念、社会准则及其由此生成的人际关系、交往方式、理念的总和。它能够在两方面对公共部门人力资源管理产生影响。一方面，公共部门人力资源来自一定社会的文化环境中，所具有的价值观和行为准则促使公共部门人力资源管理选择特定的模式；另一方面，社会意识形态、价值观、领导方式会作用于公共部门人力资源管理的实践过程。公共部门人力资源管理作为一种行政行为，必然在特定的社会文化背景下生成、发展、成熟起来。

### 4. 科技环境

科技环境即科学技术的发展和创新水平，以及科学技术作为新的知识或技术手段被社会重视并广泛应用的程度。它关系到公共部门人力资源管理系统使用新的技术方法的可能性，也关系到公职人员接受新观念、新事物的能力。

### 5. 经济环境

经济环境即国家的经济制度、所有制形式、经济发展水平、国内生产总值、人均纯收入、外汇储备、国民生活水平、经济发展后劲等。这是公共部门人力资源开发的物质基础。

### 6. 社会环境

社会环境即国家的社会结构、社会制度、社会阶层的变化和发展，以及社会变迁和社会管理水平的明晰度等。它决定着公共部门人力资源管理的德才标准和开发目标。

此外，公共部门人力资源管理的外部环境因素还包括自然环境、政治环境等，这些外部环境因素只是公共部门人力资源管理系统的大环境，其中许多因素对公共部门人力资源管理并不直接产生影响，或者影响较小，人力资源管理部门通常不会对其影响作出直接反应。

## (二) 公共部门人力资源管理的内部环境因素

公共部门人力资源管理的内部环境是指直接影响和作用于公共部门人力资源管理系统及其行为的各种要素的总和。内部环境因素与公共部门人力资源管理的互动关系极为明显和重要。

### 1. 行政管理环境

行政管理环境即国家行政权力的性质、行政首长的权力、行政组织与其他政权组织的关系、行政权力的划分结构等。公共部门人力资源管理是公共管理系统中的一个子系统，与国家行政管理体制的关系极为密切。具体来说，行政管理体制对国家行政权力划分的原则和方式，决定了公共部门人力资源管理的体制及其管理权限的划分方式，决定了公职人员的培养、选拔和使用方式、可以说，行政管理环境是国家行政管理体制的表现形式之一。同时，人力资源管理部门通过选拔、使用、开发等一系列公共部门人力资源管理活动，高效地推动了行政管理体系的运行和经济社会的发展。

### 2. 人事制度改革环境

人事制度改革环境即人事制度改革的目标、取向、力度、认同、动力，尤其是此项改革对公共部门人力资源管理发挥积极作用的大小。人事制度改革与公共部门人力资源管理紧密相关，只有建立科学、合理的人事制度，才能加强和改善对公共部门人力资源的管理，提供公开、平等、竞争、择优的用人环境。科学、合理的人事制度必须经过大力推进才能建立健全。因此，应通过深化人事制度改革，建立能上能下、能进能出、有效激励、严格监督、竞争择优、充满活力的用人机制；完善公共部门人力资源管理统一领导、分级管理、有效调控的宏观管理体系；健全法规体系，实现公共部门人力资源管理的法治化；创造尊重知识、尊重人才、有利于优秀人才脱颖而出、健康成长的社会环境，实现公共部门人力资源的整体开发和合理配置。

### 3. 行政法治环境

行政法治环境即公共部门人力资源管理的立法、执法、守法、司法的水平和发展等情况。在公共部门人力资源管理过程中做到"有法可依、有法必依、执法必严、违法必究"，是规范管理公共部门人力资源的基本要求。

### 4. 部门文化环境

部门文化环境泛指一个单位、部门或组织内部形成的所有成员共同持有的一些与单位、部门或组织有关的价值观念和信念。公共部门人力资源管理部门的文化环境在很大程度上制约着公职人员的行为方式和态度，对公共部门人力资源管理的具体措施有重要影响。它决定着公职人员对公共部门人力资源管理法律、法规、政策、措施的态度与接受程度，也涉及此项管理的结果和效果。

## 三、公共部门人力资源管理环境的特点

(1) 复杂性。公共部门人力资源管理的环境因素极为广泛，既有物质的，也有精神的；既有有形的，也有无形的；既有外部的，也有内部的；既有直接的，也有间接的。

(2) 变化性。公共部门人力资源管理的环境因素总是随时间、地点及其他因素的变化而变化。

(3) 差异性。每个国家、地区、单位的人力资源管理环境不尽相同，有其自身的独特性。

(4) 综合性。公共部门人力资源管理环境的诸多因素之间相互联系、相互作用、相互制约，某一环境因素变化通常会引起一系列因素的变化。因此，公共部门人力资源管理实践及其管理系统的构成是多种环境因素综合作用的结果。

**阅读材料**

## 公务员公开遴选办法

(2013年1月24日中共中央组织部、人力资源社会保障部制定；2021年8月25日中共中央组织部修订；2021年9月17日发布)

**第一章　总　则**

第一条　为优化领导机关公务员队伍结构，建立健全来自基层的公务员培养选拔机制，规范公务员公开遴选工作，根据《中华人民共和国公务员法》和《公务员转任规定》等有关法律法规，制定本办法。

第二条　本办法所称公开遴选，是指市(地)级以上机关从下级机关公开择优选拔任用内设机构公务员。

公开遴选是公务员转任方式之一，应当突出工作需要，保持适度规模。

公开遴选中涉及领导职务和职级升降、领导职务和职级互相转任的，按照有关规定办理。

第三条　公开遴选坚持党管干部原则，突出政治标准，坚持德才兼备、以德为先、任人唯贤，坚持事业为上、人岗相适、人事相宜，坚持公道正派、注重实绩、群众公认，坚持依法依规办事。

第四条　公开遴选应当在规定的编制限额和职数内进行，并有相应的职位空缺。

第五条　公开遴选一般按照下列程序进行：

(一) 发布公告；

(二) 报名与资格审查；

(三) 考试；

(四) 考察；

(五) 决定与任职。

省级以上公务员主管部门可以根据需要对上述程序进行调整。

第六条　市(地)级以上公务员主管部门按照管理权限和职责分工负责公开遴选工作的综合管理。公开遴选机关按照公务员主管部门的要求，负责公开遴选有关工作。

公开遴选有关专业性、技术性、事务性工作，可以授权或者委托考试机构以及其他专业机构承担。

第七条　省级机关和市(地)级机关公开遴选，原则上面向本辖区内下级机关(含相应层级中央机关直属机构)公务员进行。因服务保障国家重大战略决策部署等需要面向本省(自治区、直辖市)以外进行的，省级公务员主管部门应当事先与中央公务员主管部门沟通。

省级公务员主管部门应当对本辖区内公开遴选工作进行统筹，合理确定时间和频次，一般应当集中开展。

**第二章　申报计划与发布公告**

第八条　公开遴选机关在进行公务员队伍结构和职位分析的基础上,根据工作需要,提出公开遴选职位及其资格条件,拟定公开遴选计划,报公务员主管部门审批。

第九条　组织公开遴选前,应当依据有关法律法规和政策规定,制定实施方案。

第十条　公开遴选应当面向社会发布公告。公告应当包括以下内容:

(一)公开遴选机关、职位、名额、职位简介和报考资格条件;

(二)公开遴选范围、程序、方式和相关要求;

(三)报名方式和需要提交的相关材料;

(四)考试科目、时间和地点;

(五)其他相关事项。

**第三章　报名与资格审查**

第十一条　公开遴选可由公务员本人申请并按照干部管理权限经组织审核同意后报名,也可征得本人同意后由组织推荐报名。

公务员所在机关党委(党组)或者公务员主管部门应当切实履行把关责任,充分考虑人选的政治素质、专业素养、工作实绩和一贯表现,对不符合报名资格条件的,不得同意或者推荐报名。

第十二条　报名参加公开遴选的公务员,应当具备下列资格条件:

(一)政治立场坚定、政治素质过硬,增强"四个意识"、坚定"四个自信"、做到"两个维护";

(二)具有良好的业务素质,品行端正,实绩突出,群众公认;

(三)一般应当具有2年以上基层工作经历;

(四)一般应当在本级机关工作2年以上,年度考核没有基本称职以下等次;

(五)具有公开遴选职位要求的工作能力和任职经历;

(六)报名参加中央机关、省级机关公开遴选的一般应当具有大学本科以上文化程度,报名参加市(地)级机关公开遴选的一般应当具有大学专科以上文化程度;

(七)具有正常履行职责的身体条件和心理素质;

(八)公务员主管部门规定的其他资格条件;

(九)法律法规规定的其他条件。

前款第(三)、(四)、(六)项所列条件,根据需要,经省级以上公务员主管部门批准,可以适当调整。

报考行政机关中行政处罚决定审核、行政复议、行政裁决、法律顾问等职位的,应当取得法律职业资格。

公务员主管部门和公开遴选机关不得设置与职位要求无关的报名资格条件。

第十三条　公务员有下列情形之一的,不得参加公开遴选:

(一)被开除中国共产党党籍的;

(二)被依法列为失信联合惩戒对象的;

(三) 涉嫌违纪违法正在接受有关专门机关审查调查尚未作出结论的;

(四) 受到诫勉、组织处理或者党纪政务处分等影响期未满或者期满影响使用的;

(五) 按照有关规定,到乡镇机关、艰苦边远地区以及定向单位工作未满最低服务年限或者对转任有其他限制性规定的;

(六) 尚在试用期或者提拔担任领导职务未满1年的;

(七) 法律法规规定的其他情形。

第十四条 报名人员不得报考任职后即构成公务员法第七十四条第一款所列情形的职位,也不得报考与本人有夫妻关系、直系血亲关系、三代以内旁系血亲关系以及近姻亲关系的人员担任领导成员的用人单位的职位。

第十五条 报名人员应当向公开遴选机关提交报名需要的相关材料,提交的材料应当真实、准确、完整。

公开遴选机关按照职位资格条件对报名人员提交的材料进行审查,确定报名人员是否具有报名资格。资格审查贯穿公开遴选全过程。

### 第四章 考 试

第十六条 考试一般采取笔试和面试等方式进行。考试内容根据不同职位类别、不同层级机关公务员应当具备的能力素质分别设置,重点测查用习近平新时代中国特色社会主义思想指导分析和解决问题的能力。

第十七条 面试人选根据笔试成绩由高到低的顺序确定。

第十八条 面试应当组成面试考官小组,其中公开遴选机关以外的考官应当占一定比例。面试考官应当公道正派,熟悉公开遴选职位相关业务,具有干部测评相关经验。

第十九条 公开遴选机关根据职位需要,经公务员主管部门同意,可以对报名人员进行职位业务水平测试、心理素质测评、体能测评等。

### 第五章 考 察

第二十条 公开遴选采取差额考察的办法,考察人数与计划遴选人数的比例一般不高于2∶1。考察对象根据考试成绩等确定。

第二十一条 公开遴选机关对考察对象的德、能、勤、绩、廉情况以及职位匹配度等进行全面考察,突出政治标准,深入考察政治忠诚、政治定力、政治担当、政治能力、政治自律等方面情况,重点考察政治理论学习情况、制度执行力、履职能力、工作实绩和群众公认程度,严把政治关、品行关、能力关、作风关、廉洁关,并据实形成书面考察材料。

第二十二条 考察可以采取个别谈话、民主测评、实地走访、同考察对象面谈等方法,根据需要还可进行专项调查、延伸考察等,充分听取考察对象所在单位有关领导、群众和组织(人事)部门、纪检监察机关、机关党组织的意见,并审核干部人事档案、查询社会信用记录,对反映问题线索具体、有可查性的信访举报进行核查。考察对象需要报告或者查核个人有关事项、进行经济责任审计的,按照有关规定执行。

对在基层一线窗口单位工作的考察对象,注重听取服务对象的意见。

第二十三条　公开遴选机关派出2名以上人员组成考察组。考察组一般由组织(人事)部门的人员和熟悉公开遴选职位情况的人员共同组成。

第二十四条　考察对象所在机关应当配合考察组工作,客观、真实反映有关情况。

第二十五条　公开遴选机关根据职位需要,经公务员主管部门同意,可以对报名人员进行体检。

第六章　决定与任职

第二十六条　公开遴选机关根据考察情况和职位要求,按照干部管理权限,集体讨论决定拟任职人员。

第二十七条　对拟任职人员应当进行公示,公示期不少于5个工作日。

公示期满,对没有问题或者反映问题不影响任用的,报公务员主管部门审批或者备案;对反映有严重问题并查有实据的,取消公开遴选资格,并将有关情况通报其所在机关组织(人事)部门。

第二十八条　对拟任职人员可以设置试用期,一般不超过6个月。试用期内,拟任职人员在原工作单位的人事工资关系、待遇不变。试用期满考核合格的,按照有关规定办理调动和任职手续;考核不合格的,回原单位工作,相关情况报送公务员主管部门。

对拟任职人员未设置试用期的,在报公务员主管部门审批或者备案后,按照有关规定办理调动和任职手续。

拟提拔担任领导职务的,试用期按照有关规定执行。

**第七章　纪律与监督**

第二十九条　公开遴选工作人员存在应当回避情形的,按照有关规定执行。

第三十条　有下列情形之一的,由公务员主管部门视情况予以责令纠正或者宣布无效;根据情节轻重,依规依纪依法追究负有责任的领导人员和直接责任人员责任,涉嫌违法犯罪的,移送有关国家机关依法处理:

(一) 不按照规定的编制限额、职数和职位要求进行的;

(二) 不按照规定的任职资格条件和程序进行的;

(三) 未经授权,擅自出台、变更公开遴选政策,造成不良影响的;

(四) 公开遴选工作中徇私舞弊的;

(五) 发生泄露试题、违反考场纪律以及其他影响公平、公正行为的。

第三十一条　公开遴选工作人员有下列情形之一的,根据情节轻重,依规依纪依法追究责任;涉嫌违法犯罪的,移送有关国家机关依法处理:

(一) 泄露试题和其他公开遴选秘密信息的;

(二) 利用工作便利,伪造考试成绩或者其他有关资料的;

(三) 利用工作便利,协助参加遴选人员作弊的;

(四) 因工作失职,影响公开遴选工作正常进行的;

(五) 违反公开遴选工作纪律的其他行为。

第三十二条　对违反公开遴选纪律的报名人员,按照有关规定处理,并根据情节轻重，依规依纪依法追究责任；涉嫌违法犯罪的，移送有关国家机关依法处理。

第三十三条 公开遴选工作接受监督。公务员主管部门、公开遴选机关、考试机构和相关部门应当及时受理举报、申诉，并按照规定权限和程序处理。

**第八章 附 则**

第三十四条 参照公务员法管理的机关(单位)中除工勤人员以外的工作人员的公开遴选，参照本办法执行。

第三十五条 本办法由中共中央组织部负责解释。

第三十六条 本办法自发布之日起施行。

资料来源：国家公务员网站。

**延伸阅读**

### 毕业季，如何对促就业再发力？

资料来源：新闻1+1. (2023-07-03). https://tv.cctv.com/2023/07/03/VIDEoXnTGTfdNJyNe177Zmge230703.shtml.

**本章思考题**

1.什么是公共部门人力资源？

2.公共部门人力资源环境影响因素有哪些？结合实例说明这些影响因素的作用。

3. 公共部门如何培育和保持有效率的劳动者？

4.结合实例分析，论述加强对公共部门人力资源教育和培训的必要性。

5.结合中国实际，谈一谈公共部门人力资源管理的未来发展趋势。

# 第六章 | 公共财政管理

公共财政(public finance)是与市场经济体制相适应的一种财政类型。公共财政管理(public financial management)是国家对公共财政进行组织、指挥、协调、控制等一系列活动的总称。公共财政管理是公共管理的一个极为特殊和重要的领域。说它特殊，是因为它是一个充斥着"政治"因素的"行政"领域；说它重要，是因为任何公共组织的管理活动都离不开资金的收和支，并且国民收入中相当大的一部分是由政府组织管理和支配的，政府组织由中央政府和地方政府组成，对国民经济有重要的影响。

## 第一节 公共财政概述

### 一、公共财政的含义与特征

#### (一) 公共财政的含义

有关公共财政的概念一直众说纷纭。国内外学者对此有不同的论述，集中体现在关于财政本质的争论。国内学者曾提出6种不同的说法：国家分配论、价值分配论、国家资金运动论、剩余产品论、社会再生产论和社会公共需求论。这反映了财政是一门发展中的学科，开展各种学派和学术观点的讨论有利于推动财政理论的发展。我们认为，财政的本质是政府集中提供经济社会不可或缺的公共产品，以满足经济社会不断增长和变化的公共需求。关于公共财政的含义，可以从以下几方面加以理解。

1. 公共财政的主体是政府

作为公共部门的政府，依据社会公众所让渡的公共权力向公民征税，形成公共财政收入，又通过公共财政支出提供公共产品和服务，满足公民的公共需求。

2. 公共财政的客体是为公众提供公共产品和公共服务

政府以满足社会公共需要为目的，凭借公共权力征收税收，按公共财政支出预算提供公共产品和公共服务，构成了公共财政活动的客体。

3. 公共财政的目的是满足社会公共需要

满足社会公共需要是公共财政活动的出发点和归宿。社会公共需要决定着公共财政的存在，也决定着公共财政活动的范围、方向和效果。

4. 公共财政的核心是公平

市场经济是一种混合经济，效率第一，公平第二，效率是整个经济活动的核心。但是，在市场与政府配置资源的范围确定之后，公共财政主要解决公平问题。

总之，公共财政就是强调市场经济的主导地位，在此前提下，要求政府对有限的财政资源实行高效运作与管理，充分发挥其各项经济职能，以满足公共需要。

### (二) 公共财政的特征

作为与市场经济相适应的财政运行模式，公共财政的基本特征可以概括为以下几个。

#### 1. 公共性

公共财政把满足社会公共需要作为组织国家财政活动的主要目标和基本出发点。公共财政活动的领域、规模、内容和方式从根本上说都是由市场决定和认可的，是与市场经济运行相适应的。弥补市场失灵、提供公共产品、满足社会公共需要，是公共财政必须遵循并且只能遵循的唯一活动准则。财政收入的公共性决定了财政支出安排应主要集中于社会公共需求，这是财政公共性的重要体现。

#### 2. 非营利性

在市场经济条件下，公共财政作为弥补市场失灵、提供公共产品和公共服务以满足社会公共需要的政府经济行为，决定了政府与其他营利性市场经济主体的经济行为在性质上有着根本的不同。政府作为社会管理者，其行为动机不是也不能是取得报酬或营利，而只能以追求公共利益为己任。政府不能参与市场的营利性竞争活动，其职责是通过提供公共产品、满足社会公共需要，为市场的有序运转提供必要的制度保证和物质基础。即便有时提供公共产品和服务的活动也会附带产生一定数额的利润，但其基本的出发点和归宿仍然是满足社会公共需求，而不是营利。"非营利性"表现在财政收支上，就是财政收入的取得要建立在为满足社会公共需要而筹措资金的基础上，财政支出的安排要始终以满足社会公共需要为宗旨。政府的非营利属性决定了公共财政的非营利性。

#### 3. 调控性

在市场经济条件下，虽然市场机制能够较好地发挥基础性资源配置作用，但还是会出现自然垄断、风险与不确定性、社会分配不公和宏观经济失衡等市场失灵的现象。此时就只能依靠市场之外的力量，依靠公共活动，特别是依靠政府力量，纠正市场失灵状态。弥补市场失灵也就成了公共财政的一个重要特征。公共财政通过其资源配置职能可以引导各种资源的流向，弥补市场经济的缺陷，最终实现经济结构优化和经济效率提高。

#### 4. 法制性

公共财政活动是在法律法规的约束和规范下进行的，社会公众能够通过法律程序对政府行为包括其收支活动进行决定、约束、规范和监督。具体表现为以下几方面：政府预算是经立法机关以法律形式通过具有法律约束力的财政收支计划；在公共财政收入方面，政府只能依据税法征税，政府收入纳入政府预算；在公共财政支出方面，财政支出必须得到立法机关的同意和批准，按照预算安排来进行。也就是说，公共财政的一切活动都必须是依照法律来进行的规范行为。

## 二、公共财政管理的总目标

公共财政管理是国家对公共财政活动进行组织、指挥、协调、控制等一系列活动的总称。公共财政管理的主体是国家，而承担日常财政管理工作的主要是各级政府的财政部门。公共财政管理的客体是公共财政活动，而最主要的活动是公共财政的收支活动。公共财政的管理，自然是围绕实现公共财政的职责这一目的而展开的。因此，公共财政管理的具体目标决定于公共财政的职责。具体而言，公共财政管理具有三大目标。

### (一) 资源配置最优化目标

资源配置最优化目标主要包括以下几点：确保社会资源在公私两大部门之间的最佳配置、有效配置政府支配的资源、市场效率损失最小化。

### (二) 实现国民收入分配的公平目标

通过构建科学合理的税收制度、完善的社会保障体系，有效地对国民收入、财富和社会福利进行再分配，通过转移支付，缩小收入及财富积累上的差距，为社会最贫困阶层提供基本生活保障，实现社会相对公平。

### (三) 构建良性循环的财政运行机制

财政运行机制是财政收支行为和方式的总称。财政收支活动的具体形式，如税收、公债、公共投资、社会消费性支出等相互影响、相互作用，便形成了财政运行机制。良性循环的财政运行机制是充分发挥财政功能的前提条件。良性循环的财政运行机制应该是合理的财政运行体系与科学的财政管理体制的统一，能够有效地保持社会总供求的基本平衡，实现充分就业、物价稳定及国际收支平衡，维持经济景气，避免经济波动。

## 三、公共财政职能

公共财政职能是指公共财政在社会经济生活中所具有的职责和功能，是公共财政这一经济范畴本质的反映，具有客观必然性。一般来讲，在任何情况下，组织收入都是财政的基本职能，政府机构的运作、政府职能的履行就是靠财政收入来支持的。在市场经济条件下，从宏观调控的角度看，可以把公共财政职能概括为三个方面：资源配置职能、收入分配职能、经济稳定和发展职能。以下具体阐述公共财政的这三大职能。

### (一) 资源配置职能

#### 1. 财政资源配置职能的原理

财政资源配置职能是指国家或政府对经济运行中的资源进行直接和间接的干预，弥补市场配置缺陷，以达到合理配置资源、提高资源配置效率的功能。财政资源配置的过程即是公共部门为全体社会成员提供公共产品，运用经济和法律手段矫正外部性并维护市场有效竞争的过程。财政的资源配置职能是由于政府的介入或干预而产生的，主要通过财政收支活动为政府提供公共产品以及财力。公共部门参与资源配置的手段有以下几种：①通过预算拨款直接提供国防、外交、社会治安等纯公共产品，或通过发放补贴与私人部门共同提供混合产品；②通过开征新税或财政补贴的方式，剔除外部负效应，使外部边际成本内在化、外部收益内在化；③在基础产业、基础设施、高新技术产业等领域安排公共投资，或对自然垄断领域的企业实行政府规制，引导资源流向、流量，弥补市场失灵，实现社会资源配置最优化。

在社会主义市场经济条件下，市场在资源配置中起基础性作用。市场失灵是财政存在的前提，从而也决定了财政的职能范围。市场失灵突出表现在以下几个方面：①市场机制不能提供具有非竞争性、非排他性的公共物品；②市场无法解决外部效应问题；③市场机制具有不完全性；④市场无法提供非竞争性产业。

### 2. 财政资源配置职能的实现

财政主要是通过支出和税收等财政措施决定或影响资源配置的数量和方向，具体表现有以下几个方面：①通过确定财政收入占国内生产总值或国民收入的比例，确定公共部门和私人部门各自支配资源的规模和范围以及公共产品和私人产品的供给能力；②通过安排财政支出的规模和结构，确定整个社会资源的配置状态和财政资源内部的配置比例；③通过财政投资和补贴，兴办或大力支持有外部效益的事业；④通过税收限制有外部成本的事业等，调节社会投资方向和经济结构；⑤通过安排中央与各地方财政之间的分配比例，确定部门与地区间的资源配置。

### 3. 资源配置职能的主要内容

(1) 调节资源在地区之间的配置。世界各国各地区经济发展不平衡是普遍现象，解决这一问题单靠市场机制难以奏效，有时还产生逆向调节，即资源从落后地区向发达地区流动，这对整个经济的均衡发展和社会的稳定是不利的，这就要求财政资源配置职能发挥作用，通过财政体制中的转移支付制度和财政补贴、政府投资、税收优惠等政策措施实现资源配置。

(2) 调节资源在产业部门之间的配置。合理的产业结构对于国民经济良性循环具有重要意义。调整产业结构不外乎两条途径：一是调整投资结构，因为产业结构是由投资结构形成的，增加对某一产业的投资就会加快该产业的发展；反之，减少对某一产业的投资就可以延缓其发展。二是改变现有企业的生产方向，即调整资产存量结构，促使一些企业转产。

(3) 调节全社会资源在政府部门和非政府部门之间的配置。公共财政这一职能取决于财政收入占国内生产总值或国民收入中比重的高低。提高这一比重，意味着社会资源中政府部门支配使用的部分增多，非政府部门支配使用的部分减少；反之，则意味着社会资源中政府部门支配使用的部分减少，非政府部门支配使用的部分增多。社会资源在政府部门和非政府部门之间的分配主要根据社会公共需要在整个社会需要中所占的比例而定。这一比例不是固定不变的，而是随着经济的发展、国家职能和活动范围的变化而变化。政府部门支配使用的资源应当与其承担的责任相适应，政府支配使用的资源过多或过少都不符合优化资源配置的要求。

### 4. 实现资源配置的政策工具

(1) 财政支出。政府可以直接提供某些市场供给不足的产品，如公共产品、准公共产品、私人经营容易产生垄断的产品、市场不完全的产品等。产品由政府提供，并不意味着产品由政府生产，比如国防属典型的公共产品，应由政府提供，但某些具体的国防产品可以由私人企业生产，再由政府购买并提供给公众。

(2) 财政补贴。市场供给不足的产品，政府可以通过财政补贴的方式刺激私人企业生产，达到与政府直接提供同样的目的。

(3) 政府购买性支出。从一般意义上讲，政府对私人产品的购买均可视为对该产品的补助。因为，它直接体现为对该产品的需求，可以收到刺激该产品的生产、扩大供给的效果。

(4) 政府税收。政府可以通过调整税率鼓励或限制某些产品的生产。

## (二) 收入分配职能

### 1. 收入分配职能原理

在由市场机制所决定的国民收入初次分配中，每个社会成员所拥有的生产要素数量和质量都不尽相同，提供生产要素的机会也不尽相同，所以，其国民收入初次分配不能完全体现公平原则。财政收入分配职能主要指的是政府部门运用各种政策手段对由市场体系所决定的收入分配状况进行调节，解决收入分配不公平问题。

分配职能是财政的基本功能，包括两个：一是对社会产品和国民收入的初次分配；二是对社会经济活动中已经进行或完成的各种财富和收入分配的结果所出现的偏差进行纠正、调整或再分配。在市场经济条件下，财政的收入分配职能主要指后者。财政收入分配职能的目标就是通过收入再分配机制，调整由市场决定的收入和财富的分配，以达到分配的公平，实现社会收入公平合理的分配状态。

收入分配公平包括经济公平和社会公平两个层次。经济公平是市场经济的内在要求，强调的是要素投入和要素收入相对称，这是在平等竞争的环境下由等价交换来实现的，既能够激励追求收入的动机，又能够吸引各种资源参加生产。社会公平是指将收入差距维持在社会各阶层人们所能接受和不危及社会稳定与秩序的范围以内。经济公平是市场经济的内在要求，强调的是要素投入和要素收入相对称，它是在平等竞争的条件下通过等价交换来实现的。而社会公平则很难用某个指标来衡量，通常是指收入差距维持在现阶段各阶层居民所能接受的合理范围内。一些国家通过规定最低工资收入和确定贫困线的办法，关注社会中的低收入阶层。在中国现阶段要运用包括市场在内的各种调节手段实现收入的公平分配，既要鼓励先进，促进效率，合理拉开收入差距，又要防止两极分化，逐步实现共同富裕。为了实现公平分配目标，通过财政分配进行调节是非常必要的。

2. 财政收入分配的实现

财政收入分配公平的实现可以是多种多样的，具体表现为以下几个方面：征收累进个人所得税、高税率消费税和遗产税，分别从收入的取得、使用和转移等不同环节降低高收入者的收入；安排社会保险支出、社会救济支出和社会福利支出，提高低收入者的收入；增加公共投资，创造更多受教育机会和就业机会；颁发劳动者权益保护法等法规以制约用工歧视等。贯彻收入分配职能的财政措施包括税收、公共支出和转移支付三种。

(1) 税收，通过税种设置和差别税率，限制高收入者的收入及财富占有水平，调节个人的劳动收入与非劳动收入的差距。

(2) 公共支出，通过提供公共物品向公众分配社会福利，调节实际收入分配结构。

(3) 转移支付，包括社会保障支出、救济支出、各种补贴等，提高低收入者的收入水平，缩小收入分配差距。

3. 收入分配职能的主要内容

公共财政的收入分配职能，主要是通过调节企业的利润水平和居民的个人收入水平来实现的。一方面调节企业利润水平，通过征税来剔除或减少客观因素对企业利润水平的影响，为企业创造一个公平竞争的外部环境。例如，通过征收消费税剔除或减少价格的影响；通过征收资源税、房产税、土地使用税等剔除或减少由于资源、房产、土地状况的不同而形成级差收入的影响等；统一税制，公平税负，也是企业实现公平竞争的一个重要外部条件。另一方面调节居民个人收入水平，既要合理拉开收入差距，又要防止贫富悬殊，以逐步实现共同富裕。一是通过税收进行调节，如通过征收个人所得税、社会保障税缩小个人收入之间的差距，通过征收财产税、遗产税和赠与税调节个人财产分布等；二是通过转移性支出，如社会保障支出、救济支出、补贴等，以维持居民基本的生活水平和福利水平。

4. 调节收入分配的政策工具

(1) 转移支付制度。转移支付制度包括按照支付能力原则设计的税收制度和按照受益能力原则设计的转移支付制度。政府可以通过征税强制性地把财富从那些应该减少收入的人手中收集起来，再通过补助金或救济金制度，以货币或实物形式把财富转移给那些应该增加收入的人们。

(2) 公共事业投资。政府可以把税收收入用于公共事业投资，比如，公共住宅建造等，以使低收入阶层获利。

(3) 奢侈品高额税率。政府可以对奢侈品实行高税率征税，而对日用品进行补贴，借以加重高收入阶层的负担，减轻低收入阶层的负担。

**(三) 经济稳定和发展职能**

1. 经济稳定和发展职能的原理

经济稳定是指伴随着较低失业水平和较低的通货膨胀水平的经济增长。

从经济学角度看，在失业和通货膨胀的背后存在一个市场缺陷(高通货膨胀低失业或者低通货膨胀高失业)，依靠市场机制自身的调节必然会使宏观经济的运行呈周期性波动状态，市场经济不能自发地实现经济稳定。所以，财政发挥经济稳定和发展职能具有内在性要求。

经济稳定包含充分就业、物价稳定、国际收支平衡等内容；经济发展是指一个国家的产品和劳动数量的增加，以及随着产品和劳动数量增加而带来的产出结构、收入结构、经济条件、政治条件、文化条件的优化。财政的经济稳定和发展职能是指政府部门运用宏观经济政策有意识地干预经济运行，尽可能地实现充分就业、稳定物价、国际收支平衡基础上的经济稳定增长。充分就业是指就业人口的就业率达到了由该国当时社会经济状况所能承受的最大比率；物价稳定即货币购买力不发生剧烈变动，使人们持有货币所代表的财产的真实价值不为通货膨胀所侵蚀；国际收支平衡是指一国在国际经济往来中维持经常性项目收支的大体平衡。

### 2. 财政经济稳定和发展职能的实现

财政发挥经济稳定和发展职能主要可以根据社会总供给与总需求的变化情况，通过采取紧缩或扩张的财政政策，促进社会总供给与社会总需求的平衡。

紧缩性财政政策是一种在经济过热时增加收入、减少支出以消除通货膨胀缺口的财政政策；扩张性财政政策是一种在经济萧条时减少收入、增加支出以消除通货膨胀缺口的财政政策。在市场经济中，总供给与总需求平衡的实现是不会自动发生的，即市场机制不会自动带来一个适当的需求水平，以保证充分就业和物价稳定。总支出很可能会超过按现行价格供应的总产出，或者总支出很可能不及充分就业的总产出，于是就可能发生通货膨胀与失业。财政政策可以产生两种影响：一种是影响到经济的生产能力；另一种是影响到支出水平或有效需求水平。因此，财政的经济增长职能就是协调能力增长与支出增长之间的关系。

### 3. 经济稳定和发展职能的主要内容

(1) 通过财政预算调节，实现社会供求总量平衡。国家预算通常代表可供国家支配的商品物资量，是社会供给总量的一个组成部分，而国家预算支出会形成货币购买力，是社会需求总量的组成部分。因此，通过调整国家预算收支之间的关系，可以起到调节社会供求总量平衡的作用。当社会总需求大于社会总供给时，可以通过实行国家预算收入大于支出的结余政策进行调节；当社会总供给大于社会总需求时，可以实行国家预算支出大于收入的赤字政策进行调节；在社会供求总量平衡时，国家预算应实行收支平衡的中性政策与之相配合。一般而言，在市场经济条件下，由于受各种复杂因素的影响，市场上的供求关系会经常发生变化，时而总供给大于总需求，时而总需求大于总供给，这就要求国家交替使用赤字预算和结余预算来进行调节。

(2) 通过制度性安排，发挥财政"内在稳定器"的作用。这表现在财政收入和支出两个方面。在财政收入方面，主要实行累进所得税制。在这种税制条件下，当经济过热、出现通货膨胀时，企业和居民收入增加，适用税率相应提高，税收的增长幅度超过国民收入的增长幅度，从而可以抑制经济过热；反之，当经济萧条时，企业和居民收入下降，适用税率相应降低，税收的降低幅度超过国民收入的降低幅度，从而可以刺激经济复苏和发展。当然，上述作用是以所得税，特别是以个人所得税在整个税收中占有相当大的比重为前提的。在财政支出方面，财政"内在稳定器"的作用主要体现在转移性支出(社会保障、补贴、救济和福利支出等)的安排上，其效应正好同税收相配合。经济繁荣时，失业人数减少，转移性支出下降，对经济起抑制作用；反之，经济萧条时，失业人数增加，转移性支出上升，对经济复苏和发展起刺激作用。

(3) 通过有目的、有计划的集中性收支活动及其他财政税收政策，加快基础产业、公共设施及其他薄弱环节的发展，消除经济增长中的"瓶颈"。

(4) 切实保证非生产性的社会公共需要，为社会经济发展和人民生活提供良好的环境与条件。

# 第二节　公共预算管理

公共预算(public budget)反映政府活动的范围和方向，是政府提高公共财政收支效率、促进社会公共利益、实现社会公平的基本公共财政手段，也是政府对经济社会活动进行宏观调节和控制的重要杠杆。公共预算管理是公共财政管理的主要组成部分。公共预算是政府的基本财政收支计划，在市场经济条件下，几乎全部政府收支活动都是在公共预算框架下进行的，按照一定的标准将财政收入和支出分门别类地列入特定的收支分类表格中，以清楚地反映政府的财政收支状况。透过政府的财政预算，可以使人们了解政府活动的范围和方向，也可以体现政府的政策意图。

随着经济发展和社会进步，公共预算管理也在不断改进和完善。目前，公共预算作为宏观经济政策的作用被人们逐步认识，公共预算已成为政府宏观调控的重要手段和工具。公共预算在公共财政中的这种特殊地位决定了公共预算管理更具复杂性与政治性。

## 一、公共预算的特征与原则

### (一) 公共预算的特征

公共预算是由预算职能部门编制的经各级国家权力机关审批的某一年度内政府的收支计划，是对政府在该年度内全部活动的较为全面、准确的安排，是一个具有法律效力的文件。公共预算具有以下特征。

#### 1. 预算的权威性

预算的权威性是由它的编制、审批、执行和决算的合法性决定的，预算文件是由作为权力机关的各级人大批准的具有法律效力的正式文件。政府预算一经审批通过，任何组织和个人均无权随意调整预算收支计划，若遇到特殊情况需要调整，必须由相关预算管理主体按照法定程序进行。

### 2. 预算的统一性

公共预算是一国政府履行职能的重要工具，是政务活动的命脉。从政府间关系的角度分析，公共预算是维护中央政府权威的有力手段。各国中央政府普遍通过公共预算加强中央政府的权威，通过税收制度设计使中央政府在预算收入中获取优势地位，并通过转移支付等途径维持地方和基层政府的正常运转，为公民提供尽量均等的公共服务。因此，全国范围内的税收制度、转移支付办法、国债管理、预算收支目标等重大预算决策需要保持统一性。

### 3. 预算的公开性

预算是政府在某一年度内的收支计划，其资金来源和去处都具有公共性。因此，预算收支计划需要公开，预算公开是政府政务公开的首要内容；与公民的切身利益密切相关，有利于政府提高预算绩效并接受权力机关和公民的监督。经由各级人大批准的预算文件，必须通过一定渠道向社会公众公开。

## (二) 公共预算的原则

政府预算的编制是政府有意识地确定和规范政府财政收支活动的计划安排，反映政府的政策意图和导向，影响所有社会成员的切身利益。因此，政府预算必须遵循一定的原则。预算原则是指政府预算在选择预算形式、预算体系以及制定财政收支计划时所遵循的指导思想和方针。目前，大多数国家的预算主要遵循以下几条原则。

### 1. 公开性

公开性是指公共预算及其执行情况必须采取一定的形式公之于众，其内容向全社会公开，让公众了解预算收支情况，并置于公众的监督之下。公共预算的公开性不仅是对政府清正廉明的要求，还便于公众监督和有利于预算效率的提高。预算涉及社会方方面面，涉及全社会每一个纳税人的利益，关系到每一个部门和单位的事业发展。因此，以适当的形式公开预算，使全社会了解预算，参与预算，加强预算监督力度，是预算管理活动的基本要求，也是预算民主化进程的关键环节。预算的公开性原则包括预算编制审批的公开、预算执行过程的公开和预算完成结果的公开。

### 2. 可靠性

政府预算必须真实可靠。预算所列的每一收支项目的数字指标，必须根据充分确凿的资料进行科学计算，不得假定和任意编造；性质不同的预算收支应该严格区分，不能随意混淆；预算中的预计数应该尽量准确地反映出可能出现的结果。预算的编制和执行要以国家经济和社会发展计划为依据，违背客观经济规律而进行预算的编制和管理，将有碍于国民经济和社会发展的良性循环。

### 3. 完整性

完整性是指政府收支都应当在公共预算中得到反映。传统预算的编制范围仅限于预算内收支。尽管各级政府都设有财政部门，也有相应的预算，但这些预算都是公共预算的组成部分，所有地方政府预算连同中央预算一起共同组成统一的公共预算。这就要求设立统一的预算科目，每个科目都要严格按统一的口径和程序填列。改革后的部门预算编制范围则涵盖了预算部门的全部收支，既包括一般预算收支，也包括基金预算收支。在一般预算收支中，既包括预算内资金收支，也包括预算外资金收支和其他收支。这种范围上的区别，决定了预算的完整程度。

### 4. 统一性

预算收支按照统一的程序计算和编制，任何机构的收支都要以总额列入预算，而不应只列入收支相抵后的净额。这实际上是要求各级公共部门都只有一个预算，并且要严格按照统一的口径和程序进行计算和填列，不能以临时预算或特种基金的名义另立预算。并且，全国范围内的税收制度、转移支付办法、国债管理、预算收支目标等重大预算决策需要保持统一性。

### 5. 年度性

预算按年度编制，列出全年的公共收支，对年度公共收支进行比较，不应当对年度之后的公共收支作出任何事先的安排。也就是说，公共预算要反映全年的财政收支活动，同时，不允许将不属于本年度财政收支的内容列入本年度的公共预算之中。目前，各国采用的预算年度有历年制和跨年制两种。历年制的预算年度从公历1月1日起至12月31日止，跨年制的预算年度从每年某月某日开始至次年某月某日止，中间经历12个月，跨了两个年度。大多数国家都采用历年制的预算年度，中国也实行历年制的预算年度。

### 6. 法律性

法律性是指政府预算的成立和执行结果都要经过立法机关审查批准才具有法律效力。因而，政府预算是国家重要的法律文件，是反映国家集中性财政资金来源、规模、去向、用途的法律性规范。政府预算的制定过程就是立法过程，政府预算经过立法权力机关审批后具备了法律效力，不能随意进行修改和调整。《中华人民共和国预算法》的颁布与实施使政府预算的编制、审查、批准、执行、决算等具有可靠的法律依据，保证了政府预算管理的正常进行。

## 二、公共预算分类

最初的公共预算是十分简单的收支一览表，随着社会经济生活和财政活动的逐步复杂化，各种预算方法和形式不断改进，公共预算也成为一个相对复杂的系统。按照不同的分类标准，公共预算可以划分为不同的类型。

### (一) 根据预算形式分类

#### 1. 单式预算

单式预算也称为单一预算,是传统的政府预算编制形式,是指在预算年度内把公共部门的全部预算收支加以汇集,然后将财政收支计划通过一个统一的计划表格来反映。这种预算形式具有较强的综合功能,能够全面反映当年财政收支的总体情况,有利于全面掌握政府的财政状况,但不能有效反映财政收支的结构和经济项目的效益,也不便于进行年度间和部门间的比较。

#### 2. 复式预算

复式预算是在单式预算的基础上发展变化而成的,是根据公共预算的全部收支按预算收入的来源和支出性质的不同,分别编入两个或两个以上的系列所形成的预算计划。复式预算的基本原理是将收支按经济性质分别对应汇编成两个或两个以上的收支平衡表。典型的复式预算通常分为经常预算和资本预算。其中,经常预算又称普通预算,是政府编制的以满足国家经常性开支需要的预算。资本预算又称投资预算或建设预算,是综合反映建设资金来源与运用的预算。复式预算的最大特征是以特定的预算收入来保证特定的预算支出,预算收入和支出项目之间具有密切联系和相对稳定的对应关系。

### (二) 根据预算编制方法分类

#### 1. 绩效预算

绩效预算是指将政府的任务分解成各种活动,并根据具体的活动所需要的成本而不是某个项目来编制预算,并对活动的效率进行评估,将政府部门的成本同其产出相比较,将其实际效率与预算水平进行对比的预算。绩效预算所强调的不是对经济资源的单纯购买,而是政府活动的绩效目标和结果。绩效预算的特点是按计划决定预算,按预算计算成本,按成本分析效益,然后按效益来衡量其业绩。绩效预算就是把成本分析应用于政府财政预算中,政府首先制订有关的事业计划和工程计划,再依据政府职能和施政计划制定执行计划的实施方案,在成本分析的基础上确定实施方案所需要支出的费用,以此编制预算,并将成本分析法运用到政府财政预算之中。

#### 2. 计划项目预算

计划项目预算又被称为规划计划预算,它起源于美国,是在绩效预算的基础上发展而来的。计划项目预算是依据国家确定的目标,按照项目安排和运用定量分析方法编制的一种预算制度。计划项目预算的实施过程包括以下几步:①确定预算项目目标;②从众多目标中选择最紧迫的目标;③运用成本—收益分析设计实现各目标的备选方案;④说明实施方案后各年度的成本;⑤对方案的实施效果作出长期评价和衡量。在计划项目预算制定过程中,需要对消费者的需求或者财政支出对于公共目标实现所作出的贡献进行分析，在此基础上对政府的支出活动进行组织。这种预算形式的好处在于，可以将预算的重点从财政支出的购买对象转移到支出的目的。

### 3. 零基预算

零基预算不同于传统的渐进性预算，即不按上一年度的渐进增量来考虑预算，而是在编制预算时一切从零开始，对新的预算年度中想做的所有事情进行重新审核，重新审核每项工作计划，并测定不同层次服务所需要的资金，而不是仅仅修改上年预算或检验新增部分，以达到节省开支、有效使用资源的目的。零基预算的特点在于，假定未来的支出与过去的支出之间不存在任何联系，因此，各机构每年都要对其支出的合理性进行判断。零基预算的实施过程包括以下几步：①由高层管理者提出基本目标和总原则；②责成下级部门将赋予它们的目标具体化并形成一揽子决策；③对备选方案分别进行排序，确定优先项目，排列的顺序依次为终止、保持最低限度、缩减、维持、扩充；④由高层管理者选定方案。

### (三) 根据预算支出分类汇总的依据分类

#### 1. 功能预算

新中国成立以来，财政支出预算一直实行传统的、支出按功能进行汇总的预算方式，即功能预算。功能预算是一种不分组织单位和开支对象，而是按照政府的概括目标或职能对支出进行分类的预算方法。功能预算是政府预算的重要组成部分，即政府通过支出的安排以实现其职能和社会经济目标。

#### 2. 部门预算

部门预算是公共财政预算编制的主要形式，也是市场经济国家普遍采用的预算编制方法。部门预算是由政府各部门编制，经财政部门审核后报立法机关审议通过，反映部门所有收入和支出的预算，即一个部门一本预算。部门预算的支出分类是按政府的组织结构进行的，即先按部门进行分类，然后在部门内部按所属预算单位进行分类。这种分类方式可以明确政府各部门的支出规模和财政权力，但它不能反映部门支出的真正用途和支出的性质。比如，预算支出可以按部门分成国防部支出、教育部支出、农业部支出等。

可见，预算支出按功能和按部门分类各有优缺点，它们之间具有一定的互补性，如果把两者有机结合起来，则更能达到预算管理的目的。

## 三、公共预算程序

公共预算程序一般包括预算编制、预算执行和决算。

### (一) 预算编制

公共预算的编制是整个预算工作程序的开始。预算编制是对未来一段时间内公共部门收支进行测算和计划的活动。从时间上看,有年度预算编制和中长期预算编制两种预算类型。

中国公共预算编制的程序一般采取"两上两下"的方式进行,即"自上而下"与"自下而上"相结合的形式。"自上而下"一般是由预算批准部门或上级部门制定关于收入与支出总的限额,各有关部门再依次提出各自的预算要求的过程;"自下而上"则是各部门根据新项目、新计划的需要向预算批准部门或上级部门提出额外的预算要求,以期得到批准的过程。"两上两下"的公共预算编制程序要求各级部门将预算编制建议数上报财政部门;财政部门审核建议数后下达各部门的控制数;各部门按照控制数编制预算草案报送财政部门;财政部门根据人大批准的预算草案批复部门预算。

公共预算的编制必须遵守以下原则:中央预算和地方各级政府预算,应当参考上年预算执行情况和本年度支出预测进行编制;中央政府公共预算不列赤字,中央预算中必需的建设性投资资金可以通过举借国内外债务等方式筹措,但是借债应当有合理的规模和结构;地方各级预算按照量入为出、收支平衡的原则编制;各级收入预算的编制,应当与国内生产总值的增长率相适应;各级预算支出的编制,应当贯彻厉行节约的方针等。

### (二) 预算执行

政府预算经过批准之后就进入政府预算的执行阶段。正确组织政府预算的执行工作是实现政府预算支出任务的核心,是政府预算管理的重要组成部分。政府预算的执行不仅关系到国家方针政策的贯彻执行,还是一项经常的、细致的、复杂的系统工程。预算收入入库、预算支出拨付以及预算调整,都必须按照法律和有关规定的程序进行。

公共预算执行的主要任务有以下几项:积极组织预算收入,使其正确、及时、足额上缴国库;按照计划及时合理拨付资金,督促企业和单位加强经营管理,合理、节约、有效地使用资金;根据国民经济的发展情况,确保预算执行的平衡,保证预算支出圆满完成。

预算执行阶段主要包括以下内容。

#### 1. 预算收入的执行

预算收入的执行是由财政部门统一负责组织,并按各项预算收入的性质和征收方法,分别由财政、税务、海关等部门负责征收和管理。

#### 2. 预算支出的执行

预算支出的执行是在国家统一领导、统一计划下,由各支出机关具体负责执行。财政部门在组织预算支出执行中处于主导地位。预算支出执行的主要工作包括以下几项:按照公共财政的要求和组织预算执行的需要,制定相关的法规、政策和制度;根据部门预算,编制用款计划并按计划拨付;建立经济责任制,提高资金的使用效率等。

### 3. 预算调整

在公共预算执行中，往往会出现一些意想不到的事件会影响到原公共预算的执行。这就有必要对公共预算进行调整，根据新的情况组织新的预算平衡。所以，预算调整是在预算执行过程中通过改变预算收入来源、支出用途以及收支规模等对原有的预算进行的调整。预算调整包括动用预备费、预算的追加追减、预算划转等情况。

### 4. 预算执行情况分析

公共预算执行情况是国家政治经济生活的综合反映，对此作出科学分析可以及时掌握经济发展和政策的贯彻情况。预算执行情况分析，主要是通过预算执行信息反馈系统和报表报告制度获取必要的信息，研究预算执行中的问题和各种有利、不利因素，总结经验教训，及时采取相应措施，以保证公共预算收支任务的圆满完成。分析内容包括政府宏观经济政策和重大经济举措对预算收支的影响；对比分析部门之间、地区之间主要收支项目的完成情况；分析财政信贷的综合平衡情况等。做好预算执行情况分析，必须建立健全预算执行信息反馈系统，进一步完善预算会计报表和相应的财务报表、税收报表。

## (三) 决算

决算是整个预算工作程序的总结和终结，也是国家经济社会活动在财政的集中反映。通过决算的编制，总结研究预算编制、执行，加强预算管理和平衡支出方面的经验教训，有利于提高以后年度的预算工作水平，也为政府制定经济政策提供参考和依据。

决算通常采取自下而上的编制方法。决算编成后，报送国务院审查并提交全国人民代表大会批准。地方各级总决算由地方政府部门报请同级人民政府审查后，提交同级人民代表大会审查批准。

决算过程主要包括4个阶段。

### 1. 决算编制的准备工作

决算编制的准备工具包括拟定和下达编制政府收支决算的统一编报方法、组织年终收支的清理工作、修订和颁发统一的决算表格等。

### 2. 按照程序编制决算

决算的编制是从执行预算的基层单位开始的，自下而上，逐级编制、审核和汇总。

### 3. 决算的审查

由财政部门对总决算进行审查，主要就收入、支出、结余、数字之间的关系，以及决算的完整性、及时性等方面的内容进行审查。

### 4. 决算的批准

一般情况下，政府收支决算的批准程序是财政部门向人民代表大会报告年度预算执行情况并加以说明，人民代表大会经讨论后予以批准。

经过决算，公共预算过程告一段落，新一轮公共预算过程随即展开。从市场经济发展的趋势看，公共预算决策的民主化、公开化，预算管理的规范化、制度化，是政府预算进一步改进和发展的必然趋势。

# 第三节　公共收入管理

## 一、公共收入的含义及形式

### (一) 公共收入的含义

政府提供公共产品和公共服务，满足公共需要，就必须通过一定的方式筹集资金，并进行有效管理。公共收入(public revenue)亦称财政收入或政府收入，是政府为履行其职能而筹集的一切资金的总和。

公共收入是制约财政运行、衡量政府公共资源和宏观调控能力的重要标志。公共收入既是一个过程，又是一定量的资金。作为一个过程，它是公共财政分配的一个阶段或一个环节，即组织收入、筹集资金阶段；作为一定量的资金，它是政府通过一定的形式和渠道集中起来的一种货币资金，即用货币表现的一定量的社会产品价值。

对公共收入的分析是公共财政理论的重要组成部分。进行公共收入分析，就是研究影响公共收入的各种因素，寻求公共收入的最佳规模和有效管理方式，为向整个社会提供最适合的公共产品和公共服务做好资金保障。

对于公共部门筹集的收入，通常用预算收入、财政收入或国家收入这样的概念来表述。在公共财政作为中国财政体制改革的目标模式确立之后，政府收入和公共收入也开始被广泛使用。政府收入都是通过财政来组织和分配的，而财政收入又是列入预算的，政府和国家虽然是两个不同的概念，但政府是国家机器或国家机构中最主要的组成部分。因此，财政收入作为政府的收入，与国家的收入也是一致的。政府收入来源于社会公众，如何使用它，应由社会公众来决定和监督，支出的目的是满足社会的公共需要，提供公共产品和公共服务。

### (二) 公共收入的形式

公共收入形式是指政府取得公共收入的具体方式。目前，中国公共收入的获得形式主要有税收、政府收费、公债收入、国有资产收益等。这种划分是政府以不同身份和所依据的不同职能获得公共收入的突出体现。世界各国取得公共收入的主要形式一般都是税收，除此之外，其他收入形式则视各国的政治制度、经济结构和财政制度的不同而有所区别。

## 二、税收管理

税收是政府为满足公共需要，凭借公共权力强制地、无偿地、固定地取得财政收入的基本形式。政府财政的支出绝大多数是为满足社会公共需要，提供公共产品的支出，具有典型的非营利性，不可能取得补偿，因此，税收的强制性、无偿性和固定性使它最适合为政府筹集收入。可见，税收也是政府为满足公共需要，提供公共物品的主要资金来源。在世界各国，由国家法律规定的各种税收是征收面最广、最稳定可靠、最具有公共性的政府收入形式。税收也是政府取得公共收入的最主要工具，公共收入中的绝大部分都来自税收。

### (一) 税收的特征

税收是政府为满足公共需要，凭借公共权力取得财政收入的政府行为。税收作为政府凭借公共权力参与社会产品分配而取得财政收入的主要形式，具有强制性、无偿性、固定性三大特征。

#### 1. 强制性

税收的强制性是指政府征税凭借的政治权利，是通过颁布法律或法令实施的。税收的强制性来自政府公共权力，是由它所依据的政治权利的强制性决定的。国家征税是对不同的社会产品所有者的无偿征收，任何单位和个人都不得违抗，否则就要受到法律的制裁。税收的强制性必须以法律的形式加以规范和约束。税收是一种典型的依法分配的财政收入形式。

#### 2. 无偿性

税收的无偿性是指政府征税以后，原先由纳税人所有的资金收入就转化为国家的税收收入，既不需要偿还，也不需要对纳税人直接支付任何报酬。征税的无偿性也是相对的，针对具体的纳税人来说，纳税后并未获得任何报酬，但是，由于税收收入主要用于提供公共产品和公共服务，政府通过公共财政支出的安排直接或间接地返还给社会，所以这里又反映出税收有偿性的一面。

#### 3. 固定性

税收的固定性是指国家在征税前就以法律的形式规定了征税对象及征税的统一比例或数额，并只能按预定的标准征收。纳税人只要取得了税法规定的收入，发生了应税的行为，拥有了应税财产，就必须按规定标准纳税，不得违反。同样，政府也只能按预定标准征税，不得随意更改。税收的固定性还包含税收的连续性，只要纳税人的生产经营活动不间断，税收的征纳行为就不间断。税收具有固定性，但这种固定性是相对的，也应随着经济社会条件的变化而调整征税标准。

### (二) 税收管理要素

#### 1. 纳税人

纳税人是纳税义务人的简称，是税法规定的直接负有纳税义务的自然人和法人。自然人是指依法独立享有民事权力并承担民事义务的公民个人。法人是指依照法定程序成立，拥有能够独立支配的财产，并且能够以其名义享有民事权利和承担民事义务的社会组织，比如企事业单位、社会团体等。法人是社会组织在法律上的人格化。纳税人是纳税主体，是税款的直接承担者，每个税种都明确规定了各自的纳税人。

## 2. 课税对象

课税对象又称征税对象，是征税的客体，也指对什么征税，是税法规定的征税标的物。每一种税都必须确定征税对象。征税对象从总体上确定了一个税种的征税范围，明确了征税与不征税的法律界限。凡列入征税对象的，就属于该种税的征税范围，否则就不属于其征税范围。征税对象体现了课税广度和各种税在性质上的差异，是一种税区别于另一种税的主要标志。

## 3. 税率

税率是计算税额的尺度，是税额与其课征计量标准的比值，主要包括比例税率、累进税率和定额税率三种形式。确定合理课税对象与税率是税收管理的基础工作，高税率不一定能够实现高税收，过高的税率会诱发避税行为。

## 4. 税收种类

依据课税对象性质不同，税收收入主要来自所得课税、商品(劳务)课税及财产课税。所得课税是对纳税人的所得额或利润额课征的一类税收，主要包括个人所得税、公司所得税和社会保险税(工薪税)等。商品(劳务)课税是对商品和劳务的流转额课征的一类税收，主要包括增值税、消费税和关税等。财产课税是对纳税人所拥有或支配的财产课征的一类税收，包括一般财产税、特种财产税和财产转让税。

## (三) 税收原则

### 1. 公平原则

国家征税要使纳税人承受的负担与其经济状况相适应，并使纳税人之间的负担水平保持平衡。可以从两个方面来理解税收公平原则：一是经济能力或纳税能力相同的人应缴纳数额相同的税收，即以同等的方式对待相同的纳税人，这称为税收的横向公平；二是经济能力或纳税能力不同的人应当缴纳数额不同的税收，即以不同的方式对待不同的纳税人，这称为税收的纵向公平。

### 2. 效率原则

税收效率原则，即以尽量小的税收成本取得尽量大的税收收益。税收效率通过税收成本和税收收益的比率来衡量，但这种对比关系不是单一的，而是多层次的。这种关系首先是税务机关本身进行税务行政或税收管理而产生的成本和收益的比较；其次是从税收与经济的相互关系，特别是从税收对经济的影响方面进行成本和收益的比较。

## 三、政府收费管理

### (一) 政府收费的特征

公共收入除税收外，还包括非税收收入，政府收费就是主要的非税收收入之一。政府收费是政府提供特殊服务或规制某些经济行为而向相关主体收取的费用。与税收不同，政府收费具有直接有偿性、排他性和非规范性的特点。

所谓直接有偿性，是指缴费人可以从政府的服务或特许行为中直接获益，而税收支付并不与获得的服务直接挂钩，并且不单独针对某个人。所谓排他性，是指缴费人所获得的服务与利益是排他的，谁缴费，谁获益。所谓非规范性是相对于税收规范而言的，因为政府收费具有很大的灵活性与变动性，缺乏完备的法律规范，并且政府收费的征收主体不是单一指定机构，而可能是政府各个部门，甚至是经授权的社会中介组织。因此，在公共财政管理中，要选择是征税还是收费，关键看受益者是全体公众还是特殊个人或群体，如果属于后者，收费的形式显然比课税更符合效率原则。

此外，必须注意政府收费与私人的营利性收费是不同的。政府收费总体上仍是一种财政分配行为，收费的目的不是营利，而是体现受益补偿原则，收费用于补偿具体行政行为的管理或服务成本。

### (二) 政府收费的形式

政府性收费是一种有偿性的收入，内容广泛，主要包括规费、使用者费、特许权费三种形式。

#### 1. 规费

规费主要是指政府部门为个人或企业提供某些特殊服务时所收取的工本费和手续费。规费是对政府提供服务的一种补偿，与政府提供的服务密切相关。规费的标准主要是由政府规定的。规费可以分为行政规费和司法规费。行政规费是指伴随着政府部门各项行政活动而收取的费用，比如户口证书费、工商执照费、商品检验费、商标登记费等。而司法规费主要由诉讼规费和非诉讼规费组成。诉讼规费有民事诉讼费和刑事诉讼费之分；非诉讼规费包括结婚登记费、财产转移登记费、出生登记费、遗产管理登记费等。

#### 2. 使用者费

使用者费是按受益原则为享受政府所提供的特定公共品或劳务而相应支付的一部分费用，它也是公共收入的一个来源。对政府所提供的诸如公路、桥梁和娱乐设施等收取使用费，是与受益原则相一致的。收费标准是通过特定的政治程序制定的，通常低于该种物品或劳务的平均成本，平均成本与使用费之间的差额则是以税收为收入来源的财政补贴。比如水费、公立学校的学费、停车费、公共汽车车票费等都属于此类收费。使用者费可划分为三种形式：直接费，即使用公共设施或消费政府提供的商品及服务的费用；公共事业特种费，即政府出于公益目的对公共设施进行新建、改建或修缮而对受益人收取的工程补偿费用；特许费，即政府因授予某些特定的人以某种特别的权利而对其收取的费用，比如娱乐场所开设特许费、临街建筑物特许费等。

### 3. 特许权费

特许权费是指获得政府的某些特别许可所支付的费用，例如建筑许可、烟草专卖许可、资源开发许可等。

## 四、公债收入管理

### (一) 公债收入的含义及其分类

公债收入是指政府通过信用从国内外取得的借款收入。公债是对政府举债及其以政府为债务人所形成的债权债务关系的一种笼统称法。由于债务收入是政府以国家信用方式筹集的，它不具有税收的无偿性，而是必须还本付息的。从这个意义讲，债务收入不应作为政府的正常财政收入。实际上，目前中国的一般预算收入中已不包括债务收入。

公债的种类按发行地域可以分为内债与外债；按发行机构的地位可分以为中央公债与地方公债；按偿还期限可分以为短期公债(1年以下)、中期公债(1～10年)和长期公债(10年以上)；按是否允许上市流通可以分为自由流通公债与非自由流通公债等。

### (二) 公债收入的作用

在现代社会，公债收入的作用主要表现在三个方面，即弥补财政赤字、筹集建设资金、调节宏观经济。

### 1. 弥补财政赤字

公债产生的直接原因是财政收不抵支，所以弥补财政赤字既是公债产生的原动力，也是公债的基本功能。财政赤字一般是指财政支出大于财政收入的差额。弥补财政赤字的方式并不限于发行公债。比如，增加税收，使国家财政收入与政府支出大体相当；或者通过中央银行增发通货等，都是弥补财政赤字的方式。相比之下，以发行公债的方式弥补财政赤字，通常是社会资金使用权的暂时转移，既不会招致纳税人的不满，又不会无端增加货币供给量，还可以迅速取得资金。通过发行公债筹集的社会资金，基本上是资金持有者暂时闲置不用的资金，将这部分资金暂时集中起来归政府使用，通常不会对经济社会发展造成不利影响。

### 2. 筹集建设资金

建设公债用于公共设施的建设，形成有益于当前和长远的社会资本，其收入一般只能用于铁路、公路、桥梁等基本建设。如果把公债用于弥补经济建设资金的不足，实际上就是承认了公债是一种稳定的、长期的收入。公债作为稳定的、长期的财政收入也是可行的。因为社会资金运动游离出来的闲置资金是持续和稳定的，为公债的发行提供了可靠来源。公债具有的筹集建设资金的功能，也为公债的稳定性提供一定保障。

### 3. 调节宏观经济

市场经济条件下，货币政策与财政政策是国家宏观经济调控的两大基本政策手段，而公开市场业务是货币政策一个主要政策工具。在资本市场日益发达的情况下，与法定准备金和再贴现相比，公开市场业务将越来越成为一种良性选择。中央银行通过买卖适量的政府债券，可以调节市场中流通的货币量。根据金融市场的变化，政府主动对经济进行调整，实现直接的政策目标，这是其他两种政策手段无法直接达到的。

### (三) 公债管理过程

公债管理主要包括公债设计、公债发行、公债流通与偿还等环节。公债设计是确定公债类型、发行总额、公债票面价值、利息、偿还期限、发行价格的过程。公债发行有三种方法：向社会公众直接或间接募集的公募法；国家先将公债出售给银行，再由银行自办发售的包销法；委托经纪人直接在证券交易所出售的公卖法。公债进入市场流通是全面实现公债目标的根本途径，公债流通包括两个市场：一是作为发行市场的一级市场；二是作为流通与转让市场的二级市场。公债最终需要偿还，能否如期如数偿还关系到政府的信用与声誉。由于政府财力状况及宏观经济条件存在一些不可预测的因素，政府会通过市场采取多种方式进行偿还。比如，在财力有余而债券市场价格较低的情况下，政府按时价购回公债券，提前免除自身债务。

## 五、国有资产收益管理

### (一) 国有资产收益的含义

国有资产收益是指政府以资产所有者的身份从国有资产的经营性或非经营性收入中取得的税后利润、股权转让、国有资产使用费等形式的收益。国有资产收益是政府或国家作为资产所有者身份所取得的，凭借的是资产的所有权，它与税收等其他收入形式相比，收入变化波动较大。

### (二) 国有资产收益的种类

#### 1. 经营性国有资产收益

经营性国有资产收益是指国家或国家授权经营机构凭借在经营性企业中的国有资本金取得与出资额相对应的税后利润、国有股权转让等形式的收益。

随着国有企业改革深化，企业股本结构的多元化，除了国有独资企业之外，国有资本还与其他所有者的资本相互结合，形成一些国有控股、国有参股企业。目前，在一些股份制企业、联营企业和外商投资企业中也有部分国有股份。同样，原先的国有企业经过改革也会有非国有资本参与进来，这些国有控股、国有参股企业与国有独资企业一样，也有国有资产的经营收益即国有资本金收益。根据现行的国有资本金收益分配制度，国有资产的经营收益一部分留给企业，称为留存企业国有资本金收益，它增加了企业中的国有资本；另一部分以上缴利润的形式转化为政府的预算内或预算外财政收入，是公共收入的重要组成部分。

**2. 非经营性国有资产收益**

非经营性国有资产收益是指行政事业单位的非经营性国有资产在用于经营性活动或处置时取得的，归占用单位管理使用或上缴国家财政的收益。比如，非经营性国有资产对外出租、出借或者兴办不具有法人资格的附属营业单位，资产所属单位收取的资产占用费或营业收入等。非经营性国有资产收益只是国有资产收益中极少的部分。

**3. 资源性国有资产收益**

资源性国有资产收益也称为国有资源收益，是指国家凭借对资源性国有资产的所有权，向资源性资产的使用单位收取的有偿占有使用费等形式的收益，比如使用费、补偿费、开采费、租金、产权转让收益等。目前资源性国有资产收益的主要形式包括土地出让金等国有土地使用权有偿使用收入、陆上石油矿区使用费、海域使用费、海上石油矿区使用费、外商投资企业场地使用费等。资源性国有资产收益是国有资产收益的重要组成部分。

# 第四节　公共支出管理

公共支出管理是高度具体化的公共财政管理，是对支出资金进行安排、拨付的具体管理活动。它与预算管理紧密相关。在广义上，预算决策可视为公共支出管理的一部分。本节将主要介绍公共支出管理的含义、特点以及公共支出的两个具体方面——购买性支出、转移性支出。

## 一、公共支出的含义与特点

### (一) 公共支出的含义

公共支出也称为公共财政支出，是指在市场经济条件下，政府为提供公共产品和公共服务，满足社会共同需要而进行的财政资金的支付，是政府向社会提供公共产品和公共服务的成本费用。就其本质而言，公共财政支出是政府履行职能所花费的社会资源，是提供公共产品和公共服务的成本费用。公共财政支出是财政活动的重要环节，反映了市场经济条件下政府活动的范围和方向，也反映了政府参与资源配置的规模、结构和意图。

### (二) 公共支出的特点

公共支出的特点是由公共财政的特点所决定的，而公共财政是弥补市场失灵的财政模式。因此，公共支出具有公共性和非营利性的特点。

### 1. 公共性

公共支出主要用于提供满足社会共同需要的公共产品和公共服务，而且某个人对公共产品和公共服务的享受并不会减少其他人享受公共产品和公共服务的质量和数量，典型的例子是用于国防的公共支出。

### 2. 非营利性

公共支出的非营利性并不意味着公共支出可以不讲效益，公共支出提供公共产品和公共服务所需要的资源来源于广大纳税人，而且社会资源总是有限的，具有稀缺性，如果用于公共支出就意味着可用于其他方面的资源减少了。所以，公共支出也要讲效益，即尽量用最少的资源为社会提供更多更好的公共产品和公共服务，最大限度地满足公共需要。

## 二、购买性支出

购买性支出又称为消耗性支出，是指政府购买商品或劳务，包括购买进行日常政务活动所需的或用于进行政府投资所需的各种物品或劳务的支出。购买性支出可分为社会消费性支出和政府投资性支出两大部分。其中，社会消费性支出指维护政府机构正常运转和政府提供公共服务所需要的经费的总称。政府投资性支出指政府用于道路、桥梁、码头、港口及农业等基础设施或行业的支出。社会消费性支出和财政投资支出的主要区别在于，前者是非生产的消耗性支出；后者的使用通常会形成资产，进而带来经济收益。

### (一) 社会消费性支出

在政府公共财政支出中，社会消费性支出包括行政管理支出、国防支出、教科文卫支出等。社会消费性支出是政府执行政治职能和社会职能的财力保证，而且提供行政管理和社会服务是政府合法性的基础，也是政府取得公民支持和承认的前提。社会消费性支出主要包括以下方面。

### 1. 行政管理支出

行政管理支出是指财政用于国家各级权力机关、行政管理机关以及外事机构行使其职能所需的经费开支，是国家机器保持正常运转所必需的开支。中国的行政管理支出包括行政支出、公安支出、国家安全支出、司法检察支出和外交支出等。行政单位属于非生产部门，不直接创造物质财富，没有独立的收入来源，所需经费要靠政府财政拨付，因而从行政管理支出的经济性质来说是非生产性支出，但按其对维持一国政府正常运转的作用而言，又是必需的开支。

### 2. 国防支出

国防支出是指财政用于国防建设、国防科研事业和军队正规化建设方面的支出。它是国家机器运行所必需的，也属于社会消费的非生产性支出。国防支出与行政管理支出一样，同国家机器有着密切的联系。国防支出与其他支出最大的不同点在于，它不仅受国力、财力的制约，还以国际政治形势的变化为转移。从某种意义上说，国防支出具有"刚性"，即它的最低限度是必须保证国家有足够的军事力量抵御外来侵略，保证国家领土和主权的完整。国防支出的内容包括国防费、国防科研事业费和专项工程支出等。国防支出对于绝大多数国家来说都是重要的，但由于国防支出尤其是现代化高科技的军事装备是一项费用巨大的非生产性支出，过大的国防支出将会给经济造成巨大的压力和负担，将会减缓经济发展的能力和速度，直接后果将是国家无力支撑国防所需的人力、物力和财力，国防建设也难以真正搞好。因此，确定适当的国防建设和国防支出规模，对于任何一个国家来说都是非常重要的。

### 3. 教科文卫支出

政府财政用于文化、教育、科学、卫生、体育等事业单位的经费支出。教科文卫等事业单位是非物质生产部门，它们不直接生产物质产品。从这个意义上说，教科文卫支出属于非生产性支出，但并不意味着它不重要。实际上，教科文卫等事业单位是服务于社会的共同利益和长远利益，事业单位与企业一样，也要向社会公众提供一定的产品(主要是服务产品)，来满足社会公共需要。所以，教科文卫支出属于一种社会消费性支出。

### (二) 政府投资性支出

政府财政支出中用于投资方面的支出就是政府投资性支出。政府投资性支出主要包括以下方面。

### 1. 基础产业投资

基础产业是支撑一国经济运行的基础部门，决定着工业、农业、商业等直接生产活动的发展水平。一国的基础产业越发达，该国的国民经济运行就越顺畅，人民生活也就越便利。狭义的基础产业是指经济社会活动的基础设施和基础工业，主要指交通运输、机场、港口、桥梁、通信、水利等。广义的基础产业还包括提供无形服务的科学、文化、教育、卫生等部门。在社会经济活动中，基础产业大都属于资本密集型的行业，需要大量的资本投入，而且基础设施建设周期较长，资金回收缓慢。因此，这类基础性投资项目无论在什么样的社会经济制度下，一般都属于政府投资性支出应该涉及的范围。

### 2. 农业投资

农业是国民经济的基础，是特殊的生产部门，其发展状况制约乃至决定着其他产业和全社会的经济发展状况。农业发展与财政之间有着十分密切的关系。一方面，农业是国民经济的基础，财政必须重视农业的发展；另一方面，在发展农业的过程中国家财力的支持是不可或缺的，支持农业发展是政府财政支出的基本职责之一。农业发展的根本途径是提高农业生产率，而提高农业生产率的必要条件就是增加政府对农业的财政投入。

纵观世界各国的经验，财政对农业的投资具有以下特征：一是以立法形式规定财政对农业的投资规模和环节，使农业投资具有相对稳定性；二是对财政投资的范围有明确的界定；三是财政投资虽然是必要的，但一般占农业投资总量的比例较低。

政府进行农业投资的方式主要包括预算投资、税收政策支持、财政贴息和对农业生产资料的补贴等。在目前情况下，政府进行农业投资的必要性并不仅仅在于农业部门自身难以产生足够的积累，还在于农业生产率较低的现状使农业部门难以承受贷款的负担，更重要的是，许多农业投资项目只适合由政府进行投资。因此，政府进行农业投资的范围主要是农业基础设施建设、农业科学技术的普及推广、教育和培训等方面。这些对农业发展至关重要，具有"外部经济"以及牵涉面广、规模巨大的农业投资，原则上都应由政府承担。

## 三、转移性支出

转移性支出是指政府按照一定方式，把一部分财政资金无偿地、单方面转移给居民和其他受益者。政府的转移性支出并不直接消耗公共资源，消耗者是转移性支出的接受者，政府通过转移性支出并不直接获得相应的商品和劳务等经济补偿。在市场经济国家的发展历史上，购买性支出在相当长的时期内一直是主要的支出。但随着市场经济发展逐步成熟，转移性支出在公共支出中的地位和作用越发突显。当代欧美发达国家的转移性支出占公共支出总额的比重已超过了购买性支出，并在公共支出中居第一位。

转移性支出主要包括政府部门用于社会保障和财政补贴等方面的支出。转移性支出并不反映政府部门占用社会资源的要求，它只是对社会资源在社会成员之间进行再分配，政府部门只充当中介人的角色。

由此可见，从经济分析的意义看，购买性支出和转移性支出对经济运行的影响是不同的。在公共财政支出规模一定的情况下，当购买性支出在公共财政支出总额中占有较大比重时，对经济运行的影响较大，执行资源配置的功能较强；当转移性支出在公共财政支出总额中占有较大比重时，对收入分配的影响较大，执行收入再分配的功能较强。因此，这种分类为研究财政支出对宏观经济运行的影响提供了重要支撑。

### (一) 社会保障支出

社会保障活动是在特定的历史条件下由各国自行开展的，因而其内容无论在理论上还是在实践中都经历了一个不断发展变化的过程。国际上一般认为，一个国家的社会保障制度至少应包括医疗补助、疾病补助、失业补助、老年补助、工伤补助、家庭补助、残疾补助和遗属补助等。上述内容可概括为两大类型：一是社会保险，二是社会福利。

#### 1. 社会保险

所谓社会保险，是指以立法形式由国家、集体和个人共同筹集基金，以确保社会成员在遇到生、老、病、死、伤、残、失业等风险时获得基本生活需要和健康保障的一种社会保障制度，它是整个社会保障制度的核心部分。

社会保险与商业保险既有共同点又有根本的区别。政府统筹的社会保险与作为企业的保险公司经营的商业保险都是一种保险活动，受保人都需要交纳一定的保险费。而两者的根本区别主要有三点：第一，社会保险的社会性决定了其保险基金除来自受保人或其就业单位交纳的保费以外，还以政府经常预算为根本的财力后盾，一旦该基金收不抵支，政府就以其财力进行干预和支持；相反，商业保险企业完全靠收取保费筹集资金，盈亏自负。第二，社会性决定了社会保险的受保人领取保险金的权利，与交纳保险费的义务在数量上有一定的对应关系，但并不要求必然相等；而商业保险的营利性要求受保人权利与义务的对等性。第三，社会保险是强制性的，由国家根据立法采取强制的法律手段来实施，而商业保险一般是自愿的。

(1) 养老保险。养老保险是社会保障制度的重要组成部分，是社会保险五大险种中最重要的险种之一。养老保险是由政府以立法形式确定，劳动者在年老失去劳动能力或退出就业领域时享有的退休养老权利，除企业和劳动者在就业时缴纳的税费外，还可以依靠政府和社会提供的帮助，维持基本生活水平的一项社会保险制度。

(2) 失业保险。失业保险是指国家通过立法强制实行，由社会集中建立基金，对因失业而暂时中断生活来源的劳动者提供物质帮助的制度。它是维持基本生活需要的一种社会保险制度，是社会保障体系的重要组成部分。

(3) 医疗保险。医疗保险是为补偿疾病所带来的医疗费用的一种保险制度，由政府以立法形式确定，对被保险人因疾病造成的经济损失及医疗费用给予补偿的一种社会保险制度。

(4) 工伤保险。工伤保险是指政府以立法形式确定，在劳动者因工作而负伤、致残、死亡时，给劳动者本人及其供养的直系亲属提供物质帮助的一种社会保险制度。

(5) 生育保险。生育保险是通过国家立法规定，在劳动者因生育子女而导致劳动力暂时中断时，由国家和社会及时给予物质帮助的一项社会保险制度。凡是与用人单位建立了劳动关系的职工，包括男职工，都应当参加生育保险。

2. 社会福利

社会福利是指国家依法为所有公民普遍提供，旨在保证一定生活水平和尽可能提高生活质量的资金和服务的社会保障制度。社会福利是社会矛盾的调节器，每一项社会福利计划的出台总是以缓和某些突出的社会矛盾为终极目标。社会福利是为所有公民提供的，不要求被服务对象缴纳费用，只要公民处于立法和政策划定的范围之内，就能够按规定得到应该享受的津贴服务。社会福利较社会保险而言是较高层次的社会保险制度，它是在国家财力允许的范围内，在既定的生活水平的基础上，尽力提高被服务对象的生活质量，是政府在法律和政策范围内对社会成员提供的除了社会保险以外的社会保障。社会福利具体包括以下内容。

(1) 小范围的社会福利。小范围的社会福利是指由政府出资兴办，以低费或免费形式向一部分需要特殊照顾的社会成员提供货币或实物帮助和服务的一种社会保障制度。

(2) 社会救济。社会救济是指政府对收入在贫困线以下的因自然灾害遭受损失或发生其他事故而生活暂时处于困难中的公民提供的货币或实物帮助的一种社会保障制度。

(3) 社会抚恤。社会抚恤是指政府或社会对现役、复员、伤残军人及军烈属给予抚恤和优待的一种社会保障制度。

### (二) 财政补贴支出

财政补贴是国家实现一定政策目标的手段，补贴的对象、补贴的数额及补贴的期限等都是依据一定时期国家的经济、政治和社会政策需要制定的。财政补贴的对象具有可选择性和针对性，补贴的支付具有直接性，而且国家还可以根据社会形势的发展与政策的变化对财政补贴进行及时修正和调整。当国家的某项政策发生变化时，财政补贴措施也应作出相应的调整。总体来讲，财政补贴是政府根据特定需要向企业或个人提供的无偿补助。而这种无偿补助又经常与价格联系在一起，或是补贴引起价格变动，或是价格变动导致财政补贴。在市场经济条件下，财政补贴是克服市场失灵的主要工具。财政补贴主要用于农产品，此外还涉及工矿产品、企业、税收等领域。财政补贴主要包括以下几种类型。

#### 1. 价格补贴

价格补贴是指国家财政在商品购销价格倒挂的情况下对工商企业支付的补贴和再购销价格顺挂的情况下对消费者支付的提价补贴。这是国家为了安定人民生活，消除国民经济薄弱环节，由财政向企业或个人支付的与价格政策有关的补贴。价格补贴包括农副产品价格补贴、农业生产资料价格补贴、日用工业品价格补贴、工矿产品价格补贴等。

#### 2. 企业亏损补贴

企业亏损补贴又称国有企业计划亏损补贴，主要是指国家为了使国有企业能够按照国家计划生产、经营一些社会需要，但由于客观原因会在生产经营中出现亏损的产品，而向这样的企业拨付的财政补贴。企业亏损补贴的直接受益人主要是相关生产企业，其主要用途是向经营价格倒挂产品的企业提供经营费用和合理留利。

#### 3. 财政贴息

财政贴息是财政对使用某些规定用途的银行贷款的企业，就其支付的贷款利息提供的补贴。财政贴息主要有两种方式：一是财政将贴息资金直接拨付给受益企业；二是财政将贴息资金拨付给贷款银行，由贷款银行以政策性优惠利率向企业提供贷款，受益企业按照实际发生的利率计算和确认利息费用。

#### 4. 税式支出

支出是政府根据税收制度的各种优惠规定，对于某些纳税人或课税对象给予的减税或免税，是一种比较隐蔽的财政补贴。税式支出的目的是鼓励纳税人从事政府所支持的行业，通过给予特定的纳税人或经济活动以一定的优惠待遇而对整个经济结构产生影响。

### 5. 其他补贴

其他补贴主要指政府对行政事业单位职工的房租、煤气、自来水、交通费等给予的补贴，通常包含在行政事业费支出项目中。

此外，中国还存在着外援支出、债务支出等转移性支出项目，这些都是公共支出管理的重要内容。

提高公共财政管理的科学性是保障科学发展、转变经济发展方式的必然要求，也是更好发挥财政职能作用、提高财政资金使用效率的迫切需要。在中国公共财政管理的改革与实践中，应当按照公共财政体制的内在要求，进一步规范财政预算分配机制，完善政府间财政关系，深化国库管理制度和政府支出改革，建立起一套比较完整的财政资金分配、使用和管理机制，努力提高财政资金的规范性、安全性、有效性。

### 🔲 阅读材料

## 新时代中国财政体系改革和未来展望

新时代(new era)在中国的语境中是指从2012年11月中共十八大开始的时期。2013年十八届三中全会通过的《中共中央关于全面深化改革若干重大问题的决定》(以下简称《决定》)，规划了直到2020年的重大改革任务和实施路线图，财税体制改革列入其中，规划已基本按期完成。但改革只有进行时，没有完成时，财税改革的任务仍旧很重。

《决定》有专节论述财政改革，第一句话就是："财政是国家治理的基础和重要支柱，科学的财税体制是优化资源配置、维护市场统一、促进社会公平、实现国家长治久安的制度保障。"第一次从国家治理的高度定义了财政的基础和重要支柱作用，并提出各方面的具体任务："必须完善立法、明确事权、改革税制、稳定税负、透明预算、提高效率，建立现代财政制度，发挥中央和地方两个积极性。"下面结合这些具体任务，向大家介绍新时代中国财政体系改革。

### 1. 关于"完善立法"

1995年第一部《中华人民共和国预算法》(以下简称《预算法》)实施生效，在规范预算管理、深化分税制改革等方面发挥了重要作用，是1994年财税体制改革的重要成果。当时改革的重点是税制和分税制，主要是初步建立起适应市场经济的税收体系和中央——地方财税关系，预算管理体制不是重点。为增强预算编制和执行的完整性和科学性，20世纪90年代末以来持续推出部门预算、政府收支分类、预算公开、国库集中收付、政府采购、预算绩效管理、取消政府预算外资金等一系列重大的公共预算管理改革。

2015年第二部《预算法》生效，从七十九条扩充为一百零一条。新版《预算法》系统总结了公共预算管理改革的成果，用法律的形式确定下来，对预算内容的完整性、预算编制的科学性、预算执行的规范性、预算监督的严肃性和预算活动的公开性等重要问题做了严格的规定，并加强了立法部门对预算的审查和监督。

新版《预算法》第一条规定："为了规范政府收支行为，强化预算约束，加强对预算的管理和监督，建立健全全面规范、公开透明的预算制度，保障经济社会的健康发展，根据宪法，制定本法。"第二条规定："预算、决算的编制、审查、批准、监督，以及预算的执行和调整，依照本法规定执行。"

通过预算改革建立了复式预算制度，预算包括一般公共预算、政府性基金预算、国有资本经营预算、社会保险基金预算。《预算法》确认了这项制度，并规定相互之间的平衡关系，还要求"政府的全部收入和支出都应当纳入预算"，加强了预算的完整性。经过持续不断的改革，2011年已将预算外资金全部取消，这一条规定相当于画上了句号。

新版《预算法》还明确规定了预算编制的时间起点、预算报送审查的时间节点、预算审查通过后下达执行的时间点、各级总预算和部门预算向社会公开的时间，以及预算执行中需要作出调整时的审查程序，从而提高了预算编制和执行的效率，加强了立法机构对预算的审查监督和预算透明度。

按照《决定》要求，新版《预算法》将"审核预算的重点由平衡状态、赤字规模向支出预算和政策拓展"，规定了支出预算的刚性约束，政府的各项财政支出需要按批复的预算执行，并将收入预算由任务性转为预期性。收入预算为任务性时，预算收入征收部门常常采取提前征收或者免征、缓征的办法，保证按时足额完成收入任务。新版《预算法》规定"各级政府不得向预算收入征收部门和单位下达收入指标"，预算收入征收部门"必须依照法律、行政法规的规定，及时、足额征收应征的预算收入。不得违反法律、行政法规规定，多征、提前征收或者减征、免征、缓征应征的预算收入"。以往任务性收入预算具有计划经济特征，还产生了"顺周期"机制，改为预期性收入预算是转为市场经济的必然要求。

新版《预算法》还对与中央和地方财政预算赤字相关的发债作出了规定。1995年版《预算法》规定中央地方预算都不得有赤字，同时又规定中央和地方财政按一定程序可以发债，这显然是不合理的。实际上此法生效后，中央预算每年都有赤字，也都报全国人大审议批准了。1998年为了应对亚洲金融危机冲击，实行扩张性财政政策，增加了中央和地方预算赤字。在此之后每年上报全国人大的预算案，除列出中央赤字外，还列出地方赤字及全国赤字，都获得了批准。这也说明，1995年版《预算法》已落后于实际。新版《预算法》规定，中央财政、地方财政都可列赤字，分别通过发行国债和地方一般债券筹资，终于弥补了这一缺陷。地方预算赤字，只能对应公益性资本支出部分资金的不足，这是"黄金法则"，即不能用于经常性支出，因为不能让后代受益。中央财政赤字没有这一限制，中央财政需要安排大量的经常性支出，对地方进行转移支付。

根据全国人大授权，国务院在全国人大批准的总额度内，向各地方分配专项债额度。各地方可以在额度内发行专项债券，用于有一定收益的公益性项目投资，项目收益不足的，以对应的政府性基金或专项收入偿还。专项债券融资资金不必列入地方一般预算赤字，类似于美国地方政府的"市政债"。

总之，2015年对《预算法》的修订，体现了十八届三中全会的要求，在法律层面保证了预算的完整性、科学性、公开性，加强了立法机构对预算管理的全面监督。

2. 关于"明确事权"

《决定》提出："建立事权和支出责任相适应的制度。适度加强中央事权和支出责任，国防、外交、国家安全、关系全国统一市场规则和管理等作为中央事权；部分社会保障、跨区域重大项目建设维护等作为中央和地方共同事权，逐步理顺事权关系；区域性公共服务作为地方事权。中央和地方按照事权划分相应承担和分担支出责任。"这段表述十分经典，完全符合财政学、经济学的基本逻辑。其中"事权"是中国财政专门用语，特指各级政府的职责(function)。

十年来按照上述要求政府在经济社会安全各领域做了大量工作，在金融监管、环保监察、司法管辖、内贸流通、优抚安置、外交、外援、海域海岛管理等各方面明确了中央和地方的事权与支出责任。此外，还配套出台了一些改革举措，比如设立最高法院巡回法庭，实施环保监察省以下垂直管理、环境监测全覆盖和环境督察制度，整合海警队伍，建立国家公园体制等，实施效果明显，成为全面深化改革中的亮点。

这项改革最大的难点是，长期以来从中央到地方都行使类似的功能，"上下一般粗"，由中央通过文件和指示，要求地方贯彻执行，部门机关化。建立事权和支出责任相适应的制度，常常出现一些属于中央事权的事务仍交由地方对口机构管理，中央财政通过专项转移支付承担支出责任，仍旧是部门机关化而不是实体化。

在这些方面有的采取一步到位的改革措施，例如统一由海警部队实施近海管理，不再由各部门、各地方分散管理；有的采取过渡性措施，例如最高法院设立巡回法庭，由于中国各级法院由同级立法机构管辖，司法地方化，在处理跨区域法律纠纷时会出现司法不公。设立巡回法庭，有利于提高跨区域司法公正性，但巡回法庭是最高法院的派出机构而非独立的巡回法院，履职权受限。

目前规模最大的中央和地方事权和支出责任划分事项是企业职工基本养老保险体系。按照《决定》要求，"关系全国统一市场规则和管理等作为中央事权"。企业职工社会养老保险，关乎劳动力的跨区域流动，应作为中央事权并由中央政府统一管理，包括全国统收统支，所有地区统一缴费率，并由国家税务总局统一征缴，所有地区统一退休金替代率，由国家单一机构统一发放。这样的社会养老保险体系具有可携带性，劳动力流动是顺畅开放的，退休人员选择养老之地是无障碍的。各市场经济国家社会养老保险的行政管理体制大同小异，都由中央政府统一管理。

中国的分级管理体系在可比国家中是唯一的，高度层级碎片化，中央做政策指导，各地方分散管理，从由市县管理为基础，再过渡到省级管理。各个地方缴费、给付的办法和标准是不同的，社会养老保险跨地区接续难，妨碍劳动力流动。从2018年起向中央统一管理逐步过渡。

一是从2018年开始，通过中央调剂金方式，以省为单位向全国统一管理过渡，应缴费基数乘以国家统一规定的企业缴费率再乘以调剂金比例，按3.5%起步，每年递增0.5%。全国调剂金再按各地应发放退休金的缺口给予返还，这一做法是公平的，2020

年名义规模超过7000亿元，净转移超过1700亿元，弥补了人口流出地区的养老金缺口，也有利于过渡到全国统支、统管。

二是从2019年起，社会保险缴费全部由国家税务总局统一核征，不再采取社保管理部门核定、地方税务部门征收的方式，加强了制度的统一性，实现了社会养老金国家统收。

企业职工基本养老保险制度，最终过渡到中央统一管理还有很长的路要走。在其他领域"明确事权"，也有不少难点，就不再一一列举。

国家治理体系在中央和地方事权和支出责任划分上的缺陷，在财政上综合表现为中央本级支出占比过低，2018年约为12%，而成熟市场经济国家普遍在50%以上，OECD(Organization for Economic Co-operation and Development，经济合作与发展组织)国家平均约为61%；在中央公务员占比上表现为比例过低，剔除军人及涉及国家安全部门人员等不可比因素，中央公务员仅占全国公务员总数的6%，如果计入公立学校教工则更有国际可比性，我国仅为4%(2011年)，OECD国家平均值为41.41%。

**3. 关于"改革税制、稳定税负"**

我国目前的税制框架是1994年全面综合配套改革时确立的，新时代以来做了一定程度的改进。

一是改进了增值税。1994年设计增值税时，经济正处于过热状态，为抑制投资采用了生产型增值税，既未将不动产、设备纳入征税范围，也未采用期末留抵退税制度，如果存在期末留抵则转为下期作为进项继续抵扣。当时为了简化操作，确保成功，仅将商品生产、批发、零售纳入增值税范围，其他劳务和服务仍征收营业税并作为地方税。这些做法符合当时的经济场景，但降低了增值税的中性化程度。

2016年将增值税改为消费型，并将营业税改为增值税。但更加缺乏适合于地方税的税种，只好将增值税改为中央和地方五五分的共享税。增值税改为消费型后，不动产、设备纳入抵扣范围，期末留抵大量增加，应当及时留抵退税，但很难操作。目前暂时的做法是中央财政负担82%的留抵退税。

二是改进了个人所得税。在1994年之前，只对外籍人士征收个人所得税，对居民征收个人收入调节税，其中对国有企业职工还加征奖金税，对个体工商户征收个体工商业所得税。1994年税制改革统一为个人所得税，按11个分类征收，不设专项扣除项，改革迈出了重要一步。当时没有采用综合所得税的条件，不同所有制的企业职工实行不同的体制，国有企业改革还没有起步，税收征管能力也比较弱，分类征收有利于适应不同的体制，税收征管也相对简单。

《决定》提出，"逐步建立综合与分类相结合的个人所得税制"。按照这一方向，新时代以来逐步推行改革。2018年全国人民代表大会常务委员会对《中华人民共和国个人所得税法》作了第7次修订，在次年实施，建立了综合与分类相结合的个人所得税制。

对部分劳动性所得实行综合征税，设立了6项专项附加扣除项目，将基本减除费用标准从每月3500元提高到5000元。实际上在增加专项附加扣除项目后，基本减除费用标准应当有所下降，至少维持不变。综合所得，适用于3%～45%的累进税率。

对各项分类所得规定了不同的税率，对存款利息免征，对股息收入实行20%的比例税，对资本利得不征税。这使得个人所得税的累进性很低，例如80%的银行存款由10%的人持有，富人获得的资本利得也更多。现行个人所得税的累进性质更多体现在收入较高的工薪阶层上。这次修法后个人所得税的纳税人占城镇就业人员的比例由44%下降至15%。在财政收入中个人所得税占比较低，仅占全部税收的8%左右，占全部财政收入的5%左右。

三是《决定》还提出，"完善地方税体系，逐步提高直接税比重"。按照这项要求应当建立房地产税。十八届三中全会作出决定后很快就启动了房地产税立法工作，立法由全国人大常委会预算工作委员会牵头，财政部、国家税务总局予以配合。立法工作的难点有很多，最大的难点是房地产如何估值，一般来说应以完全产权、交易不受限的住宅为估值基准。而现实中大量的住房产权不完整、交易受限。解决的办法是以基准估值为基础做适当的打折，但问题十分复杂。还有其他诸多难点，导致该税法探索了多年仍未正式成法。2021年10月，全国人大常委会授权国务院在部分地区开展房地产税改革试点，可以说是带着问题探索。考虑到目前的经济状况，财政部对外宣布2022年内不具备扩大房地产税改革试点城市的条件，当然是实事求是的。

四是《决定》要求"稳定税负"。多年来不少市场人士认为我国宏观税负偏高。按财政部口径统计宏观税负在28%～29%，低于可比国家的平均水平。其中最大的差异是国有土地出让收入应如何计算。记得2000年前后IMF(International Monetary Fund，国际货币基金组织)同财政部交流时，认为我国宏观税负低于25%，明显偏低。财政部认为应当考虑国有土地出让收入，而IMF认为这是国有资产从实物形态转为现金形态。经过沟通双方达成共识，国有土地出让收入中要扣除征地、拆迁、补偿、基础市政建设等一级开发费用，将净收入列为政府可比财政收入。当时净收入占比约为60%，现在仅约占30%。按这样的口径计算，2019年全国税费收入加上扣除财政补贴后的社会保险基金净收入，再加上国有土地出让金净收入，形成国家财政总收入，占GDP的比重略超过28%。

近三年来由于各种不利因素冲击，经济增长低于预期，采取大力度减税降费刺激政策，宏观税负有所下降。在经济转为正常增长后，要采取措施稳定住宏观税负、保持适度的财力，有利于促进地区之间发展平衡、基本公共服务均等化和收入再分配。

总之，进入新时代以来的十年间，公共财政体制按照《决定》要求，巩固和发展前期改革的成果，并进行了广泛的渐进式改革，初步建立了现代财政制度，当然还遗留了不少需要进一步改革的问题。

**4. 未来展望**

探讨财政体系的未来发展需要问题导向，并提出可行的选择方案。

第一，房地产税是最适合作为地方税的税种，在经济转为正常增长后应尽快开展试点。产权不完整、交易受限的确是房地产税立法的最大难点，主要难点在于城镇与农村实行不同的土地制度。城镇土地为全民所有，国家有用途管制规划，包括容积率规范，城镇企业和居民有权在国家规范之下自主按市场价格转让房地产，包括所关联的土地使用权，相应的房地产估值比较简单。农村土地为集体所有，农民对宅基地有使用权，但权利转让受限，只能在所在集体内部无偿转让，可以规定对农民住房不征房地产税。但农村集体土地没有用途管制规划，对宅基地和集体建设用地没有容积率规范。相当多的宅基地上大量建造住房并转租或转卖出去，形成非法的"小产权房"。这些"小产权房"如何估值的确是难题。在试点中可以结合土地制度改革开展探索，最终解决这一难题还需破解城乡土地二元制度架构。

还可以将部分品目消费税征收环节后移，转为零售环节征收，相应地由中央税改为地方税。地方税体系建立起来之后，可以考虑将增值税改为中央税。增值税在产品和服务的生产、流通、消费各环节实行跨区域普遍征收，各国都将它作为中央税，这有利于建立全国统一市场和制度性地推行期末留抵退税，增值税纳税企业真正成为税负传递者，最终传递到消费者，相应地可以进一步改进增值税税率设置，降低增值税的累退性。如果地方税仍旧不足，可以借鉴日本消费税(实为增值税)的做法，将部分增值税收入按各地零售总额占比分配给地方。

企业所得税和个人所得税可以继续作为中央地方共享税种。当然这两个税种本身仍有改进的空间。

第二，有效遏制地方政府隐性债务增量，积极化解存量，是今后一个时期必须解决的重大问题。根据财政部数据，截至2020年底，中国政府债务为46.55万亿元，负债率为45.8%。其中，中央政府债务余额20.89万亿元，地方政府债务余额25.66万亿元，均控制在全国人大批准的限额之内。地方政府隐性债务余额数据没有官方统计，市场方估计在30万亿～50万亿元。

《预算法》规范了地方政府发债，并规定除此之外，"地方政府及其所属部门不得以任何方式举借债务""地方政府及其所属部门不得为任何单位和个人的债务以任何方式提供担保"。地方隐性债务通常由地方融资平台公司，即各地"城投公司"举借。这些公司并不是政府部门，地方政府也没有提供担保。但出借方常常抱有"城投信仰"，认为当地政府不会让融资平台公司破产。地方政府也常常抱有"救助信仰"，认为中央政府不会让地方财政破产，最终会出手救助。结果政府隐性债务越滚越大，通常发行"高息刚兑"结构性固定收益产品。近年来由于不断加强金融监管，这一类产品已不得发行，而且中央不断表态并发布文件，要求坚决遏制地方隐性债务，清理规范地方融资平台公司，剥离其政府融资职能，对失去清偿能力的要依法实施破产重整或清算。健全市场化、法治化的债务违约处置机制，鼓励债务人、债权人协商处置存量债务。中央文件还明确，财政部也多次表态，中央财政坚决不予救助。在实际工作中确实没有救助，一些隐性债务存量过高的地方，当地采取压缩一般性支出、拍卖国有资产、债务重组等办法化解。今后还应继续坚持这一原则。

　　有的分析认为，造成地方隐性债务存量过多的主要原因是地方承担的事权过多，但财力不足。这种看法并不准确，地方承担的事权确实太多，但通过大规模中央转移支付，地方的财力是足够的。2019年中央对地方的转移支付为7.5万亿元。其中，一般性转移支付预算为6.68万亿元，包括共同财政事权转移支付3.23万亿元，是最大项。对地方专项转移支付为7728亿元，通常对应中央委托事权支出。地方一般公共预算支出20.37万亿元，中央本级支出仅为3.6万亿元。

　　更重要的原因是改革开放以来，我国形成了各地方相互竞争尽力保持高增长的制度格局。这有利有弊，在一段时期内确实促成了经济高增长，但也出现有些地方超出财力可能，规避法律约束违规举债大搞基础建设的现象。新时代以来经济转为高质量增长，这种格局已弊大于利。除了有效遏制地方政府隐性债务增量，积极化解存量之外，需要在事权和支出责任划分方面进行根本的改革。

　　第三，《决定》提出，"建立事权和支出责任相适应的制度"。如果按狭义理解，这项改革任务已基本完成，但出现了大量的中央和地方共同事权和中央委托地方事权事务。刚刚列举的全国一般预算支出的基本情况就说明了这一点。如果按国际惯例，哪一级政府的事权就应该由本级政府负责执行，那么这项改革任务并没有真正完成。

　　前面已经讲到，设立最高法院巡回法庭，有利于提高跨区域司法公正性，但巡回法庭是最高法院的派出机构，不是独立的巡回法院，不能接受"一审"，只能通过"二审"纠正地方高级法院对跨区域司法案件作出的不公正裁决。但相当多的此类案件在地方中级人民法院已经二审终结，进一步上诉相当麻烦。如果将"庭"改为"院"，排他性负责跨区域民事和重大刑事案件的一审，接管当地法院不受理的涉嫌行政违法诉讼，这项改革才可以说是真正完成，但这会涉及对宪法的修订。

　　跨区域销售的食品、药品质量监管应属于中央事权，并设立类似于美国食品药品监督管理局(Food and Drug Administration，FDA)那样的中央直属监管机构负责执行。现在的做法是中央有关部门指导地方对口部门实施管理，相应安排了大量的共同事权转移支付。这种体制的弊端是相当明显的，地方部门更多考虑当地利益，监管松懈，食品、药品质量安全事件时有发生。

　　这方面的案例还有很多，很难一一列举。在全国财政数据中表现为巨量的共同财政事权及中央委托事权转移支付。如果把这方面的关系理顺，可以明显压缩中央和地方共同事权以及委托事权事务的数量，降低清晰划分中央和地方事权的难度，与之有关的对地方的转移支付就会减少，中央本级支出会增加，中央公务员占比也会增加，地方政府应更专注于地方事权和少量的共同事权事务，有利于充分并科学地发挥中央和地方两个积极性。

　　事权改革作为推进国家治理体系和治理能力现代化的重要内容，涉及政府与市场、政府与社会、中央与地方关系，涵盖政治、经济、社会、文化和生态文明各个领域，是一项复杂的系统工程。

　　《决定》提出，"财政是国家治理的基础和重要支柱，科学的财税体制是优化资源配置、维护市场统一、促进社会公平、实现国家长治久安的制度保障"。新时代进一步建立现代财政制度将是一场广泛而深刻的全面改革。

资料来源：楼继伟.新时代中国财政体系改革和未来展望.[J].比较.2023(1).

**延伸阅读**

## 分分钟了解《预算法》

资料来源：好看视频.https://haokan.baidu.com/v?vid=4604063813521931492.

**本章思考题**

1. 简述公共财政的内涵和基本特征。

2. 公共收入的主要形式有哪几种？分别简述其主要内容。

3. 什么是购买性支出管理和转移性支出管理？分别阐述其主要内容。

4. 什么是政府采购？结合中国的实际情况，论述如何完善政府采购制度。

5. 结合阅读材料，论述公共财政在中国社会经济发展中的作用。

# 第七章 | 公共部门危机管理

由于环境的复杂性和多变性给社会发展带来了诸多不稳定的因素，深层次的矛盾逐渐突显，各种公共危机和突发事件的爆发成为人类无法回避的问题。进入21世纪以来，中国也进入了一个公共危机高频率发生期，这些公共危机种类繁多。各种公共危机的频繁发生以及灾害风险的增长，不仅给人民群众的生命财产安全带来巨大威胁，还对正常的社会秩序和社会稳定造成了极大的破坏。如何有效应对这些危机事件，有效防控灾害，避免或减少灾害带来的损失，使社会处于一个长治久安、稳定持续发展状态，已经成为考验政府执政能力的一个重大课题。

## 第一节　公共部门危机管理概述

### 一、危机管理的概念及其理论研究进展

#### (一) 危机管理的概念

危机是相对于人类生活中正常的社会秩序而言的。在《现代汉语词典》中危机有两重含义：一是危险的祸端，如危机四伏；二是严重的困难关头，如经济危机、粮食危机等。美国学者罗森塔尔(Rosenthal)认为："危机是指对一个社会系统的基本价值和行为准则架构产生严重威胁，并且在时间压力和不确定性极高的情况下必须对其作出关键决策的事件。"简言之，危机就是导致社会偏离正常秩序轨道的紧急的非均衡状态。危机管理理论和方法最早起源于欧美，其主要局限于军事和外交领域。美国早在1913年就成立了联邦储备委员会，这标志着在资本主义经济危机多发时期，针对经济领域的危机管理机制诞生。随着各种对社会危害性较大的事件不断发生，危机管理的研究在公共领域得到了深入发展。对于危机管理(Crisis Management)的定义，中外学者也给出了不同的见解。

格林(Green)于1992年指出，危机的一个特征是"事态已发展到无法控制的程度"，认为危机管理的任务是尽可能控制事态，在危机事件中把损失控制在一定的范围内，在事态失控后要争取重新控制住。

米特罗夫(Mitrov)和皮尔森(Pearson)认为，收集、分析和再传播信息是危机管理者的直接任务。

斯蒂文·芬克(Steven Fink)认为，危机管理是指组织对所有危机发生因素的预测、分析、化解、防范等而采取的行动，包括组织面临的政治、经济、法律、技术、自然、

人为、管理、文化、环境和不可确定的所有相关因素的管理。

魏加宁认为，危机管理是对危机进行管理，以达到防止和回避危机，使组织或个人在危机中得以生存，并将危机所造成的损害降到最低。

蒋永祥、罗殿军认为，危机管理是指在企业中树立危机意识，时时注意与各方面进行有效的沟通交流，努力消除自身缺点以及对企业不利的各种影响，以防患于未然。因为有些小事件、小缺点、小灾害有时足以毁掉一个组织，所以"危机管理"又叫"零缺点管理"，有的干脆叫"末日管理"。

综上所述，可以界定危机管理的基本定义。危机管理是指个人或组织为了预防危机发生，减轻危机发生所造成的损失，尽早从危机中恢复过来，或者为了某种目的，在有控制的情况下使危机发生，针对可能发生的危机采取的管理行为。

任何国家和政府都不可能免于面临各种各样的危机，但是，政府危机管理能力有强有弱。危机固然有突发性，但是，危机也是可以预防的；危机固然有不确定性，但是，危机的不确定性是可以降低的；有些危机是无法避免的，但是，人们可以降低危机的强度，缩小和控制危机的影响范围；危机固然会造成危害和损失，但是，危机管理可以把危机造成的损失尽可能减少到最低限度。危机的预防、准备、回应、重建与学习、创新是危机管理的生命周期和过程。

对于政府而言，面对各种各样的危机如何建立一个完善的危机管理体系，不断提升政府和社会的危机管理能力，是公共危机管理面临的最大挑战。

### (二) 危机管理理论研究进展

危机理论是西方政治学研究的传统课题，主要分析的是政治危机，包括政治制度变迁、政权与政府的变更、政治冲突和战争等，危机研究的目的是探索政治危机的根源、寻找处理和应对政治危机、维护政权稳定或促进政治变革的方法。随着时代的发展，各种各样危机现象的增加，使其研究领域也逐步从政治领域向经济、社会领域扩展，从自然灾害领域向社会危机管理领域扩展，对于危机管理的研究趋于成熟，有关危机管理的学术成果大量涌现。

国际上比较有影响的危机管理著作主要有以下几本。美国的劳伦斯·巴顿(Laurence Barton)的《组织危机管理》，主要从企业的角度对危机进行了理论阐述和实证分析，总结了危机处理的经验，是一部应用性较强的危机管理著作；刘易斯·科塞(Lewis Coser)的《社会冲突的功能》，主要从社会学的角度对社会冲突进行了深入的理论分析，从冲突产生的原因、冲突的类型、冲突的内在机理等方面进行了描述性分析，也是一部被他人较多引用的著作。从政策学角度对危机进行研究的应当首推以色列著名政策学家叶海卡·德罗尔(YehczkelD101)于1986年出版的《逆境中的政策制定》，该书对逆境中的政策制定问题进行了探讨和分析，分别在政策困境、应对逆境的政策原则、逆境中政策制定的重建方法，以及改进在逆境中政策制定的建议等方面进行了研究，内容翔实丰富，是危机决策研究领域不可多得的理论研究成果。

与国外相比，中国对危机管理理论的研究则起步较晚。从危机管理的研究历程看，对该领域最初的研究也始于政治尤其是国际政治方面的研究。例如，潘光主编的《当代国际危机研究》、胡平的《国际冲突分析与危机管理研究》、《国际危机管理概论》等，这些论著主要是对于国际政治危机的研究。许文惠与张成福的《危机状态下的政府管理》一书的出版，某种程度上标志着中国危机管理主要从对国际危机的研究转向对国内危机的研究。但是，直到2003年春季的"非典"公共卫生危机发生后，对于危机管理理论的研究才真正得到学术界的高度关注。很多学者对中国政府危机管理进行了理论研究，产生了不少理论研究成果。例如，薛澜等主持了"社会变革中突发事件应急管理"课题，课题研究成果《危机管理：转型期中国面临的挑战》一书，从社会转型期的时代背景探讨了中国现阶段危机形态的根源和特征，勾勒出中国现代危机管理体系的基本框架，为促进公共治理结构的顺利转型和社会协调发展提供了可资借鉴的模式。阎梁、翟昆所著的《社会危机事件处理的理论与实践》一书，在系统介绍俄罗斯、美国等国的危机管理体系的基础上，分别从政府决策者、非政府组织、民众媒体等角度论述了政府危机管理问题。近年来，我国学者对于危机管理研究的主题不断拓展、热词不断涌现。一是概念范畴不断拓展，包括公共危机管理、公共危机治理、应急管理、风险社会等；二是研究领域日益多元，包括重大突发事件、突发公共卫生事件、新冠疫情、网络舆情等；三是提出的危机治理体系和治理模式不断完善，包括整体性治理、协同治理、数字治理等。

综合国内学者对危机管理的研究，大致可以归纳为以下几个研究视角。

(1) 从"制度"的角度对政府危机管理进行研究。这些研究成果认为，加强政府危机管理，就应当完善政府危机管理的体制和机制。例如，构建完善的信息管理机制、预警机制、改善组织体制等。21世纪主要的挑战不是加速经济增长，而是确保增长的可持续性和公平性，使人民享受高质量生活和公共服务，这才是消除危机的本质所在。这方面的研究成果有王乐夫的《公共部门危机管理体制：以非典型性肺炎事件为例》；张小明的《从SARS事件看公共部门危机管理机制设计》；曹现强的《建立科学的危机管理机制，提升政府的反危机能力》；余健明的《论我国如何建立政府危机管理机制》；等等。

(2) 从"策略"的角度研究政府危机管理。"策略论"者认为，过分强调制度、机制作用会忽视实践的艺术性，从而影响危机管理的成效。他们认为，在政府危机管理的过程中，应当运用各种策略和艺术，获取民众的支持。例如，科学运用公共关系策略，让民众获取有关信息以及政府的举措，满足民众的知情权，协调好政府危机管理的外部环境。这方面的研究成果有徐刚、黄训美的《政府危机管理中的公共关系问题研究》；高世屹的《媒体在政府危机管理中的作用》；等等。

(3) 从美国、日本等国应对危机的"经验"角度来研究政府危机管理。"经验论"者重视国外处理危机的经验。他们通过对美国、日本等发达国家在危机管理方面的经验及有关危机管理方面制度建设的介绍，为中国危机管理和相关法治建设提供借鉴。例如，薛澜等在《危机管理的国际借鉴：以美国突发公共卫生事件应对体系为例》一文中，以美国公共卫生突发事件应对体系为例，分析了其危机管理体系建设的各个方面，并通过各具体领域的危机管理体制分析，归纳总结国外危机管理体系的一些共同特征，以期为建设和完善中国危机管理体系提供借鉴；王学军在《预警、反应与重建：当代中国政府危机管理体系的构建》一文中，分析了中国政府危机管理中存在的问题，认为政府危机管理体系应该涵盖危机的预警准备、危机的应急反应和危机后的恢复重建三个系统。

## 二、公共危机管理与公共部门危机管理

### (一) 公共危机管理

公共危机是一种高度不确定的情境。在荷兰莱登大学危机研究专家乌里尔·罗森塔尔(Uriel Rosenthal)看来，公共危机是指"对一个社会系统的基本价值和行为准则架构产生严重威胁，并且在时间压力和不确定性极高的情况下，必须对其作出关键决策的事件"。由此可见，公共危机的侵害主体是公共利益和社会利益。

20世纪70年代，企业工商政策和管理战略开始受到一些西方公共管理学者的重视，他们主张效法企业的做法以提高政府行政绩效。同时，工业化和科技发展引起的社会问题导致了政府不可治理性的增加，引起了社会危机性事件的频繁发生，社会要求政府负担起危机管理责任的呼声渐长，因此，公共危机管理的概念也应运而生。所谓公共危机管理，就是指发生危机时，政府、非政府组织、私人部门所采取的有助于公民和环境的一系列措施。这些措施包括预测和识别可能遭受的危机、采取防备措施、组织应对危机发生。

公共危机管理的目的有以下几个：①通过预防、预警、预控消除引发公共危机的各种因素，从而防止或避免公共危机发生，或者把危机消灭在萌芽状态。②建立危机预警机制，及时发现危机信息，并快速传递、处理收集到的信息，对爆发危机的可能性作出准确判断，及时发布危机可能爆发或即将爆发的信息，以引起全社会的警惕。③通过建立危机应对预案、危机管理法制和完善的危机管理体系，为可能发生的危机设置有效的"防火墙"，提高整个社会抵抗危机的"免疫力"，提高社会对危机的反应能力和控制能力，一旦危机爆发，就能及时依法启动应急预案从容应对，采取一切措施避免危机扩大，防止危机升级和危机失控，尽可能减少危机造成的损失。④在危机结束后进行灾区重建工作，帮助受灾群众获得救济、补偿和赔偿，对公共危机管理进行评估，总结经验教训。

简言之，公共危机管理的目的是通过提高社会对危机发生前的预见能力和发生后的救治能力，及时有效地处理危机，迅速恢复社会稳定，恢复公众对政府及其他社会组织的信任，将危机事件带来的危害程度降到最低。

### (二) 公共部门危机管理

#### 1. 公共部门危机管理的含义及内容

国际上习惯将公共部门危机管理称为紧急事件管理(emergency management)、紧急

事件的风险管理(emergency risk management)或灾难风险管理(disaster risk management)。在中国，公共部门危机管理也称为突发事件应急管理。所谓公共部门危机管理，是指发生危机时，公共部门采取有助于公民和环境的一系列措施，预测和识别可能遭受的危机，采取防备措施，阻止危机发生，并尽量使危机的不利影响最小化的系统过程，目的是通过提高公共部门对危机发生的预见能力和危机发生后的救治能力，及时有效地处理危机，减少损失，恢复社会稳定和公众对公共部门的信任。公共部门危机管理的重点有以下几个：危机信息的获取和预警、危机的准备与预防、危机的控制与回应、危机后的恢复与重建、持续不断的学习与创新。

公共部门危机管理的主要内容包括以下几个方面。

(1) 提升国家危机管理能力。确立危机管理的政策和战略，领导全民预防学习活动，增强抵抗危机的能力。

(2) 减少生命和财产损失。提供完备信息，确保国家最薄弱的环节已受到周全保护，减少损失；调动所有力量，确保所有可调用力量已到位；按计划处理灾难，进行良好的风险管理决策，制订并执行全面的培训和教育计划。

(3) 将痛苦和破坏降到最小。快速、有效地回应，在管理灾难方面职责分明，提供及时有效的协助，支付相应的保险，灾后修复时尽量减少损失。

(4) 筹备恐怖活动后的危机处理。由中央支持地方政府增强管理能力，强化地方政府回应恐怖活动的能力，在统一的信息平台上共享信息。

(5) 成立国家门户网站，提供信息服务。建设单一、便利的危机管理信息门户网站，运用知识管理服务于危机管理的信息，建设全国的沟通和预警系统。

### 2. 公共部门危机管理的特点

现实生活中危机事件的形式和种类众多，由于环境和原因各异，都具有各自的特殊性，公共部门在对危机进行管理时就要有相对的普适性和特殊性。公共部门危机管理具有以下特点。

(1) 不确定性。不确定性是公共危机事件的重要特点之一，因此，公共部门危机管理具有管理对象的不确定性、预测的不确定性、预控的不确定性和应急预案的不确定性的特点。

(2) 应急性。危机事件具有突然爆发、处于紧急状态的特性，这使得公共部门的危机管理需要在有限的时间内展开应急处置。

(3) 预防性。通过对危机的隐患及其发展趋势进行监测、诊断与预控的一系列危机管理活动，采取预防措施，可以防止危机爆发或者最大限度减少危机造成的危害。

(4) 综合性。危机管理是涉及多部门、全方位的管理。

(5) 国际性。公共部门危机管理涉及国际纠纷处理、国际合作、国际援助等。

### (三) 公共部门危机管理与公共危机管理的区别

"公共部门危机管理"与"公共危机管理"这两个概念的主要区别在于："公共部

门危机管理"是指公共部门对危机的管理，包括两个层面上的含义，即公共部门对与自身有关的内部危机的管理活动以及对国际国内的外部公共危机的管理活动；而"公共危机管理"则是指对公共危机的管理，其管理主体既包括政府部门、非政府组织，也包括企业等私人部门，甚至也可以将公民个人涵盖在内。一个有效的公共管理体制，应该是政府、社会组织、企业、个人有机合作、共同完成的。其中，公众不是单纯的被管理者，而是公共治理结构中很重要的一环。"公共治理结构"主要是指由政府组织、非政府组织、私人企业或个人所构成的治理主体的组织形态，以及这些主体在处理公共事务中依据共同的治理理念所形成的治理规范、治理程序和治理手段。在公共危机管理活动中，必须要依赖政府部门、非政府组织、企业等私人部门甚至公民个人的共同努力，才有可能消除公共危机的危害。但是，对于企业等私人部门对公共危机的管理活动，以政府部门为主体的公共部门在危机情境下无须加以干预。实际上，公共危机管理主要应该是以政府部门为主体的公共部门的职责之所在，企业等私人部门对公共危机的管理活动主要囿于其自身免受公共危机的侵害，不宜过分夸大企业等私人部门对公共危机管理活动所具有的作用。毕竟，公共危机管理活动具有明显的"正外部效应"，而企业等私人部门主要是以营利为目的。当然，这一点与企业等私人部门在公共危机管理过程中所承担的社会责任和义务并不相矛盾。

基于以上分析，公共部门危机管理与公共危机管理相比，意义界定更为明确，危机管理的职责主体界定更清晰、范围更合理、重点更突出。

## 三、公共部门危机管理的必要性和紧迫性

### (一) 社会高度依存致使危机增多

随着市场化、信息化、城市化的深入发展，现代社会的相互依存度越来越高，关联性越来越强。从系统论的角度来说，系统越复杂，可靠性就越差，诱发危机的渠道会更多，危机蔓延的可能性和蝴蝶效应也就更严重。

### (二) 全球化加速危机蔓延

全球已经形成一个十分敏感的共振系统，任何一国范围内的政治、经济与社会性危机都可能波及其他国家，任何一种危机都可能是国际性的危机。例如，疯牛病起于英国、席卷欧洲，却波及世界；美国"9·11事件"使全球股市应声下跌。同样，任何国际性的危机在某种意义上又都可能是本地的危机。从某种意义说，全球化、国际化加速危机的传播，增加了危机控制的难度。

### (三) 城市生态更加脆弱

城市是现代文明的载体，城市在提供给我们物质和精神文明的同时，又使我们遭受危机危害的可能性和危险性越来越大。城市具有人口大规模聚集和流动的特点，这有利

于经济的发展和就业机会的创造,然而一旦发生疫情等突如其来的灾难,其受危害程度也将大大提高。

### (四) 社会压力增加引起危机的可能性增加

随着社会竞争机制的不断深入,人们在伦理道德、价值观念、行为方式、人际关系等领域的冲突和压力越来越大,心理受挫的概率增高,心理障碍者越来越多。巨大的社会压力和冲突是一些人反社会、反人类行为产生的一个重要因素。

### (五) 政府管理不完善导致社会危机加剧

有关学者提出,世界已进入危机社会或风险社会,大规模公共安全事故、工人失业、治安恶化等一系列社会问题相继出现。这种危机包括农村的社会危机和城市的社会危机。工业化、城市化的结果虽然对农民及其后代有益,但是推进的过程有时是痛苦的。随着城市化进程加快,农民的贫困、失地和失地后的社会保障、就业出路等问题都可能成为社会稳定的隐患。

总之,现代社会危机无处不在,危机已由非常态变成了社会生活的常态,加强危机管理刻不容缓。政府作为社会公共管理机构,必须承担起管理和应对危机的主体责任,应对危机的能力应成为衡量政府管理水平的一项重要指标。

## 四、国内外公共部门危机管理体系建设

### (一) 国外公共部门危机管理体系建设

#### 1. 国外发达国家危机管理体系的特点

进入21世纪以来,各种突发性公共事件和灾害以巨大的广度和力度冲击着人类,威胁着人类社会的稳定和健康发展。然而,随着这些危机的爆发,世界上越来越多的国家和政府采取积极而谨慎的态度来应对这些重大问题,公共危机管理也应运而生,特别是某些发达国家,经过多年的努力和探索,已经逐步形成了一套适合本国国情的公共部门危机管理体系。

西方发达国家一般架构三大平台以建设全国性的危机管理体系,包括机构运作、政策执行、综合管理等方面。研究表明,西方发达国家危机管理体系的共同特点及发展趋势如下所述。

(1) 行政首长担任最高领导,全面领导国家的危机管理工作。日常管理委托给直接下属的危机管理机构,重大紧急事件仍然由担任最高指挥官和最终决策者的行政首长来进行决策,并对关键性资源进行指挥调动和处理。

(2) 危机管理委员会或联席会议辅助决策。行政首长对于跨部门的综合性决策和指挥,通常依靠危机管理委员会或联席会议,提供决策的辅助和咨询,危机管理委员会还兼有宏观的信息中心和最高协调中枢的功能。

(3) 常设的危机管理机构处理日常事务。常设的危机管理机构的工作一般可以分为两类：一类负责日常的危机管理工作；另一类负责紧急状态下的具体协调工作。概括地讲，常设的危机管理机构全面负责危机事件的准备、阻止、回应、重建和舒缓。

(4) 地方政府为操作主体，实施具体的危机管理任务，强调多方协作。在发达国家，社区、公民团体、志愿者组织、家庭等都是危机管理的重要力量。

(5) 强调全过程的危机管理，突出预防的重要性。

(6) 建立健全危机管理的法律和制度，实施标准化的危机管理。

### 2. 国外公共部门危机管理体系建设经验

从国外发展情况来看，发达国家十分重视公共部门危机管理体系建设。20世纪60年代以来，发达国家对公共部门危机管理的研究逐步重视，使危机管理的研究扩展到公共领域，研究了公共部门危机管理的一般规律，概括出公共部门危机管理的理论，也解决社会风险、公共危机等问题，同时注重加强危机管理体制与机制建设、危机控制途径与方法、危机控制过程中的信息化管理、危机管理模型的设计等。总体来看，大多数国家是以总统或者各州政府的首脑为核心，以国家安全机构为决策中心，司法部门、国防部门、情报系统和地方各级政府组织分工负责、相互协作的综合性危机管理体制，具有"集中领导、广泛合作"的特点。发达国家相对成熟的公共部门危机管理体系为中国公共部门危机应急管理体系的建设提供了参考和借鉴。

#### 1) 以防范为主的危机意识

防范水平的高低直接影响到公共部门危机管理的效果，在应对危机的时候，最重要的是未雨绸缪，提前做好预防。危机意识是危机预防的起点，培养公众的危机意识可以有效减少危机事件发生的可能性。对一个国家而言，理性的危机意识是一种宝贵的精神财富，即使在危机发生的非常时刻，受灾人员以及营救的组织成员也会自觉按照危机处理制度的要求，利用各种手段，进行自我救助或者帮助他人，最大限度地减少危机带来的损害。在提升人们的危机意识时，不仅要强化政府官员的危机管理意识，还要对全体公民进行常规性的危机意识教育和危机防范技能培训。

德国是一个主张采用自救和他救相结合的应急管理模式的国家。在防灾教育普及方面，德国强调公民自身危机意识的《民事保护法》指出："官方的措施是补充平民的自我保护。"德国政府和相关机构利用"危机预防信息系统"向广大公众普及防灾救灾知识，并对公众展开自我保护知识的培训，提升公众的危机意识。

意大利通过救援演习的方式提高公民的危机意识。意大利为应对可能发生的突发事件，曾联合欧盟五国在西西里大区举行了联合演习，其目的是唤醒各国的危机意识，保证灾难发生后救援工作的顺利开展。

此外，其他各国也采取了一系列的预防措施来提升本国国民的危机意识。例如，日本出版各种防灾减灾的刊物用来向孩子们以及各家各户开展广泛的社会宣传；美国致力于构建"防灾型"社区，并对由普通民众组成的"社区应急反应队"进行教育；澳大利亚设立全国应急管理学院，培养危机管理专业人才等。

2) 统一领导的高效联动机制

实践表明，进行危机管理的关键在于建立一个权威、高效、协调的中枢指挥系统，该系统在危机决策和协调指挥方面发挥着举足轻重的作用。以美国、以色列和澳大利亚等国家为代表的公共部门危机管理模式总特征为"行政首长领导，中央协调，地方负责"；俄罗斯公共部门危机管理模式的总特征为"国家首脑为核心，联席会议为平台，相应部门为主力"；日本公共部门危机管理模式的总特征为"首相指挥，综合会议机构协调联络，中央会议制定对策，地方政府具体实施"。无论是哪种领导模式，各职能部门之间的联动至关重要，这样的体系能够在第一时间内作出反应，坚决贯彻危机指挥中枢的决策，调动一切必要的社会资源，按照事先拟定的预案和应变方案控制、化解危机。实践证明，这些机制和措施在抢救生命、减少损失、消除恐慌、恢复秩序等方面发挥了重要作用。

3) 科学精准的信息保障机制

信息沟通是公共部门危机管理中的重要环节，在很大程度上影响着政府应对灾难的能力和灾难预测评估等工作的开展。运用先进技术科学判断危机走势、预测结果，能够为公共部门危机应对提供科技支撑，以便快速有效地预防和应对公共危机。意大利、日本等国家针对灾难、公共卫生安全等公共危机事件建立起来的信息沟通协调机构的运作已日渐成熟。

意大利于2004年建成了新的指挥中心大楼，并设立了应对突发公共事件决策指挥系统、应急救援信息共享系统、资源配置体系和联合办公机制等。意大利民事救援办公室在大楼内部建有监控和情况分析中心，利用网络信息、通信技术与各机构的灾害监测系统联网，实时获得各种可能的突发公共事件信息。例如，意大利民事救援办公室可以随时调出全国数字地震台网的记录和全国火山监测网的数据及境内8座活火山口的实况录像；其监控和情况分析中心内火警、军队、内政部等单位可派代表进驻，联合办公，使国家民事救援办与各部门信息共享。

日本政府为了及时准确地传递有关信息，在首相官邸地下一楼设立了内阁危机管理中心，正式名称为"内阁信息汇总中心"。该中心实行24小时5班制，统一向首相、长官和内阁成员通报危机信息。日本于1997年1月20日正式成立情报本部，大幅度减少了由于情报机构各自为战带来的弊端，情报传递得以畅通无阻，减少了失误。此后，日本又于2001年3月增设了"紧急动态部"，专门负责收集和处理可疑船只进入"日本领海"的情报，以加强"领海防务"，这对日本的情报系统发挥了至关重要的作用。

4) 健全的法律体系

西方国家一般通过立法方式授权政府依法行政，这对于减少危机中人员伤亡和财产损失，尽快恢复正常的社会秩序具有重要意义。健全的法律体系，有利于加强公共部门危机管理措施的科学性、规范性和可操作性，也有利于健全应急体制，实现标准化的应急管理行动和措施。公共部门危机管理的首要工作是建立各个层次的法律和制度，为应急管理提供全方位的制度保障。法律和法规一般会明确规定应急管理机构的组织及其权限、职责与任务，同时还有可操作性的指南和手册。发达国家应急管理的法律体系，实现了公共部门危机管理的法治化。

日本是自然灾害频发的国度，目前日本的防灾法制非常完备，形成了由基本法、灾害预防与准备法、灾害紧急应对法、灾害恢复法与金融措施法等组成的法律体系。日本有关危机管理的法律法规共有227部。为配合相关法律法规的实施，日本要求各级政府建立各类防灾计划，内容包括灾害预防、灾害处置以及灾后恢复重建等不同阶段防灾救灾措施。1961年，日本政府出台的《灾害对策基本法》，明确了政府和各部门的职责，建立了必要的防灾体制。

美国重视通过立法来界定政府机构在紧急情况下的职责和权限，先后制定了上百部专门针对突发事件的法律法规，建立了以《国家安全法》《全国紧急状态法》和《灾难和紧急事件援助法案》为核心的危机应对法律体系。1950年，美国出台的《联邦灾害救援法》标志着美国开始以联邦法律与政策的形式来抵御自然灾害对民众和社会的影响。

5) 政府与社会协同合作

协同模式是指依托现有的行政架构，多个不同类型、不同层次的协调指挥中心和执行机构通过网络组合在一起，按照约定的流程，分工协作、联合指挥、联合行动。公共部门危机管理需要社会有关方面的参与合作，加强与非政府组织、媒体、公民的合作，有利于激发民众的热情，降低危机应对成本，推动政府危机管理决策的科学化和民主化。

英国十分注重公共危机事件中政府与媒体的协作，将其纳入应急反应计划内容，任命受过专门训练的新闻官员负责媒体事务，甚至要求电话总机接线员等普通员工学会如何与媒体交往。

德国的应急反应主要是由民防专业队完成的。全国除了大约有6万人专门从事民防工作外，还有约150万消防救护和医疗救护、技术救援志愿人员。这支庞大的民防队伍接受过一定的专业技术训练，并按地区组成抢救队、消防队、维修队、卫生队和空中救护队。

## (二) 中国公共部门危机管理体系建设

2001年美国的"9·11事件"，2003年8月美国、加拿大的大面积停电事故，2005年初的印度洋海啸等突发性公共危机事件的爆发，在不断提醒人类突发性公共危机事件给人类带来的威胁。2003年春，暴发了非典型性肺炎，这次事件使我国付出了巨大的代价。同时，"非典"事件的发生也唤醒了人们的危机意识，引发了政府、学者及广大民众对建立新型突发性公共危机事件管理机制的反思。2008年发生的三聚氰胺奶粉事件，2019年底发生的新冠疫情等，进一步说明各种类型的突发公共事件在不断增多，需要不断加强和完善公共部门危机管理体系。

政府突发性公共危机事件应急机制建设，是政府在各种重大事件和灾害发生时为了保护人民生命财产安全、减少社会危害和经济损失所建立的防灾减灾机制，是政府加强

社会管理和公共服务的一项重要职能。随着中国社会经济的发展、经济体制改革的不断深化、全方位开放局面的呈现，也面临着突发性公共危机事件发生的潜在威胁。因此，建立完善高效的突发性公共危机事件应急管理机制，已成为各级政府的重要任务。

中华人民共和国成立后，在国家安全(人防体系)、社会安全(火警、匪警等)、生产建设(《安全生产法》)以及应对自然灾害(《防震减灾法》《防洪法》) 等方面先后形成了一系列危机处理体系，对各种突发事件有了一套较为有效的管理方法。一般来说，当危机发生时，相关方面的最高决策层作出决策后，各职能部门总能表现出强大的应对和处理危机的能力。总体而言，中国的公共部门危机管理工作应对的范围逐渐扩大，由自然灾害为主逐渐扩大到自然灾害、事故灾难、公共卫生事件和社会安全事件等方面，危机管理工作内容从应对单一灾害逐步发展到需要综合协调的复杂管理，其发展历程大致可分为单项应对模式、分散协调临时响应模式、综合协调危机管理模式、综合危机管理模式4个阶段。这里以2003年《突发公共卫生事件应急条例》的颁布为分水岭，将中国突发性公共危机事件应急管理体系建设分为"传统危机应急管理体系"和"现代危机应急管理体系"两个阶段进行分析。

1. 传统危机应急管理体系

1) 传统危机应急管理体系的运行方式

在传统体系下，危机信息在严格控制的范围内传播。危机发生初期，其相关信息通常在官方内部的信息渠道传播，通常只有决策层、相关的政府部门和技术专家才能获知，而获取信息的先后和多少通常与职位(级别) 的高低相一致，媒体对危机信息的播报通常与官方的解释相一致。

在传统体系下，决策层通过对危机信息的分析作出决策，决策的效率及其正确与否将对危机处理的结果产生决定性的影响。危机管理决策者通常是与危机事件的性质、领域和范围相关的部门领导，决策机构一般是临时性的。一般情况下，决策层会全面收集各种危机信息，认真听取相关职能部门和技术专家的意见，作出相应的决策。

强大的救援动员能力是中国传统行政管理体制的重要特征和优势所在。动员的范围往往取决于危机的性质、范围以及决策者制定的应急反应范围，而公共危机应急反应中的资源提取能力则与政府的财政能力相关。当发生全国性的危机时，强大的动员体系往往能够迅速通过各种组织、单位有效地将动员活动延伸到社会的每一个角落。新中国成立之后，建立了政府危机管理责任机制，严格的责任机制使得公共危机应急管理中各中央部门与各省市能够互相协助、有力支援。

2) 传统危机应急管理体系特征

在传统的行政管理体制下，危机应急管理体系的特征表现为以下几点。

(1) 一元的危机应急反应机制。这种一元的危机应急反应机制强调政府及其相关部门对抗击公共危机要作出全面的安排，而各类社会组织、经济组织、公众以及舆论的作用没有得到充分的发挥。

(2) 建立在职能分工基础上的危机管理体制。公共部门危机管理体制是建立在职能分工基础之上的，各种类型的危机管理基本上以相应的政府职能部门为依托。由于危机的不确定性和扩散性，一种灾害的发生往往会引发一系列的问题，依靠单一职能的部门往往无法使危机造成的损失降到最低。

2. 现代危机应急管理体系

近年来，各类公共危机频繁发生，在将发达国家的成功经验融入中国特色的危机管理模式中不断解决各种危机的同时，中国公共部门危机管理水平和突发事件应对能力迅速提高。2003年10月，十六届三中全会通过《中共中央关于完善社会主义市场经济体制若干问题的决定》，明确要求"建立健全各种预警和应急机制，提高政府应对社会公共事件和风险的能力"。此后，国家首次成立应急预案工作小组，进行突发公共事件应急预案编制工作和应急体制、机制、法制建设工作。政府在加强应急管理中突出重点、抓住核心、建立制度、打牢基础，取得了一系列重要成就，其中显著标志就是建立了以应急预案及应急管理体制、机制、法制为主要内容的"一案三制"的应急管理体系。

1) 应急预案

应急预案是应急管理的重要基础，是应急管理体系建设的首要任务。预案具有应急规划、纲领和指南的作用，是应急理念的载体，是应急管理部门实施应急教育、预防、引导、操作等多方面工作的有力抓手。制定预案，实质上是把非常态事件中的隐性常态因素显性化，也就是对历史经验中带有规律性的做法进行总结、概括和提炼，形成有约束力的制度性条文。

2003年11月，国务院办公厅成立应急预案工作小组。2004年1月，国务院召开国务院各部门、各单位制定和完善突发公共事件应急预案工作会议。2005年1月26日，国务院召开常务会议，审议并原则通过了《国家突发公共事件总体应急预案》。2006年1月8日，国务院出台了《国家突发公共事件总体应急预案》。同年1月11日，国务院应急管理办公室出台了《国家专项应急预案》，涉及自然灾害、事故灾难、公共卫生事件、社会安全事件的21个专项预案，其中3个待发布。同年8月7日，又出台了《国务院部门应急预案》，一共57个预案，对各个部门进行了责任规定。总体预案的颁布使得下属部门单位有了相应的编制依据，各级政府间的互相沟通和协作得到保障。

应急预案内容应当包括突发事件应急管理工作的组织指挥体系与职责；突发事件的预防与预警机制；处置程序；应急保障措施；事后恢复与重建措施；等等。目前，中国已经建立了较为完善的应急预案体系，主要包括以下4个方面。

(1) 突发公共事件总体应急预案。总体应急预案是全国应急预案体系的总纲，是国务院应对特别重大突发公共事件的规范性文件。省级总体应急预案是各省应急预案体系的总纲。目前，各个省、自治区、直辖市都制定了省级总体应急预案。

(2) 突发公共事件专项应急预案。专项应急预案主要是国务院及其有关部门为应对某一类型或某几种类型突发公共事件而制定的应急预案。

(3) 突发公共事件部门应急预案。部门应急预案是国务院有关部门根据总体应急预案、专项应急预案和部门职责为应对突发公共事件制定的预案。

(4) 突发公共事件地方应急预案。地方应急预案具体包括省级人民政府的突发公共事件总体应急预案、专项应急预案和部门应急预案；各市(地)、县(市)人民政府及其基层政权组织的突发公共事件应急预案。

2) 应急管理体制建设

中国的应急管理体制主要是在党中央、国务院的统一领导下，按照统一领导、综合协调、分类管理、分级负责、属地管理为主的原则建立的，由领导机构、办事机构、工作机构、地方机构及专家组构成。2003年春，中国经历了一场由"非典"疫情引发的从公共卫生到社会、经济、生活全方位的突发公共事件，应急管理工作得到政府和公众的高度重视，全面加强应急管理工作开始起步。2006年4月，国务院办公厅设置国务院应急管理办公室(国务院总值班室)，履行值守应急、信息汇总和综合协调职能，发挥运转枢纽作用。这是中国应急管理体制的重要转折点，是综合性应急体制形成的重要标志。2018年4月，应急管理部成立，将分散在国家安全生产监督管理总局、国务院办公厅、公安部、民政部、国土资源部、水利部、农业部、国家林业局、中国地震局以及国家防汛抗旱指挥部、国家减灾委员会、国务院抗震救灾指挥部、国家森林防火指挥部等部门的应急管理相关职能进行整合，以防范化解重特大安全风险，健全公共安全体系，整合优化应急力量和资源，建立统一领导、综合协调、分类管理、分级负责、属地管理为主的应急管理体制。

(1) 统一领导，是指公共部门危机管理体制是在党中央、国务院的统一领导下，各级地方政府分级负责，依法开展公共部门危机管理工作。公共部门危机管理在很多时候是调动各方面的资源来共同应对的，包括党、政、社会，甚至军队的资源，实施统一领导，便于快速高效地决策和调动资源，减少管理环节，节约管理成本，提高管理效率。

(2) 综合协调，是指政府成立专门的公共部门危机管理机构，协调不同部门共同应对公共危机。由于公共危机具有综合性和联动性等特点，需要多个部门在信息、技术、物资以及救援队伍等方面的相互合作，在公共部门危机管理实践中，各级政府设立了具有综合协调职能的应急管理机构进行综合协调。

(3) 分类管理，是指根据公共危机的不同性质和专业应对要求进行专业处置，以达到科学应对和提高公共部门危机管理效率的目的。在明确各个部门职责和责任主体的基础上，发挥专业应急组织的优势，以便在不同的专业应急领域形成一套统一的信息、指挥、救援队伍和物资储备系统，根据公共危机的类型、产生原因、表现方式、涉及的范围和影响程度等实施分类管理。

(4) 分级负责，是指对不同层级的公共危机，各级政府根据相关法律规定和其自身的公共危机管理能力，分级开展公共危机管理工作。按照公共危机的性质、严重程度、可控性和影响范围等因素将公共危机分成4级。

(5) 属地管理为主，是指在存在"条块分割"的情况下，强调条块结合和"条"要配合"块"，由产生公共危机的地方政府在公共部门危机管理中发挥主导作用。在公共部门危机管理中，强调由事发地的地方政府统一实施应对工作的同时，还要充分发挥垂直应急指挥机构的作用，这样才能做到快速反应，协同应对。

3) 应急管理机制建设

应急管理机制是指突发事件全过程中各种制度化、程序化的应急管理方法与措施，涵盖突发事件事前、事发、事中和事后全过程，主要包括预防准备、监测预警、信息报告、决策指挥、公共沟通、社会动员、恢复重建、调查评估、应急保障等内容。2006年7月，《国务院关于全面加强应急管理工作的意见》指出，要"构建统一指挥、反应灵敏、协调有序、运转高效的应急管理机制"。目前，中国已建立了应急监测预警机制、信息沟通机制、应急决策和协调机制、分级负责与响应机制、社会动员机制、应急资源配置与征用机制、奖惩机制、社会治安综合治理机制、城乡社区管理机制、政府与公众联动机制、国际协调机制等应急机制。

4) 应急管理法制建设

法律手段是应对突发公共事件最基本、最主要的手段。法制，是指运用法律规范和类似法律法规的行为规则，对社会事务和人们行为进行管理。应急管理法制建设，力求在深入总结群众实践经验的基础上，制定各级各类应急预案，形成应急管理体制机制，并且最终上升为一系列的法律、法规和规章，使突发事件应对工作有章可循、有法可依，使政府得到高度授权，维护国家利益和公共利益，使公民的基本权益得到最大限度的保护。据统计，在2007年11月1日《中华人民共和国突发公共事件应对法》施行前，中国已经制定涉及突发事件应对的法律35件、行政法规37件，部门规章55件，有关文件111件。但这些法律法规只适用于特定领域突发事件的应对工作，部门性强，不具广泛的指导意义。2007年8月30日，十届全国人大常委会第二十九次会议审议通过《突发事件应对法》，这是新中国第一部应对各类突发事件的综合性法律。它的施行标志着规范应对各类突发事件共同行为的基本法律制度已经确立，为有效实施应急管理提供了更加完备的法律依据和法治保障。

# 第二节　公共部门日常危机管理

## 一、危机风险识别

危机风险识别是危机管理的基础，危机风险识别的任务就是要辨认组织可能发生的危机有哪些，并确认这些危机的性质。如果不能准确辨认组织可能面临的危机，组织就无法对可能发生的危机采取预防和控制措施，组织的日常危机管理就无从谈起，而当危机真正发生时，组织的危机事件管理将十分被动。因此，组织进行危机管理首先要识别组织面临的危机风险。

### (一) 来自组织外部的危机

#### 1. 自然灾害

自然灾害是由于自然的不可抗力所引起的灾难。自然灾害的一个重要特点是自然灾害的无选择性。自然灾害发生区域的所有个人和组织都会受到威胁，都可能面临危机。自然灾害的无选择性加大了危机管理的难度，在全体人员都受灾的情况下，组织很难从同一地区的其他组织获得援助。因此，要求同一地区的组织联合起来或由政府出面以应对自然灾害导致的危机。

自然灾害还有不可抗拒的特点，组织一般无法通过管理手段阻止危机的发生，唯一能做的就是通过有效的危机管理减少危机发生时可能造成的损失。

#### 2. 政治法律因素导致的危机

某些组织在运作过程中可能会有意或无意地违反一国的政治和法律要求。走私、污染性的生产、垄断市场等行为是违反国家政治法律要求的行为。这类组织应尽早结束这种行为，否则迟早会面临一场关系自身生死存亡的危机。某些组织也可能无意中违反了一国的法规，因而组织要定期审视自己的行为，以免带来危机。

政治的变化，比如战争、武装冲突、政治局势不稳定所导致的暴乱、政府更迭、恐怖活动、国家之间的摩擦和贸易冲突，都可能引起组织的危机。

政治和法律所带来的危机一般是可以预测的，因为政治和法律的变化都不是突发的，会有一些前期征兆。只要密切关注有关政治法律的信息，一般就可以事先感觉到政治和法律的变化。

#### 3. 社会因素引发的危机

社会人口统计环境、经济环境、文化环境的变化等社会因素都可能引发组织的危机。

社会人口统计环境的变化有人口数量的变化、人口年龄结构的变化、家庭结构的变化、人口的地理迁移、人口教育水平的变化等。人口统计环境的变化直接影响组织服务群体的规模和质量，使组织面临危机。

经济环境的变化包括国家综合实力的变化、人民收入水平的变化、国家经济结构的调整、产业结构的变迁、经济体制的变革等。经济环境的变化对有的组织来说是机会，对有的组织来说是危机。

文化环境是指在一种社会形态下已形成的信念、价值观念、宗教信仰、道德规范、审美观念以及世代相传的风俗习惯等被社会所公认的各种行为规范。随着世界经济一体化进程的加速和跨国公司的对外投资，世界各民族的文化相互交融，使得组织的跨文化管理提上了议事日程，不注意文化环境的影响很可能引发组织的危机。

#### 4. 技术环境的变化

技术进步能够降低组织的成本，提高组织的生产效率和产品与服务的质量，使组织在竞争中取得有利地位；而技术落后的组织就处于弱势，可能面临一系列危机。

### (二) 来自组织内部的危机

#### 1. 人力资源管理不当造成的危机

人力资源管理不当造成的危机是指组织由于人力资源管理失误所引发的危机。

任意解雇员工，不给员工发挥才能的机会，员工的努力得不到相应的回报，不给员工提供一定的社会福利保障，都会使员工缺乏安全感和归属感，使组织人心涣散，在其他因素的激发下容易导致组织危机的发生。

组织中的职位与人员不匹配，也可能引发危机，如管理过程中出现错误的决策、无法有效控制活动。

#### 2. 财务管理不当导致的危机

财务管理包括资金的筹集、资金的运用、资金的分配、资金的监督。财务管理各个职能中的任何一个职能出现失误都可能使资金流动出现问题，组织就有可能出现危机。

#### 3. 竞争导致的危机

组织生存在一定的社会环境中，由于资源的稀缺性，组织为了获取稀缺资源就会与其他组织进行竞争。如果输入组织的资源减少或者组织无法获得资源的输入，那么组织很可能面临危机。

## 二、日常危机管理组织设置及其职责

自党的十八大以来，以习近平同志为核心的党中央，就公共安全与应急管理工作作出了一系列重要部署。党的十九大报告指出："统筹发展和安全，增强忧患意识，做到居安思危，是我们党治国理政的一个重大原则。"中国是灾害多发频发的国家，党和国家长期高度重视日常危机管理和应急管理工作。2018年3月，十三届全国人大一次会议审议通过了国务院机构改革方案，中共中央印发了《深化党和国家机构改革方案》。组建应急管理部是此次党和国家机构改革的重要内容，是应急管理体制的重大调整。组建应急管理部，可防范化解重特大安全风险，健全公共安全体系，推动形成统一指挥、专常兼备、反应灵敏、上下联动、平战结合的中国特色应急管理体制，提高防灾减灾救灾能力，确保人民群众生命财产安全和社会稳定，发挥更大的国家功能作用。

当前，中国的应急管理工作更加注重风险管理，坚持预防为主；更加注重综合减灾，统筹应急资源。现代社会风险无处不在，日常危机管理和应急管理工作成为中国公共安全领域国家治理体系和治理能力的重要组成，应急管理由应急处置转向防灾减灾和应急准备。这个变革有利于进一步推动安全风险的源头治理，从根本上保障人民群众的生命财产安全。

在应急管理部成为国务院组成部门后，各级地方政府也相应建立了应急管理部，具体负责日常和突发性的危机管理工作。此外，全国各地建立了相对完善的基层日常危机管理和应急管理体系。

### (一) 应急管理部的组织机构及主要职责

**1. 应急管理部的组织机构**

(1) 议事机构, 包括国家防汛抗旱总指挥部、国务院抗震救灾指挥部、国务院安全生产委员会、国家森林草原防灭火指挥部、国家减灾委员会。

(2) 机关司局, 包括办公厅、应急指挥中心、人事司、教育训练司、风险监测和综合减灾司、救援协调和预案管理局、火灾防治管理司、防汛抗旱司、地震和地质灾害救援司、危险化学品安全监督管理一司、危险化学品安全监督管理二司、安全生产执法和工贸安全监督管理局、安全生产综合协调司、救灾和物资保障司、政策法规司、国际合作和救援司、规划财务司、调查评估和统计司、新闻宣传司、科技和信息化司、机关党委、离退休干部局。

(3) 部属单位, 包括国家消防救援局、国家矿山安全监察局、中国地震局、国家安全生产应急救援中心。

**2. 应急管理部门的主要职责**

(1) 组织编制国家应急总体预案和规划, 指导各地区各部门应对突发事件工作, 推动应急预案体系建设和预案演练。

(2) 建立灾情报告系统并统一发布灾情, 统筹应急力量建设和物资储备并在救灾时统一调度, 组织灾害救助体系建设, 指导安全生产类、自然灾害类应急救援, 承担国家应对特别重大灾害指挥部工作。

(3) 指导火灾、水旱灾害、地质灾害等防治。

(4) 负责安全生产综合监督管理和工矿商贸行业安全生产监督管理等。

(5) 公安消防部队、武警森林部队转制后, 与安全生产等应急救援队伍一并作为综合性常备应急骨干力量, 由应急管理部管理, 实行专门管理和政策保障, 采取符合其自身特点的职务职级序列和管理办法, 提高职业荣誉感, 保持有生力量和战斗力。

(6) 应急管理部要处理好防灾和救灾的关系, 明确与相关部门和地方各自职责分工, 建立协调配合机制。

### (二) 基层应急管理组织架构及主要职责

为全面体现基层应急管理组织架构及其所担负的主要职责, 这里节选浙江省应急管理厅2022年10月23日下发的《关于加强基层应急管理体系和能力建设的实施意见》中的部分内容予以说明。

**1. 构建全覆盖基层应急管理责任体系, 提升组织领导力**

(1) 完善组织架构。在乡镇(街道)层面全面建立由党政主要负责人为双主任(组长)的应急管理委员会(领导小组)(以下简称应急委), 由分管平安建设工作的党委(党工委)副书记或政府常务副职担任常务副主任(副组长)、各相关分管负责人为副主任(副组长)。应急管理委员会(领导小组)办公室(以下简称应急办)设在应急管理站(办、所、中心), 主任由应急委常务副主任(副组长)兼任,推动乡镇(街道)防指、防指办与应急委、应急办融合建设。在社区(村)层面全面建立由社区(村)"两委"主要负责人担任组长的应急管理工作组。在社区(村)干部中择优选配社区(村)应急管理员,负责统筹落实社区(村)安全生产、消防安全、自然灾害防治等应急管理日常工作。建立以网格为基本单元的基层应急管理组织架构,实行1名应急管理员面上统筹、多名责任人分领域负责、网格长和网格员分区域落实机制。

(2) 厘清职能边界。明确应急委成员单位,建立应急处突有关工作组,清晰界定应急委及应急办、各工作组及成员单位职责。按照"责能相配"原则,结合实际情况,明确社区(村)应急管理工作组及相关成员职责,研究梳理社区(村)应急管理职责清单,进一步厘清社区(村)与乡镇(街道)的应急管理职能边界。

**2. 建立协调联动的基层应急管理指挥体系,提升响应统筹力**

(1) 统筹指挥协调。乡镇(街道)应急委统筹领导安全生产和自然灾害领域重大安全风险防范化解工作,统一指挥突发事件应对处置。建立健全乡镇(街道)安全生产、自然灾害、应急救援等工作专业协调机制,做到领导班子分工明确、指挥调度高效统一、人员力量统筹使用。社区(村)建立应急管理工作组运行规则,明确成员单位职责,强化应急状态下社区(村)对站所、社会救援力量、驻区单位、物业人员等统筹指挥调度,实现乡镇(街道)、社区(村)、网格"一盘棋"。

(2) 强化值班值守。建立健全"平战结合"的乡镇(街道)全天候专人值班值守制度,突发事件发生时履行应急值守、信息收集和上传下达、应急响应和协调指挥等职责。社区(村)接到预警信息或在应急响应期间,按规定进岗履职。启动Ⅲ级及以上应急响应或接到强降雨预报时,乡镇(街道)联系领导和驻村干部至少1人入驻到村,社区(村)两委主要负责人带班一线值守。

(3) 信息快速报送。乡镇(街道)依托上下贯通的应急值守信息报送系统,建立健全应急管理信息报送制度,构建信息报送"一张网",明确应急信息报送的范围、程序、时效、流程,由应急管理委员会办公室统一汇总上报。社区(村)在重点区域、重点部位、事故多发行业(领域)设立灾害信息员,实行AB岗制度,明确信息报送任务,发生突发事件第一时间收集、报送辖区内信息。

**3. 建立灵敏高效的基层应急管理处突体系,提升风险管控力**

(1) 精准预测预警。乡镇(街道)健全完善覆盖辖区的预测预警信息网络,汇总辖区内风险预测信息,充分利用各类媒体和手段,及时发布风险预警信息。第一时间将预警信息及时传递到社区(村)应急管理工作组、网格责任人及受影响人员。社区(村)层面建立社区(村)干部、灾害信息员、网格长和网格员定期检查巡查机制,发现各类险情第一时间上报风险预测信息。通过应急广播、喇叭喊话、警报提醒、群公告等及时发布上级和本辖区预警信息。

(2) 排查治理隐患。乡镇(街道)建立辖区安全生产和自然灾害风险定期排查、分析评估机制,聚焦重点领域、重点场所、重点环节,常态化开展风险隐患排查治理,原则上每三个月对辖区内企业(场所)进行一次全覆盖检查,督促辖区内企业(场所)举一反三做好问题隐患闭环整改,及时消除事故隐患。建立分类分级排查检查机制,统筹"三场所三企业"、沿街店铺等常态化排查检查。推行重大风险清单,落实"一险一案"管控措施,实行隐患闭环整改、动态销号。推进委托执法,负责监管辖区单位贯彻执行安全生产法律法规,指导督促企业常态化开展隐患排查治理。社区(村)明确道路交通、涉海涉渔、消防、危险化学品、建设施工、工矿、旅游、城市运行和防汛防台、森林防灭火、地质灾害、防灾减灾等相关责任人,配合乡镇(街道)加强重点场所、重点领域风险点和薄弱点的走访巡查,在隐患点和风险防范区设警示标志,掌握辖区内重大隐患和安全生产违法行为线索,及时采取措施并上报。制定网格排查事项清单并纳入网格员工作职责,加强网格员应知应会知识培训,发挥网格"前哨""探头"作用,不断提升风险隐患在社区(村)一级的发现率、化解率、清零率,努力积"小安"为"大安"。

(3) 及时应急处置。乡镇(街道)建立健全自然灾害类、事故灾难类突发事件应急联动工作机制、工作体系和流程,明确自然灾害、事故灾难发生时的工作处置流程和责任,防止发生次生灾害。探索推动城镇"135应急救援圈"和农村"15分钟救援圈"建设。建立突发事件现场30分钟内连线的可视化指挥调度机制。社区(村)充分发挥应急突击队作用,组织应急救援力量开展先期处置,发动群众开展自救互救,做好人员疏散转移、现场取证、道路引领、后期保障、秩序维护等协助处置工作。

**4. 组建多元统合的基层应急管理力量体系,提升队伍聚合力**

(1) 配强乡镇(街道)应急管理站(办、所、中心)工作力量。配备不少于3~5名行政或事业编制人员从事安全生产监管、自然灾害防范防治工作,其中执法人员不少于2名。危险化学品生产企业、储存企业和"两重点一重大"危险化学品使用企业较多和防汛防台任务较重的乡镇(街道)应配备具有化工、防汛防台专业或工作背景人员,市、县应急管理部门及化工园区管委会危化品安全监管人员中具有化工安全生产相关专业学历和实践经验的不低于在职人员的75%。全面推进落实执法辅助人员配备,原则上按辖区内每150家工业企业、500家商贸企业配备1名执法辅助人员的标准配备辅助力量。

(2) 建强乡镇(街道)综合救援队伍。适应全灾种救援要求,依托消防救援队伍、民兵预备役人员、保安人员、基层警务人员、医务人员等,每个乡镇(街道)组建1支30人以上"一专多能、一队多用、专兼职结合"的基层综合性应急救援队伍,加强日常训练。

(3) 组建社区(村)应急突击队。整合社区(村)干部、物业人员、消防员、属地企业应急力量、社会救援队伍、志愿者等各方力量,组建一支30人左右应急突击队,由乡镇(街道)统筹建立经常性训练机制,遇突发险情第一时间组织开展自救互救。

**5. 强化要素完备的基层应急管理保障体系,提升平战转换力**

(1) 加快工作阵地一体化融合。加强乡镇(街道)应急管理站(办、所、中心)办公设施建设,积极推进应急管理站(办、所、中心)和消防工作站一体化建设,设置办公室、办案询问室、会商室、应急救援指挥室、值班室等功能区，建成功能完备、管理规范的应急管理场所。

(2) 推进避灾安置场所规范化建设。乡镇(街道)应急功能区面积应基本满足应急管理需要。具有通过安全检测鉴定公共建筑的社区(村)，按照《避灾安置场所建设与管理规范》要求，建设可安置50人以上、面积为150平方米以上的规范化避灾安置场所。

(3) 配备符合实际需要的应急物资装备。乡镇(街道)根据抢险救灾实际需要，制定并动态调整乡镇(街道)和社区(村)应急物资储备标准，对照标准落实储备。建立符合储备需要的应急物资专用仓库。配齐执法记录仪、便携式检测仪、移动执法终端等执法专用装备。配备移动单兵、布控球等可视化指挥调度基本装备。按规定配备必要的执法执勤车辆和应急保障车辆。建立应急物资紧急采购、维护检测、分发使用、回收报废、核销补库等管理制度，确保满足辖区抢险救灾需求。物资可以由省级主管部门组织全省统一采购或由各地统一采购，资金各级财政分级承担。社区(村)按照应急物资储备标准，规范做好应急物资储备。引导和鼓励辖区内企事业单位、家庭配备必要的应急物资。多灾易灾社区(村)按规定配备小型发电机、带动力排水泵、手持扩音器。受灾后无法确保应急通信畅通的社区(村)需配置卫星电话。

(4) 编制特色鲜明的应急管理预案。乡镇(街道)结合辖区实际，编制有针对性、操作性的综合应急预案和若干涉及自然灾害、事故灾难、生产安全、建筑施工、消防安全、森林火灾、防汛防台、地震地质灾害等专项预案。着力抓好日常应急预案修订、培训、宣传等管理工作。社区(村)根据本辖区发生突发事件的风险程度，编制涵盖火灾逃生、地质灾害、防汛防台、自然灾害应急救助等内容的综合性"多合一"应急手册。持续完善村级防汛防台形势图，并结合演练情况，及时修订预案。

(5) 组织广泛参与的应急演练。乡镇(街道)坚持广泛参与、联动密切、形式多样、节约高效原则，经常性开展应急演练，推动演练向网格延伸。多灾易灾乡镇(街道)每年至少组织1次综合性或重点灾种应急预案演练，并开展预案演练情况复盘评估，检验应急预案的可操作性，优化应急处置流程。多灾易灾社区(村)每年至少开展1次应急预案演练，其他社区(村)每3年应至少开展1次演练。根据辖区风险实际，抓好防汛防台、火灾逃生、心肺复苏、山地救援、各类创伤及工业中毒救治等培训演练。

# 第三节　公共部门突发性危机管理

## 一、公共部门突发性危机管理的含义

自20世纪90年代以来，战争危机、外交危机、政府危机、财经危机等防不胜防。如何有效应对突发事件，尽可能地预防和减少突发事件的发生，从而减轻突发事件带来的危害，是当今世界各国政府面临的一项重大挑战。对突发性公共危机的认识决定着处理危机的态度，所有突发性公共危机具有时空上的意外性、重大的灾难性和强烈的破坏性。

所谓突发性危机，是指突然发生，造成重大人员伤亡、财产损失、生态环境破坏和严重社会危害，一种由于人们无法预测和人力不可抗拒的强制力量而造成巨大损失的危机。例如，地震、台风、洪水等自然灾害造成的危机，以及战争、重大工伤事故、经济原因、交通事故等引发的危机。因此，各国政府对突发性危机高度重视，并形成了各自的危机管理制度，公共部门突发性危机管理的概念也应运而生。公共部门突发性危机管理就是以政府为主体，联合其他公共组织，通过建立必要的危机应对机制，采取一系列必要措施，防范、化解危机，恢复社会秩序，保障人们正常的生产和生活，维护社会稳定，促进社会和谐健康发展。

## 二、突发性公共事件分类

全国人民代表大会常务委员会通过的《中华人民共和国突发事件应对法》指出，突发事件是指突然发生，造成或者可能造成严重社会危害，需要采取应急处置措施予以应对的自然灾害、事故灾难、公共卫生事件和社会安全事件。根据突发公共事件的发生过程、性质和机理，突发公共事件主要分为自然灾害类(如水旱灾害、气象灾害、地震灾害、地质灾害、海洋灾害、生物灾害、森林草原火灾)、事故灾难类(如环境污染、交通运输事故、安全事故、生态破坏事件、公共设施和设备事故)、公共卫生事件类(如传染病疫情、群体性不明原因疾病、食品安全和职业危害、动物疫情)和社会安全事件类(如恐怖袭击事件、经济安全事件、涉外突发事件)。根据突发公共事件的严重程度、可控性和影响范围等因素，还可以分为一般突发性公共事件、较大突发性公共事件、重大突发性公共事件和特别重大突发性公共事件四类。

## 三、突发性公共危机管理机制

突发性公共危机管理机制是指国家建立专门的常设行政机构，通过有效利用社会资源进行预防和控制突发事件而形成的一整套机制的总和。建立突发事件应急机制的目的在于提高政府对突发事件的预见能力和救治能力，及时有效地处理突发事件，恢复社会稳定以及公众对政府的信任。现代社会对政府提出前所未有的挑战，面对突发事件，需要专门的政府机构利用应急机制进行有效协调、统一指挥，从而力争将危害降到最低限度。

### (一) 公共部门突发性危机管理组织体系

根据有关规定，目前中国应急管理的组织体制或体系包括以下几个。

#### 1. 领导机构

国务院是突发公共事件应急管理工作的最高行政领导机构。在国务院总理领导下，通过国务院常务会议和国家相关突发公共事件应急指挥机构组成领导机构，负责统一领导和协调相关领域突发公共事件的应急管理工作。必要时，派出国务院工作组指导有关工作；遇到重大突发事件，通常是启动非常设指挥机构，或者成立临时性指挥机构，由国务院分管领导任总指挥，国务院有关部门参加，日常办事机构设在对口主管部门，统一指挥和协调各部门、各地区的应急处置工作。

### 2. 指挥机构

应急管理部门和国务院其他有关部门依据相关法律、行政法规和各自职责，负责相关类别突发公共事件的应急管理工作，具体负责相关类别的突发公共事件专项和部门应急预案的起草与实施，贯彻落实国务院有关决定事项。

### 3. 地方机构

地方各级人民政府是本行政区域突发公共事件应急管理工作的行政领导机构，负责本行政区域各类突发公共事件的应对工作。根据相关预案研究制定辖区内突发公共事件应急预案；突发公共事件发生时，根据上级政府的部署启动辖区内应急预案；组织协调、督促检查辖区内各部门、各单位和民众落实突发公共事件处理措施。相关业务主管部门负责辖区内突发公共事件处理工作的业务指导、组织管理与监督检查。

### 4. 专家组

国务院和各应急管理机构建立各类专业人才库，可以根据实际需要聘请有关专家组成专家组，为应急管理提供决策建议，制定和完善突发公共事件处理方案，组织实施科技攻关，解决业务相关的专业技术问题，指导相关业务分析、处理和抢救工作，对业务处理措施的效果进行评估等，必要时参加突发公共事件的应急处置工作。

上述应急管理组织体制或体系的核心和基础是应急指挥机构，应急指挥机构实际是政府在紧急状态时期统一指挥应急管理工作的领导机关。

## (二) 公共部门突发性危机管理工作原则

建立突发性公共危机应急管理机制必须遵循正确的方针，这是由危机事件应急处理的客观要求所决定的。总结国内外处理危机事件的经验和教训，应对各种突发性公共危机应坚持以下原则。

### 1. 以人为本，减少危害

切实履行政府社会管理和公共服务职能，把保障公众健康和生命财产安全作为首要任务，最大限度地减少突发公共事件的发生及其造成的人员伤亡和危害。

### 2. 居安思危，预防为主

高度重视公共安全工作，常抓不懈，防患于未然；增强忧患意识，坚持预防与应急相结合，常态与非常态相结合，做好应对突发公共事件的各项准备工作。

### 3. 统一领导，分级负责

在党中央、国务院的统一领导下，建立健全分类管理、分级负责，条块结合、属地管理为主的应急管理体制，在各级党委领导下，实行行政领导责任制，充分发挥专业应急指挥机构的作用。

**4.依法规范,加强管理**

依据有关法律和行政法规加强应急管理,维护公众的合法权益,使应对突发公共事件的工作规范化、制度化、法治化。

**5.快速反应,协同应对**

加强以属地管理为主的应急处置队伍建设,建立联动协调制度,充分动员和发挥乡镇、社区、企事业单位、社会团体和志愿者队伍的作用,依靠公众力量,形成统一指挥、反应灵敏、功能齐全、协调有序、运转高效的应急管理机制。

**6.依靠科技,提高素质**

加强公共安全科学研究和技术开发,采用先进的监测、预测、预警、预防和应急处置技术及设施,充分发挥专家队伍和专业人员的作用,提高应对突发公共事件的科技水平和指挥能力,避免发生次生、衍生事件;加强宣传和培训教育工作,提高公众自救、互救和应对各类突发公共事件的综合能力。

### (三) 公共部门突发性危机管理运行机制

**1.预测与预警**

各地区、各部门要针对各种可能发生的突发公共事件,完善预测预警机制,建立预测预警系统,开展风险分析,做到早发现、早报告、早处置。

根据预测分析结果,对可能发生和可以预警的突发公共事件进行预警。预警级别依据突发公共事件可能造成的危害程度、紧急程度和发展势态而定;预警信息包括突发公共事件的类别、预警级别、起始时间、可能影响范围、警示事项、应采取的措施和发布机关等。

预警信息的发布、调整和解除可通过广播、电视、报刊、通信、信息网络、警报器、宣传车或组织人员逐户通知等方式进行,对老、幼、病、残、孕等特殊人群以及学校等特殊场所和警报盲区应当采取有针对性的公告方式。

**2.应急处置**

(1) 信息报告。特别重大或者重大突发公共事件发生后,各地区、各部门要立即报告,最迟不得超过4小时,同时通报有关地区和部门。应急处置过程中,要及时续报有关情况。

(2) 先期处置。突发公共事件发生后,事发地的省级人民政府或者国务院有关部门在报告特别重大、重大突发公共事件信息的同时,要根据职责和规定的权限启动相关应急预案,及时有效地进行处置,控制事态。

(3) 应急响应。对于先期处置未能有效控制事态的特别重大突发公共事件,要及时启动相关预案,由国务院相关应急指挥机构或国务院工作组统一指挥或指导有关地区、部门开展处置工作。

(4) 应急结束。特别重大突发公共事件应急处置工作结束,或者相关危险因素消除后,现场应急指挥机构应予以撤销。

### 3. 恢复与重建

(1) 善后处置。积极稳妥、深入细致地做好善后处置工作。对突发公共事件中的伤亡人员、应急处置工作人员,以及紧急调集、征用有关单位及个人的物资,要按照规定给予抚恤、补助或补偿,并提供心理及司法援助。有关部门要做好疫病防治和环境污染消除工作。保险监管机构督促有关保险机构及时做好有关单位和个人损失的理赔工作。

(2) 调查与评估。对特别重大突发公共事件的起因、性质、影响、责任、经验教训和恢复重建等问题进行调查评估。

(3) 恢复重建。根据受灾地区恢复重建计划组织实施恢复重建工作。

### 4. 信息发布

突发公共事件的信息发布应当及时、准确、客观、全面。事件发生的第一时间要向社会发布简要信息,随后发布初步核实情况、政府应对措施和公众防范措施等,并根据事件处置情况做好后续发布工作。信息发布形式主要包括授权发布、散发新闻稿、组织报道、接受记者采访、举行新闻发布会等。

**🔵 阅读材料**

## 国务院安委会办公室《关于进一步加强
## 国家安全生产应急救援队伍建设的指导意见》解读

近日,国务院安委会办公室发布《关于进一步加强国家安全生产应急救援队伍建设的指导意见》(以下简称《意见》)。为便于理解掌握《意见》内容,扎实做好贯彻实施工作,现就有关内容解读如下。

### 1. 起草背景

党的十八大以来,以习近平同志为核心的党中央高度重视应急管理和安全生产工作。2019年11月29日,习近平总书记主持中央政治局第十九次集体学习时发表重要讲话,就推进我国应急管理体系和能力现代化作出了全面论述,强调要加强应急救援队伍建设,建设一支专常兼备、反应灵敏、作风过硬、本领高强的应急救援队伍;要强化应急救援队伍战斗力建设,抓紧补短板、强弱项,提高各类灾害事故救援能力;要坚持少而精的原则,打造尖刀和拳头力量。习近平总书记的重要讲话,为应急救援队伍包括安全生产应急救援队伍建设提供了科学思想指引、根本政治保证和强大发展动力。

各地区、各有关部门以习近平新时代中国特色社会主义思想为指导,认真贯彻落实党中央、国务院决策部署,积极推动安全生产应急救援力量体系建设,队伍指挥管理体系不断健全、应急救援效能显著提升、支撑保障能力明显加强,已建成102支、2.2万余人的国家安全生产应急救援队伍，在矿山、危险化学品、油气开采和管道输送、隧道施工等行业领域事故抢险救援中发挥了不可替代的骨干作用，为防范化解重大安全风险、保护人民群众生命财产安全作出了积极贡献。同时也要看到，实践中仍然存在着队伍管理体制机制有待完善、教育训练有待加强、专业救援技战术水平有待提升、投入保障相对不足、先进适用装备更新滞后、职业保障政策尚不完善等方面的问题。此外，随着我国新型工业化和乡村振兴战略的实施推进，川藏铁路、"一带一路"倡议、西部大开发、雄安新区等国家重大工程的建设运行，国家级化工园区、石油储备基地等高风险区的建设管理，进一步凸显了经济社会发展对安全生产应急救援力量的需求和当前队伍建设发展不平衡不充分之间的矛盾。

为认真贯彻落实习近平总书记关于应急管理、安全生产重要论述精神和党的二十大有关决策部署，推动国家安全生产应急救援队伍建设发展尽快适应新时代新形势新任务，破解当前队伍面临的困难和问题，进一步优化专业救援队伍的规模、结构、布局，促进队伍整体能力素质提升，真正打造成为国家安全生产应急救援的尖刀和拳头力量，满足经济社会发展和国家战略需要，制定了本《意见》。

### 2. 起草过程

《意见》在起草过程中，始终把握站位要高、研究要深、发现问题要准、解决举措要实的要求：一是深入调查研究。在全面开展书面调研的基础上，有重点地开展现场实地调研，多次组织召开国家安全生产应急救援队伍建设改革座谈会，召集地方应急管理部门、国家安全生产应急救援队伍和依托单位(企业)代表，就国家安全生产应急救援队伍在新时代应急救援工作中的职责定位、建设发展所面临的困难和问题、如何推进队伍高质量发展、更好担负起处置重特大事故灾害救援任务等，深入座谈研讨、研究对策措施。二是广泛征求意见。《意见》起草过程中，在征求应急管理部相关司局单位的意见并修改完善的基础上，广泛征求了有关安委会成员单位、省级应急管理部门、国家安全生产应急救援队伍及依托单位、安全生产协会的意见，并公开向社会公众征求意见，就收到的所有反馈意见，逐条认真研究，大部分予以采纳吸收，使《意见》提出的目标、任务、措施等最大限度地符合实际、切实解决问题，最终实现促进队伍整体能力提质升级的目标。同时，按有关规定向国家发展改革委申请开展并通过了《意见》与宏观政策取向一致性评估。三是注重统筹衔接。《意见》的研究起草工作聚焦于完善安全生产应急救援力量体系、有效提升安全生产应急救援能力，围绕队伍的职责使命、管理体制、运行机制、保障措施等方面的改革措施展开，与《"十四五"应急救援力量建设规划》《安全生产应急救援力量建设总体方案》相衔接，同时推动更好地落实《安全生产法》《生产安全事故应急条例》等法律法规的有关要求。

### 3. 总体考虑

坚持以习近平新时代中国特色社会主义思想为指引，认真贯彻落实党的二十大精神和习近平总书记重要训词精神，紧紧围绕建立大安全大应急框架和建设"专常兼备、反应灵敏、作风过硬、本领高强"国家应急救援队伍的总要求，着力抓好政治建队、改革建队、科技建队、人才建队和依规建队，适应改革发展需要，全面提升国家安全生产应急救援队伍整体救援能力水平，在防范化解重大安全风险和保护人民群众生命安全中发挥更大作用，为坚决维护国家安全和社会稳定提供有力保障。

一是坚持党的领导。加强党对国家安全生产应急救援队伍建设的集中统一领导，全面贯彻落实党中央国务院决策部署，充分发挥各级党组织作用，确保国家安全生产应急救援队伍建设的正确发展方向。

二是坚持"两个至上"。树牢人民至上、生命至上理念，始终把保护人民群众生命安全放在首位，围绕快救人、多救人、减少财产损失的目标要求，大力提升队伍快速响应和高效处置能力。

三是实行共建共管。坚持政府主导、企业负责，明确国家、地方、企业各方责任和义务，协同推进国家安全生产应急救援队伍建设，鼓励社会力量参与支持队伍建设。

四是发挥专业优势。强化生产安全事故专业救援能力建设，打造适应国家应急救援能力现代化需要的专业救援尖刀和拳头力量，在立足本职的基础上适度拓展应急救援服务领域。

五是坚持战斗力标准。坚持少而精的原则优化国家安全生产应急救援队伍布局，着力提升队伍战斗力，抓紧补短板、强弱项，强化实战化训练演练，依靠科技装备提高应急救援科学化、专业化、智能化、精细化水平。

### 4. 主要内容

第一部分明确了总体要求，阐述了指导思想，提出了国家安全生产应急救援队伍建设原则，围绕建设"专常兼备、反应灵敏、作风过硬、本领高强"国家应急救援队伍的总要求，提出了到2026年、2035年两个阶段发展目标，推动国家安全生产应急救援队伍救援能力适应社会主义现代化建设需要。

第二部分聚焦国家安全生产应急救援队伍能力建设，提出了九项主要任务。一是强化队伍职责使命。进一步明确了国家安全生产应急救援队伍作为国家常备应急骨干力量，在专业救援、灾害抢险、依托企业事故预防、社会化服务和科普宣传等5个方面的职责任务。二是加强队伍政治建设。通过加强党组织建设，强化党对国家安全生产应急救援队伍的领导，通过加强思想政治教育、理论武装、纪律要求、作风建设来提高队伍的履职能力。三是加强队伍共建共管机制建设。明确应急管理部(含国家安全生产应急救援中心)、省级应急管理机构和矿山安全监察局各省级局、依托单位三个层级的职责，共同建好建强国家安全生产应急救援队伍。四是加强队伍调动指挥机制建设。按照"谁调动、谁负责"的原则，明确了应急管理部(含国家安全生产应急救援中心)、省级部门和依托单位调动国家安全生产应急救援队伍开展救援的权限，并根据权限实施救援指挥和提供战勤保障；提出了国家安全生产应急救援队伍参加事故灾害救援时，在服从现场指挥部统一指挥的同时，应健全完善队伍现场救援指挥机制，为科学安全高效救援提供组织保障。五是加强队伍规范化建设。通过建立完善国家安全生产应急救援队伍建设标准、开展救援能力评估，建立队伍准入退出机制，确保队伍始终保持履行职责使命需要的战斗力；分类、分专业建立国家安全生产应急救援队伍建设标准，建立和实施分级考核验收办法，推进队伍规范化管理。六是加强队伍应急救援能力建设。围绕提高队伍快速出动能力、生命搜救能力、现场实战能力、救援协同能力和战勤保障能力，健全应急救援制度机制、强化训练演练、完善协调联动，实现科学救援、安全救援、高效救援。七是加强队伍科技装备建设。从注重科技装备研发、加强先进适用装备配备和加快信息化智能化建设等方面，明确建立产学研用协同攻关开发机制，强调救援装备与队伍承担的救援任务相匹配，健全救援装备、物资储备和调用机制，提升先进技术装备水平和应用效能。八是加强队伍人才建设。明确要拓宽渠道、搭建舞台、创造环境，切实锻炼培养救援指挥人才、工程技术人才和工匠技能人才队伍，全面提高国家安全生产应急救援队伍攻坚克难救援能力。九是加强队伍职业保障政策建设。依法依规使用企业安全生产费用保障队伍救援技术装备、设施配置费用支出；研究健全完善国家安全生产应急救援队伍职业保障政策，解决队伍、队员后顾之忧，为队伍健康发展提供保障。

第三部分围绕强化保障措施提出了三个方面具体要求。一是加强组织领导，有关单位、企业和部门要提高站位，加强沟通协调和督促检查，高标准推进各项建设任务。二是强化责任落实，按照工作分工，明确时间表、任务图和责任人，形成齐抓共管工作合力。三是加强舆论宣传，讲好救援故事，为推进国家安全生产应急救援队伍建设营造良好氛围。

### 5. 主要特点

《意见》立足当前、着眼长远，提出的一系列改革举措和工作任务，具有理论与实践相统一、继承与创新相结合的鲜明特征，是当前和今后一个时期加强国家安全生产应急救援队伍建设的指导性文件。

一是把握职责定位。党的二十大提出建立大安全大应急框架，推动公共安全治理模式向事前预防转型。《意见》提出，国家安全生产应急救援队伍是国家常备应急骨干力量的重要组成部分，要在生产安全事故救援中彰显专业优势、发挥主导作用，同时发挥好"一专多能"作用、在自然灾害抢险救援中贡献力量。还要更加注重发挥预防作用，创新服务模式，积极开展预防性安全检查、安全应急技术服务和科普宣传，助力企业强化源头管控、事前预防，不断提高社会公众安全和应急的意识能力，努力将风险隐患消灭在萌芽状态。

二是明确建设目标。面对安全生产应急救援事业发展的新形势、新情况、新要求，《意见》提出，到2026年，国家安全生产应急救援队伍现代化建设取得重大进展，在现有队伍规模基础上适度新建一批队伍；到2035年，建立与国家应急救援能力现代化相适应的国家安全生产应急救援队伍体系。这"两步走"发展目标明确了队伍建设的主要方向和时间路线，既相互承接，又各有侧重。第一个目标着力优化队伍的规模、结构、布局，适度推动量的拓展，提高救援能力水平；第二个目标在完成第一个目标的基础上，更加注重质的全面提升，形成依法应急、科学应急、智慧应急新格局。

三是坚持问题导向。经过新中国成立70多年的探索发展，我国走出了一条依托国有骨干企业建设专业化安全生产应急救援队伍的特色之路，安全生产应急救援队伍成为生产安全事故救援工作的专业中坚力量。与此同时，对照新时代打造国家常备专业应急骨干力量的标准，队伍建设还存在诸多突出问题。《意见》以强化队伍职责使命为牵引，以加强队伍政治、共建共管机制、调动指挥机制、规范化、应急救援能力、科技装备、人才、职业保障政策等八个方面的建设为支撑，着力解决制约队伍建设发展的基础性、源头性、瓶颈性问题，促进队伍整体能力提质升级。

四是强化统筹协调。坚持系统观念，统筹协调各方面的力量和资源加强队伍建设。结合我国国情和社会主义制度特征，在总结长期以来安全生产应急救援队伍建设经验的基础上，《意见》提出队伍由应急管理部(含国家安全生产应急救援中心)与队伍属地人民政府、依托单位三方采取联合的方式进行建设和管理，各级安委会成员单位要大力支持队伍建设，鼓励社会力量参与支持队伍建设；同时，在队伍调动指挥机制、救援技术装备联合攻关研发、人才招录培养、健全完善职业保障政策方面，注重发挥各方优势和职能作用共同促进队伍建设管理。在保障落实上，明确要求有关安委会成员单位、有关中央企业总部、各省级应急管理部门要提高站位、分工协作，努力形成各方面勇挑重担、齐心协力抓落实的工作格局。

资料来源：国家安全生产应急救援中心. (2021-01-06). https://www.mem.gov.cn/gk/zcjd/202301/t20230106_440142.shtml.

**🔲 延伸阅读**

### 城市：安全才能让生活更美好!

资料来源：新闻1+1. (2023-05-12). https://tv.cctv.com/2023/05/12/VIDE6iGLLfvBGNVM9SO0Rjsv230512.shtml.

### 全国自然灾害综合风险普查，将改变什么?

资料来源：新闻1+1. (2023-02-15). https://tv.cctv.com/2023/02/15/VIDETcamVINTKCfDwhkC67Lw230215.shtml.

**本章思考题**

1. 什么是公共危机? 公共危机的类型有哪几种?

2. 简述公共危机管理与公共部门危机管理的区别。

3. 简述公共部门日常危机管理的组织设置及职能。

4. 简述突发性危机管理工作的原则以及机制。

5. 社会组织为何要参与公共危机管理?

6. 非政府组织如何参与公共危机管理?

# 第八章 | 第三部门与公共管理

20世纪80年代以来，伴随着社会领域改革的不断深入，中国各类第三部门组织正在蓬勃发展，在实践中逐步确立了对非营利性组织培育发展与监督并举的方针，加大机构整合力度，健全部门之间的协调配合机制。整合过程即建立一个"整体政府"的过程，"整体政府"要求政府与私营部门以及第三部门合作协调，建立健全网络管理模式。毕竟政府和市场不是万能的，政府与市场失灵都会带来严重的社会经济问题，这也使第三部门的地位日益重要。第三部门发展成为公共管理的重要课题，公共管理为第三部门赋予了明确的使命和目标，公共管理转型与第三部门发展之间存在着密切联系，对第三部门发展进行研究对于第三部门管理的学科建设与公共管理实践活动都有着十分重要的意义。

## 第一节　公共管理与第三部门的形成

随着社会变迁和政治经济文化发展，社会中的公共事务日益增多并越来越复杂，公共管理主体不再局限于传统的政府，在市场和政府作为社会资源配置的"两只手"之外出现了"第三只手"——第三部门。它的出现，打破了传统的"国家—社会"的二元结构，形成了新的"政府—经济—社会"的三元结构。

### 一、第三部门的界定

第三部门(third sector)的概念最早由美国学者莱维特(Levitte)提出。在此之前，人们往往将社会组织一分为二，非公即私。莱维特认为这种划分太粗糙，忽略了一大批处于政府与私营部门之间的社会组织，它们所从事的是政府和私营部门"不愿意做、做不好或不常做"的事情，并进而把这类组织统称为"第三部门"。联合国宪章第71条将第三部门定义为：第三部门是指介于政府部门与企业部门之间或之外的社会部门，它是除政府机构和营利机构以外的社会组织，与政府部门以及企业部门共同构成现代社会的三大支柱。

目前，"第三部门"所指的社会组织相当庞杂，因此，对其下定义就显得很困难。国际上有关第三部门的定义主要围绕以下几个方面进行。

第一，给出法律上的定义。例如，美国税法501(c)(3)规定，免税组织必须符合三个条件才是第三部门组织：一是该机构的运营目标完全是为了从事慈善性、教育性、宗教性和科学性的事业，或者是为了达到该税法明文规定的其他目的；二是该机构的净收入不能用于使私人受惠；三是该机构所从事的主要活动不是为了影响立法，也不干预公开选举。

第二，依据组织的资金来源加以定义。例如，根据联合国国民经济核算体系标准，如果一个组织的一半以上收入来自以市场价格进行的销售，这个组织就是营利部门；如果一个组织的资金主要依靠政府的资助，这个组织就是政府部门；如果一个组织一半以上的收入不是来自以市场价格出售的商品和服务，而是来自其成员交纳的会费和支持者的捐赠，则这个组织是非营利的第三部门组织。

第三，依据组织的结构与运作加以定义。这一定义由美国约翰·霍普金斯大学非营利组织比较研究中心提出，它着眼于组织的基本结构和运作方式，符合以下5个条件的组织即是非营利组织：①有内部规章制度、负责人和经常性活动。纯粹的非正规的、临时集聚在一起的人不能被认为是非营利组织的一部分。非营利组织应该有根据国家法律注册的合法身份，这样才能具有契约权，并使组织的管理者能够对组织的承诺负责。②它不是政府的一部分，也不是由政府官员主导的董事会领导。但这并不意味着非营利组织不能接受政府的资金支持。③它不是为其拥有者积累利润。非营利组织可以营利，但所得必须继续用于组织的使命，而不是在组织缔造者中进行分配。④它能够控制自己的活动，有不受外部控制的内部管理程序。⑤无论是实际开展活动还是在管理组织的事务中均有显著程度的志愿参与，特别是形成由志愿者组成的董事会和广泛使用志愿工作人员。

对于西方国家来说，从"结构与运作"方面来定义更符合其第三部门的特点。而对于中国来说，第三部门是介于政府和企业之间的社会组织，它既不归属于政府部门，也不归属于市场经济组织。所以，可以将其定义为：以供给准公共产品为主要取向，不以营利为主要目标，不具有强制性，实行自愿和自治式运作，独立于政府主体和私人主体之外的民间组织机构。

## 二、第三部门与公共管理的内在相关性

20世纪70年代以来，发端于西方国家的结社革命迅速波及全球，引起了众多学者的关注，公共管理学者也不例外。从公共管理视角讨论第三部门，是由于两者有着内在的逻辑联系：①"全球结社革命"的出现和"公共管理运动"的兴起是几乎同时发生的全球性浪潮，两者在方向上是一致的。这体现为在新的历史条件下，政治国家与公民社会合作关系的调整，即政府权力边界的收缩和社会组织自主性的增强。②第三部门理论与公共管理理论主张的公共事务管理理念之间的契合。两者都主张民主参与的管理理念，认为公共管理主体应该多元化，拒绝政府对公共管理的垄断和独占，强调社会力量对公共事务的参与，政府与社会的共同合作实现公共利益；两者都认同社会自主自由理念，认为政府权力作用应该有严格的法定边界，政府之外的社会力量有权制约政府；两者都重视并尊重公民的自主权和参与权。③在实践中，第三部门是公共管理主体的重要组成部分，承担了公共管理的职能，分享公共权力并制约政府权力。

## 三、公共管理中第三部门发展的实践基础

公共管理学兴起于19世纪末20世纪初，由传统的公共行政学到公共政策分析再到公

共管理学，其间经历了一百多年的发展历程。到了20世纪80年代，新公共管理加强了对第三部门治理作用的重视，将研究焦点由传统的"内部取向"转变为"外部取向"，并以高层管理者的战略决策为焦点。新公共管理将第三部门管理看作政府再造、政府管理改革和全球治理的重要路径，对第三部门的发展给予了大力支持。公共管理的发展历程是第三部门产生的土壤，为第三部门发展提供了现实基础。

### (一) 第三部门兴起是西方传统福利国家政策失效的结果

西方国家形成的提供社会福利的政府保障体系自20世纪80年代以来受到了巨大的挑战，日益庞大的社会福利财政开支损害了市场投资，而负担过重和官僚化的政府也没有能力包揽公众指派给的各种任务，这种状态渐渐受到了公众的强烈质疑，损害了私人投资的积极性，公共管理效率低下。与此同时，人们认为福利国家政策的全面渗透缩小了公民的民主自由空间，应当对它进行反思和改善；加之"市场万能"与"政府神话"破碎的事实，一些国家政府逐渐将部分公共物品的提供权转移给社会。这些都为第三部门发展提供了现实的动力。从此，公共管理的内容不仅仅是指由政府机构负责的公共行政事务，还包括由第三部门占主导地位的社会公益事业以及公共部门与私人部门合作进行的公共项目。

### (二) "新公共管理运动"为第三部门成长提供了实践基础

19世纪20年代以后，由于资本主义向垄断资本主义发展，西方各主要资本主义国家相继进入发达工业时代。政府组织机构开始不断膨胀，政府的职能也在不断扩大，出现了所谓的"行政国家"。1929—1933年，西方国家爆发了有史以来最严重的经济危机，不但给资本主义制度以沉重的打击，而且宣告了"自由放任"理论的破产。20世纪80年代，西方国家的改革主要体现为以下几个方面：调整政府与社会、政府与市场的关系，转变政府职能，做到管少管好；利用市场和社会力量提供公共服务，弥补政府财力和服务能力的不足；改革政府部门内部的管理体制，提高公共机构的工作效率和服务质量，这场改革就是"新公共管理运动"。"新公共管理运动"的兴起意味着公共管理主体格局的变化，要求有更多的非政府组织共同参与到管理过程中，一起承担公共管理的职能，实现公共利益。许多国家政府放松了对公民结社的管制，甚至通过立法支持第三部门，确定其权利和义务，规范其行为，增强了社会公众对第三部门的信任和信心。

## 四、公共管理与第三部门发展的理论契合

第三部门理论与公共管理理论都主张国家与公民社会的合作，强调所有社会成员有权利自由、平等地管理自身并参与管理公共事务，以实现整个社会的共同利益；主张民主参与，组织结构横向与纵向的变革，实现分权化。

第三部门参与社会治理、满足社会的多元化需求有着充分的理论基础。公民社会理论是第三部门参与社会治理的基础，没有公民社会的发育就不能存在第三部门以及对多

元参与的实践，而多元参与性是合作主义强调的政府与社会组织在各个领域的合作性。此外，"治理"理论的兴起唤起了第三部门的发展，为其提供了更充分的理论依据。"治理"也可称为"善治"，治理的最终目的是满足公众的需要，最大限度地增进公共利益，它不是一整套规则，也不是一种活动，而是一个过程。20世纪90年代以来，面对复杂的社会形态，公共管理不能再停留在传统的公共部门和行政人员执行命令的层面上，而是要侧重从网络化治理的角度来理解复杂化条件下的公共管理改革。"治理"是指对合作网络的管理，是为了增进和实现公共利益，使政府与私营部门、第三部门或公民个人等众多公共管理主体彼此合作，在相互依存的环境中分享公众权利，管理共同事务的过程，它强调国家权力向社会回归，还政于民。由此推动了第三部门的健康发展。

## 五、新公共管理中第三部门的优势

第三部门是政府和市场之外的组织，在社会中处于特殊的地位。第三部门具有非营利性、中立性、自主性、多样性、专业性、灵活性、开创性、参与性和低成本的特征。这些特征在公共管理中转化为第三部门的优势。

### (一) 贴近民众的优势

第三部门是由民众自愿组织而形成的以公益为取向的公民社会组织，它与政府强求的公益相比较，具有更多的志愿性特色；与以自愿求私利的市场组织相比较，第三部门的公益取向使它和公众的联系更紧密，更能够与民众建立信任和联系。第三部门组织往往是由具有强烈使命感的人发起的，其成员和支持者也是对该事业具有奉献精神的人，他们对组织具有强烈的归属感，对所从事的事业具有使命感，这些在志愿组织中表现得更为明显。这种无形资产是其他任何组织都无法比拟的，它推动着第三部门成员勤勉工作，为了事业而自愿奉献。由此可以提高第三部门的服务质量，降低成本，并与公众建立良好的公共关系。许多第三部门以社会弱势群体或边缘性社会群体为服务对象。一些第三部门组织坚持自助、互助、助人的原则和自主解决社会问题的精神，可以减少市场机制的负面效应，摆脱国家机构的官僚作风，更能够得到公民的支持和认同。第三部门组织贴近民众，获得民众的合法性认同是其获取社会资源的重要前提条件。

### (二) 行动灵活的优势

第三部门可以根据环境的变化灵活地调整自己的战略和行动计划，以应对各种挑战，实现公共管理的针对性、有效性和灵活性。奥斯本和盖布勒认为，在提供公共服务方面，第三部门和政府部门各有其优势和劣势。第三部门的优势体现为以下几个：①第三部门更容易接近服务对象；②第三部门更灵活地对服务对象的需求作出反应；③第三部门更适合处理高风险的社会问题。现代社会的变化日新月异，人们对公共物品的需求更为个性化和多样化，更具有变动性的特点，公共事务更为复杂多变，这些都为第三部门的活动扩展了空间。庞大的层级制的政府官僚机构限制了政府行动的自由，而灵活性的第三部门行动更方便，反应更迅速，能够更好地适应环境的变化。第三部门的灵活行动可以促使其更好地满足社会成员对公共物品多元化的社会需求。从公共管理的视角看，可以提高公共管理的回应性，增强公共管理的"顾客"取向。

### (三) 勇于创新的优势

公共管理往往需要开风气之先，与其行为灵活相联系，而第三部门对公共管理中新出现的问题敢于创造性地加以处理。在美国，民权事业、环保事业、妇女运动、对少数民族的保护等重要的社会变革都是由第三部门组织发起的。第三部门的这种创新既有技术方面的创新，也可能形成新的制度，成为体制变革的先导性力量。第三部门的创新性使得公共管理变得更具有适应性和回应性，也使得公共管理从传统的公共行政的僵化和保守的形象转变为更有活力和朝气的新形象。

### (四) 广泛性的优势

第三部门所包括的范围非常广泛，在政府不愿意做或无法顾及的地方都可以提供公共物品和公共服务，起到补缺的作用。在现代社会的发展进程中，人们的需求越来越多样化，政府不可能用统一的政策和行为满足社会各种各样的需要。第三部门数量众多，范围广泛，规模不等，覆盖面广，渗透性强，能够满足社会不同群体的需求。

## 第二节　第三部门在公共管理中的角色与功能

随着社会的发展，公共管理所涉及的范畴不断扩展，第三部门作为公共管理的补充性主体逐渐出现在人们的视野中。有效的参与方式是第三部门在公共管理中发挥作用的重要保证，第三部门以其独有的角色发挥着特殊功能。

### 一、公共管理中第三部门的角色

#### (一) 第三部门的政治角色

第三部门不仅在经济活动和社会生活中能够承担部分公共管理职能，而且在保障公民权利方面也发挥着积极作用。

1. 政府权力的监督者

对政府的监督，除了需要政府体制内的权力制衡机制外，还需要体制外的制约，这种体制外的力量就是授权给人民的力量。然而单一的个人只有结成有机的整体即社会组织，才可能有力量监督政府，影响政府的公共决策，使政府实现为大多数人服务的宗旨。所以，第三部门是制约政府权力的重要社会力量。

2. 政府合法性的资源供给者

在现代社会，由于政府的合法性资源既不是靠传统和个人魅力来提供的，也不是靠政府自己提供的，而是来自广大民众的支持。所以，政府的合法性基础是法律制度，是民众对制度的认同，第三部门是政府合法性的资源供给者之一。

### 3. 公民参政素质提高的促进者

首先，第三部门活动有利于培养公民正确的参政观念。公民参政必须拥有正确的参政观念，并自觉参与到民主建设中。第三部门的活动不仅能够培养公民积极热情的态度，还可以培养其正确观念。其次，第三部门的活动有利于提高公民参政的技能，引导公民理智地进行参政活动。在第三部门活动中，公民对涉及自身利益的经济、政治、社会生活问题拥有自主权，公民将行使公民权利与维护自身利益相结合，而有利益支撑的参政行为是能够长久稳定和持续发展的。相反，如果没有利益支撑，公民参政则易走向两个极端，即要么政治参与冷漠，要么政治参与狂热，这两者都不利于提高公民的参政素质。

## (二) 第三部门的社会角色

### 1. 社会服务者

社会服务是第三部门的基本功能。第三部门从事大量的社会公益事业和各种社会服务活动，既帮助了政府，也使社会受益，满足了社会成员对社会公共物品多元化的需求。它主要为社会成员提供两种服务，即中介服务和直接服务。中介服务是将需要者和提供帮助者联结起来。例如，各级工会组织提供的就业咨询及指导服务，将希望就业者与用人单位联结起来。直接服务就是为有服务需求的人士提供直接的服务，包括为老年人、残疾人、少年儿童及普通居民提供的各项服务。

### 2. 社会沟通者

第三部门通过沟通政府与企业、政府与社会、政府与市场，使社会在市场机制的作用下形成新的整合，从而发挥其桥梁和纽带作用。它一方面向政府反映企业、社会的意见和建议，供政府制定政策、法律时参考；另一方面协助政府做好宣传、指导、监督工作，使其更好地实施法律、法规和政策。

### 3. 社会评估与裁断者

在市场经济中，需要具有专业知识、专门设施的机构对生产及消费的产品作出客观公正的评价，需要不受地域限制、当事人可以自由选择的公平、独立裁断的组织，而第三部门可以在其中扮演重要角色。

### 4. 社会协调与代理者

在市场经济中，多元的利益格局需要有专门的机构来协调，纷繁的经济和社会事务需要有专门的机构来代理，行业协会、同业工会、商会等第三部门就承担起了社会协调与代理的功能。

5.社会文明的倡导者

第三部门所倡导的关心人类、坚守人道主义精神以及它所推崇的"我为人人，人人为我"的社会价值观，具有提高公民素质、倡导社会文明的积极作用。

第三部门发挥社会作用的主要途径有两种，即传统途径与现代途径。传统途径是指第三部门以宗教名义、地方具有名望的组织的名义，或直接布施，或为乡里造桥修路，这种途径所包含的种类与起到的作用相当有限。现代途径是指第三部门以契约外包、特许权、辅助制、购买券、志愿服务、自助服务等形式提供各种服务。这种途径的作用更广泛，影响也更深远。

## 二、公共管理中第三部门的功能

第三部门的出现是人类社会20世纪重要的文明成果。萨拉蒙(Salamon)认为："如果说代议制政府是18世纪的伟大发明，而官僚政治是19世纪的伟大发明，那么可以说，那个有组织的私人自愿性活动即大量的公民社会组织代表了20世纪最伟大的社会创新。"

第三部门概念的提出使人们看到了解决社会问题的新希望，人们开始寄希望于第三部门优势的发挥和"政府—市场—社会"三维立体架构形成的合作互助、优势互补机制的良性运转。公共管理中的主体格局是一种多元立体结构，市场是看不见的手，政府是看得见的手，第三部门则是它们之外的第三只手。第三部门的功能主要包括以下几个方面。

### (一) 推动经济发展，解决社会就业的重要力量

第三部门能够填补政府用于社会发展资金的不足，创造相当比例的国内生产总值，并为社会提供大量的就业机会。在《全球公民社会》中，萨拉蒙展示了调查所得到的数据。在被纳入调查视野的22个国家中，即使排除了宗教团体，22个国家的非营利部门构成一个1.1兆美元的产业，非营利支出平均达到国内生产总值的4.6%。如果将这些国家的非营利部门比作一个单独的国家，那么它将成为世界第八经济大国，比巴西、俄罗斯、加拿大和西班牙还要领先。这些国家的非营利部门雇用了将近1190万全职工作人员，相当于这些国家最大私营企业就业人数总和(330万人)的3.6倍。非营利部门的就业占所有非农就业的近5%，占所有服务行业就业的10%，占所有公共部门就业的27%。非营利部门还吸引了相当数量的志愿力量。实际上，这些国家中平均占人口总数28%的人向非营利组织贡献了他们的时间。如果将志愿者的贡献也计入其中，非营利组织提供的就业机会则相当于2960万全职工作人员，占到这些国家非农业总就业的7%，占服务业就业总数的14%，占公共部门就业总数的41%。

### (二) 提供广泛的公共服务，满足社会成员对公共物品的多元化需求

近年来，美国非营利性组织提供了政府出资的所有社会服务56%的份额、就业和训练服务48%的份额、保健服务44%的份额。第三部门主要为社会成员提供政府不便或不

能提供的公共服务，政府提供的公共服务倾向于满足社会成员中位性的需求，并且往往以统一规范的方式提供，第三部门以其灵活性可以提供满足社会成员特殊需求的公共物品。

### (三) 维护公民权利、参与公共决策，推进民主政治发展

第三部门参与公共事务的管理、分享和制约政府权力，是政治民主化进程的重要推动力量。政府收缩权力和职能范围、还权于公民社会、让公民自主管理并参与公共管理，以法律规定政府和社会的行为边界，既是第三部门发展的必然要求，又是民主政治的重要内容。可以说，第三部门的发展与民主政治的推进是互动的。20世纪70年代以来，第三部门正逐渐发展成为影响政府决策的重要因素。许多第三部门，尤其是那些专业性学术研究团体，具有丰富的专业知识，越来越多的专业社团开始承担起政府智囊团的角色，为政府决策提供咨询服务，从而对政府决策产生重要影响，推动了政府决策的民主化，减少了政府决策的失误。

### (四) 有利于提高公共管理效率

在传统的政府管理中，由于成本和效益的模糊性，公共产品和公共服务的测量和评估极其困难，使得政府怠于改进绩效。第三部门介入公共管理之后，则增加了公共产品提供的社会化和透明化，使政府改进公共管理绩效有了新的动力。同时，公共管理的非市场和非交换原则被打破，公共产品的供给方式和手段呈现多样化形态。一方面，市场原则被引入公共管理中；另一方面，公共管理本身也得以接受市场的检验，公众有了一定的选择机会。

### (五) 有利于社会资本积累

社会资本是法国社会学家皮埃尔·布迪厄(Pierre Bourdieu)提出的概念，普特南(Putnam)把它解释为"能够通过推动协调的行动来提高社会效率的信任、规范和网络"。这可以从三方面来理解：①社会资本主要是主观态度和价值观，它促使人们相互合作、信任、互惠、理解和同情；②社会资本主要体现在与个人或组织有关的社会关系之中；③社会资本是社会结构和社会关系的一种特性，有助于推动社会行动和解决问题。社会资本属于意识层面，是在社会实践中产生并发展的。社会资本产生于社区中的个人自愿为增进集体利益所作的努力，常常在一种志愿组织的实践过程中得以完成。社会资本的积累是国家或地区繁荣和有效民主机制建立的前提条件。在繁荣和民主发展的背后，社会资本发挥了至关重要的作用。而民间社团参与公共生活也有助于社会资本的建立和积累。第三部门通过提供各种服务，促进了公民参与，加速了社会资本的形成和转化，形成社会成员之间互相信任、互相帮助的关系网络，从而规范和激励了人们的行为，为公共管理提供了有力的社会文化支撑。

**阅读材料**

## 我国社会组织发展十年回顾

社会组织是我国社会主义现代化建设的重要力量，党中央、国务院历来高度重视社会组织工作。党的十八大以来，各级党委、政府围绕"中国特色的社会组织发展之路"这一重大时代命题，全面加强党的领导、大力强化法治建设、积极开展改革创新、奋力推动高质量发展，社会组织领域发生历史性变革，我国成功走出了一条具有中国特色的社会组织发展之路。

### 1. 党建引领指明社会组织发展道路

党的领导是中国特色社会主义最本质的特征，在社会组织领域坚持党的领导是应有之义。党的十八大提出，要加大社会组织党建工作力度。2015年9月28日，中共中央办公厅印发《关于加强社会组织党的建设工作的意见(试行)》，从整体上对社会组织党建工作作出顶层设计。同年10月16日，中央组织部召开全国社会组织党的建设工作座谈会，全面部署加强社会组织党建工作。

一个文件、一个会议，为新形势下全面加强社会组织党建工作指明前进方向，提供了基本遵循。

实现党的组织覆盖和工作覆盖是党组织发挥作用的基础和前提。各地组织部门和民政等部门本着应建尽建的原则，采取各种方式，力争实现党的组织和党的工作"两个全覆盖"。凡有3名以上正式党员的社会组织，要设立党组织；规模小、党员少的社会组织，可联合建立党组织；暂不具备组建条件的社会组织，则通过选派党建工作指导员、联络员或建立工会、共青团组织等途径，确保党的工作"不缺位"。

为确保工作有效推进，各地明确制度、细化举措，将党建工作与社会组织登记管理工作相融合，与社会组织成立登记、章程核准、年检年报、专项抽查、等级评估、教育培训"六同步"，将"两个全覆盖"工作落实到社会组织登记管理工作全流程。

据统计，在党的十九大召开前，2300余家全国性社会组织已实现"两个全覆盖"。十年来，社会组织领域共建立基层党组织17.1万家，基本实现应建尽建。

党建引领下，社会组织受关注度日益提高。各地建立了社会组织协调机制，天津、山西等20多个省份将社会组织工作列入地方党委政府绩效考核内容；宁夏回族自治区党委召开专题会议部署开展基层治理大调研，社会组织治理被重点纳入；广西壮族自治区成立社会组织管理工作领导小组，将社会组织工作列入重要议事日程。

党建引领下，社会组织在开展业务工作时方向更准、站位更高、成效更大。河北持续开展"红色社会组织"创建活动，在"京津冀社会组织跟党走——助力脱贫攻坚行动"活动中，全省社会组织共筹集资金11.87亿元；浙江各地市采取"党建+公益""党建+治理"模式，广泛发动城乡社区社会组织参与区域事务协商，形成了"红枫义警""老杨调解室"等服务品牌；广东省积极动员社会组织参与援疆援藏、东西部协作、乡村振兴……

党建引领下，社会组织党组织胸怀大局、凝聚人心，党员冲锋在前、当仁不让，在脱贫攻坚、新冠疫情防控等一系列重点工作中，党组织的战斗堡垒作用和党员的先锋模范作用日益凸显。党的十八大以来，社会组织领域先后有42家党支部荣获全国先进基层党组织称号、45人荣获全国优秀共产党员称号、60人荣获全国优秀党务工作者称号。

**2. 法治护航助力社会组织行稳致远**

法治是推动经济社会发展的有效治理方式，也是我们党治国理政的基本方式。作为法治社会建设的重要组成部分，社会组织的法治化建设势在必行、意义重大。

2014年10月，党的十八届四中全会通过了《中共中央关于全面推进依法治国若干重大问题的决定》，首次提出"加强社会组织立法"。

2018年8月，民政部发布了关于《社会组织登记管理条例(草案征求意见稿)》公开征求意见的通知，广泛听取社会公众意见，进一步提高立法质量。随后，《社会组织登记管理条例》被列入国务院立法工作计划。

《中华人民共和国慈善法》《国务院办公厅关于进一步规范行业协会商会收费的通知》《民政部办公厅关于印发〈社会组织统一社会信用代码实施方案(试行)〉的通知》……党的十八大以来，全国人大、国务院先后出台多部法律法规，民政部、财政部、人力资源和社会保障部等先后发布多个文件通知，社会组织的地位作用和权利义务逐步明确、权责边界和行为准则日益清晰。

2018年10月11日，全国首部社会组织管理地方性法规——《辽宁省社会组织管理条例》审议通过。随后，各地陆续出台相关地方性法律法规和规章制度，对社会组织内部治理和对外活动作出规范要求。

令在必信，法在必行。由民政部牵头组建，13个部委参与的社会组织联合执法机制、7个部委参与的社会组织资金监管机制相继建立，相关部门开展了整治社会组织利用行政手段牟利、收取高额赞助费等违法违规行为以及"僵尸型"社会组织整治、打击整治非法社会组织等专项行动，执法必严、违法必究，净化社会组织生态空间，营造风清气正的发展环境。

十年来，各级民政部门对社会组织违规涉企收费、违规评比表彰、违规设立分支机构等行为进行惩处，共办理行政处罚案件4万余件。

从2016年开始，各级民政部门优化发展布局，健全退出机制，现已清理整治近8万家"僵尸型"社会组织，持续优化社会组织存量。

2018年、2021年，民政部联合有关部门先后两次开展打击整治非法社会组织专项行动，各级民政部门共查处非法社会组织1.8万多家，公安机关侦破案件1.5万多起，共追缴赃款、赃物价值6.43亿元。

经过多年的法治化努力，社会组织法律法规和政策体系现已基本建成，一个有利于社会组织高质量发展，规范、有序、清朗的发展环境已然形成，为社会组织安全规范发展提供了强有力的保障。

### 3. 改革创新释放社会组织发展活力

十年来，以改革创新的方式释放社会组织活力，成为党和国家引导社会组织更好发挥服务作用、融入现代化治理体系的主要路径。

2013年，党的十八届三中全会通过的《中共中央关于全面深化改革若干重大问题的决定》设专章强调"激发社会组织活力"。

民政系统积极响应，通过持续推进简政放权、稳妥实施直接登记改革、有序开展行业协会商会脱钩改革、加大社区社会组织培育力度等举措，激发社会组织活力，推动建立政社分开、权责明确、依法自治的现代社会组织体制。

2015年6月30日，中共中央办公厅、国务院办公厅正式印发《行业协会商会与行政机关脱钩总体方案》，从机构、职能、资产财务、人员管理和党建、外事五方面作出脱钩要求。随后，国务院成立脱钩联合工作组，有关部门陆续制定出台配套文件。按照"试点先行、分步稳妥推进"的要求，全国性行业协会商会和地方行业协会商会脱钩试点工作有序开展，各地建立了由多部门组成的脱钩联合工作组，组长由副省级以上领导担任。

面对千钧重担，各相关方以钉钉子精神狠抓落实，确保各项改革举措落地生根。截至2021年底，脱钩改革任务目标已基本完成，纳入脱钩改革范围的70428家行业协会商会实现了"应脱尽脱"。

脱钩后的行业协会商会内在活力和发展动力明显增强，行业服务功能有效提升，独特优势和功能作用日益显现。例如，中国质量协会目前已正式出版发行3部《中国制造业企业质量管理蓝皮书》，为"十四五"规划编制提供重要参考；中国对外承包工程商会积极贯彻落实"一带一路"总体部署，成功承办中国—西班牙企业顾问委员会会议等双边经贸活动；2022年6月，浙江省举办了协会商会助力共同富裕启动仪式，现场签署合作项目25个，资金总额超2亿元。

在释放活力中迎来发展新机的还有基层社会治理的生力军——社区社会组织。社区是党委和政府联系群众、服务群众的末梢神经，社区社会组织具有扎根社区、贴近群众的优势，是社区治理的重要载体和依托。

党的十八大以来，各地按照民政部印发的《关于大力培育发展社区社会组织的意见》《培育发展社区社会组织专项行动方案(2021—2023年)》等文件要求，将发展社区社会组织作为构建基层治理新格局的重要抓手，从机构治理、项目设计、人员培养、资源链接等方面加大培育扶持力度。

目前，全国社区社会组织总数已达174万多家，覆盖公益慈善、社区事务、志愿服务等多个领域，在强化基层党建、提供社区服务等方面发挥了重要作用，成为优化村(社区)服务功能、构建多方参与治理格局的重要力量。

**4. 新发展理念引领社会组织高质量发展**

这十年，中国社会组织迎来发展新契机，在多方的培育扶持下驶入发展快车道，取得历史性成就。

党的十八大后，社会组织由高速增长阶段转向高质量发展阶段。各地纷纷出台政策，通过打造孵化基地、公益创投等形式，"扶上马，送一程"，加快培育发展相关类型的社会组织。多部门通过等级评估、政府购买服务、清理规范行业协会商会涉企收费、"僵尸型"社会组织整治等形式，一手抓培育扶持，一手抓严格监管，不断优化存量、把控增量、提升质量，推动社会组织从"多不多""快不快"向"稳不稳""好不好"转型。

高质量发展，最终目标是更好地服务国计民生。发展中的中国社会组织不断提高政治站位，积极响应党中央号召，找准定位，发挥优势，在服务国家、服务社会、服务群众、服务行业中发挥了重要作用。

腾讯公益慈善基金会打造了腾讯公益平台和"99公益日"活动，成为互联网慈善助力扶贫的典型案例；中国电力企业联合会主动参与全球能源治理，组织推动31项国际电力标准提案，发布15项国际标准……

据统计，党的十八大后，全国各类社会组织实施扶贫项目9.2万多个，引导投入资金1245亿元；积极参与疫情防控和复工复产，累计接受捐款396.27亿元、物资约10.9亿件；积极维护公平竞争的市场经济秩序，参与制定2499项国家标准和364项国际标准；有效扩大公共服务供给，非营利性民办养老机构占全国养老机构总量的44.7%，切实满足群众多层次、多样化养老需求。

在2022年9月8日"中国这十年"系列主题新闻发布会上，民政部负责人对十年来中国社会组织领域的发展成果作出总结："十年来，社会组织工作发展取得的成就归根到底一句话，在于我们成功走出了一条具有中国特色的社会组织发展之路。我们将坚定不移地沿着这条道路走下去，我们相信这条道路也会越走越宽广。"

全面建设社会主义现代化国家新征程的号角已吹响，90多万家社会组织在党的领导下正全力以赴奔向下一个更美好的十年。

资料来源：王冰洁. 我国社会组织发展十年回顾. [EB/OL]. (2021-09-19)[2023-09-22]. https://http://www.hbwomen.gov.cn/doc/2022/09/20/57250.shtml.

**延伸阅读**

### 失能老人，如何照护？

资料来源：新闻1+1. (2022-10-27). https://tv.cctv.com/2022/10/27/VIDEixUSpQ6TDolTp3Z8oBei221027.shtml.

**本章思考题**

1. 如何理解第三部门及第三部门管理？
2. 简述第三部门在公共管理中的作用。
3. 第三部门具有哪些基本功能？
4. 结合中国实际，论述第三部门的发展趋势。

# 第九章　公共部门的责任和伦理

公共责任理论是伴随着现代民主理论的发展而产生的，在公共伦理学中占有非常重要的地位。公共部门责任与公共伦理是紧密联系、内在统一的，从某种意义上说，公共责任是公共伦理的具体化。它的产生与公共权力密不可分。一般来说，权力与责任是对等的，行政主体履行了多少责任就享有多少权力，公共责任是行政权力的基础。如果行政主体没有责任，就不应当有任何权力。公共责任是一种客观规定，公共责任的实现必须通过现实的行政个体，而这种个体是处在一定社会关系中的现实的人，是具有伦理自主性的人。公共责任是公共伦理行为主体必须承担的，但由于现实生活中存在着各方面的利益冲突，使得公共责任的承担陷入一种伦理困境中。

## 第一节　公共部门责任的基本问题

### 一、公共部门责任的内涵

#### (一) 责任的本质

责任是建构公共管理伦理的关键概念，包括了主观责任和客观责任。

(1) 客观责任。客观责任的具体形式是职责和应尽的义务。从相对重要性的角度来看，义务更为根本。职责是确保义务在等级制度结构中得以实现的手段。

(2) 主观责任。与客观责任并列的是我们自身的情感和信仰，根植于自身内在的良知、认同的价值观或信仰。主观责任是对个人的信仰、个人与职业价值观以及性格特征的一种表达，与更为明确的客观责任的表达一样具有真实性。关于对某人负责和为某事负责的情感和信仰是在社会化过程中产生的，是价值观、态度和信念的表现，而这些又是从家庭、学校、大众传媒、职业训练和组织活动中获得的。

责任既可以从实践的角度理解，也可以从伦理的角度理解。负责任的公共管理者必须从这两个角度对自己的行为负责，伦理职责必须最终占优势。

#### (二) 公共责任和公共权力

美国著名公共行政学家弗雷德里克·莫舍(Frederick Mosher)曾明确指出，在公共行政的所有词汇中，"责任"一词最为重要，这凸显出责任在政府公共权力运行中的重要作用。公共责任的产生与现代资产阶级的兴起有直接关系。政府行为代表着公众的意志，体现着公众的利益，政府职权不论大小都是社会公共权力的组成部分。因此，公共权力应该说是一种公共意志。首先，就其本质而言，公共权力是一种公共意志的表现。

权力起源于维护社会公共利益和社会公共生活秩序的需要，是人类社会和群体组织不可缺少的。其次，公共权力来源于对公共事务管理的过程中。人类社会是一个复杂的有机体，社会组织和社会集团的利益和需要是不同的，他们之间经常发生利益冲突，甚至人与人之间也经常存在着利益冲突。因此，需要用权力来进行调节，建立起一种有效的制度和秩序。一个人只要担任了某一职务，就有相应的职权，就必须承担相应的职责。公共管理不只是一种权力，也是一种责任，权力是手段，责任才是目的。

在政治体系中责任是授权的结果。从法制角度而言，行使权力就应当承担相应的责任，权力的授予伴随着责任的规定，权力无法脱离责任而单独存在，否则这种权力就是非法的、不合理的。法治的目的之一就是确保责任与权力对等，建立责任与权力统一的规则。同样，对于公共权力也应赋予其以相应的责任，即公共责任。

公共责任作为责任的一种，具有多种表现形式和丰富的内涵。因此，参照责任的含义对公共责任进行界定。从广义上讲，公共责任是公共权力主体在解决社会公共事务过程中，对其实施公共管理行为的必然结果所负有的责任，本质上就是公共管理主体对社会公共利益所承担的义务与职责。从狭义上讲，公共责任是公共管理行为的必然结果，表现为违背法律规定的责任和义务时必须承担的责任。法律确定的权利和义务在伦理选择和道德责任上必须以社会公共利益为标尺。所以，狭义的公共责任必须以广义的公共责任为前提。

公共责任对公共权力的作用目标、作用范围、作用方式、作用内容等都要作出具体的规定，这是为了确保政府公共权力的运行朝着民主化、科学化、法治化的方向发展，从而确保公共利益的有效维护。公共责任是现代政府应当具备的主要品质。作为公共权力的载体，政府亦必须承担与公共权力相对应的公共责任，以确保公共权力的公共性。

公共管理意味着一定的公共责任，即职责。职责与人的职业角色相关联，公共管理责任就是发挥公共管理者的岗位职能，保证公共管理目标的实现，完成行政任务的职责；遵守公共管理规则程序，承担职权范围内社会后果的责任；实现和保持公共管理系统不同岗位之间有序合作的责任等。公共责任是公共管理产生和存在的基础。

## 二、公共部门责任的特征

### (一) 公共责任是一种义务

作为政府及其构成的行政系统和行政人员，承担行政责任的过程就是承担为国民尽义务的过程，承担为其服务对象尽责效力、谋取利益的义务。

### (二) 公共责任是一种任务

公共管理者在承担义务的基础上，必须通过认真履行义务和职责的方式对国家权力主体负责。行政官员执行国家主体的意志、方针、政策的过程就是具体完成权力主体所交付任务的过程。

### (三) 公共责任是一种监督和控制行为

从某种意义上说,公共责任是一种以外在约束力为支撑力的个体或群体行为。在实行民主政体的国家,行政部门是为主权所有者——国民服务的。为此,就必须根据国民的意志,通过一定方式控制行政机关及其管理活动,以防止行政机关为追求特殊利益而置国民的利益于不顾。

## 三、公共部门责任的理想标准

### (一) 健全和完善法律责任义务体系

近代以来,在各种社会关系中法律关系已成为基本的和主要的社会关系,使得责任义务的承担者在没有履行职责时,必须对结果承担法律责任,从而构成了法律责任义务体系。在履行职责过程中,个体不论成为受益者或受害者,都可以依据法律对其行为进行责任追究。对于中国来说,依法治国不仅要写入宪法,作为各项工作的指导方略,更要体现在治国实践中,真正做到有法可依、有法必依、执法必严、违法必究。不仅广大人民群众要遵纪守法,公共管理主体与公共管理行为更应如此。因此,应加快公共管理活动立法步伐,完善行政法律规章制度,加强对公共管理者的法制教育,树立法律至上的观念。

### (二) 构建道德责任义务体系

道德责任义务体系并不像行政的或法律的责任义务体系那样可以被作为一种独立的考察对象。在一定程度上,道德责任义务依赖官员的行为自律,是一种主观意识。在履行职责的过程中,它渗透于权力和法律作用范围之中。在公共管理活动中,有些责任义务没有明文的法律规定,主要依靠人的道德约束,成为道德责任义务。

倡导道德责任义务要倡导公平、公正、求实的品质。这些在早期社会治理模式中被当作美德的品行,在公共管理活动中则应被当作责任义务的内容。当一个人选择了公共管理职业,就必须接受这些责任义务;一个人在被选择为公共管理者的时候,也同时被赋予了这些责任义务。如果不能选择和接受这些责任义务,就不可能公正、公平地履行公共管理的社会职责。因此,要加强对公共管理者的考察,通过心理测评等方式对公共管理者进行选拔、考核、晋升,从道德品质层面作出判断与评价。

### (三) 构建公共管理责任义务体系

在理论分析中,公共管理责任义务体系是由行政责任义务、法律责任义务和道德责任义务三重内容所构成的。在社会实践中,仅仅依靠某个方面的责任义务已经难以适应日益复杂的公共管理环境,三者同属于一个完整的责任义务体系,相互影响、相互转化、相互补充。这就要求必须把行政责任义务、法律责任义务和道德责任义务结合起来,相互补充与制衡,建立完整的公共管理责任义务体系。综合运用行政的、法律的、道德的手段，强化公共管理者的责任义务。唯有如此，才能更好地实现公共利益与公共福祉。

# 第二节 公共部门责任的内部控制和外部控制

公共部门管理的性质集中体现在权力与责任这两大社会关系中。行政部门管理意味着一定的公共权力，即职权。职权不论大小都是社会整体公共权力的有机组成部分。公共权力的运作就是对大量且具体的社会公共事务的管理，也就是承担起公共管理的责任。公共管理伦理的引导、规范、维系、选择等功能的发挥必须依靠一定的机制和手段才能实现，这些机制构成了公共管理伦理从理论走向实践的中介。公共管理伦理的调控机制主要包括公共管理的外部控制和内部控制两大方面。研究公共管理伦理调控机制的构成、特点、方式，阐明其在公共管理伦理系统中的作用和实现途径，也是公共管理学的重要任务，对于增强公共管理伦理的可操作性，加强公共管理伦理文化建设，塑造新时代公共管理的道德人格，都有着重要的理论和实践意义。

## 一、公共部门责任的内部控制

公共管理的自律就是培养一种内部控制，以维护公共组织中符合道德规范的行为。公共管理者的负责任行为是由其内在的价值观和伦理准则组成的，并且在缺乏规则和监督机制的情况下，也能够表现出合乎道德规范的行为。

### (一) 道德价值

公共部门自身的道德价值观与行为伦理准则是其有效履行职责义务的内在条件，任何一个有自主行为能力的人，其行为都会受其自身的道德价值观与人生准则的影响，即使是公共部门管理者也不例外。善的道德价值观与人生准则，能够使公共管理部门在复杂的价值冲突中合理选择自己的行为。即使上级不在场、纪律松弛或者发生腐败现象，行政人员的内心控制仍然在起作用，甚至当某种行为缺乏相应的法律规定时，行政人员可以求助于内心的伦理准则。

公共部门责任本身无法摆脱道德价值的标准。以公共行政责任为例，在公共行政管理史上确实存在过将公共行政管理从价值中抽离的现象。伍德罗·威尔逊(Woodrow Wilson)认为，公共行政责任管理置身于政治范围之外，不属于政治问题，并以其"政治与行政的二分法"闻名于世。行政责任的合理性与有效实施不仅在于制度本身的完备周全，也在于行政人员的道德理性，只有拥有美德的人才可能了解如何去运用规则。所以，公共部门的内部控制是至关重要的。

### (二) 道德自律

道德自律在公共部门内部控制中起约束作用。只要认真考察现实的道德生活实践，便可以发现道德自律的基本前提——道德主体的意志是自由的，具有自由选择的能力和权利。约翰·罗尔斯(John Rawls)指出："自律的行为是根据我们作为自由平等的理性存在物将会同意的、我们现在应当这样去理解的原则而作出的行为。"真正意义上的道德自律总是个体出于明确的理性意识而自觉自愿选择的行为。道德行为要求自觉，即要遵循理性的原则，按照理性认识来办事；同时又要求自愿，即要出于意志的自由，如果意志不是自由的，那就谈不上道德责任。

在西方伦理史上，康德第一个系统地阐述了自律概念，并把它确立为伦理学的基础。自由是康德道德哲学的"拱心石"。康德的自律概念正是以自由意志为前提的。在康德看来，人作为理性存在物其意志应当是自由的，自由是人的一种天赋权利，是每个人由于他的人性而具有的独一无二的、原生的、与生俱来的权利。一个人只有作为纯粹的意志存在物而不是作为一个自然的存在物，才是自我决定的，才能"自己为自己立法"，才能在立法时不服从异己意志。由此，康德把意志自由看成阐明道德自律性的关键，从而高扬了道德的主体性，在伦理学上实现了所谓的"哥白尼式的革命"。

在现代社会，道德自律不再像传统社会那样依赖个人的修养，而是人们在现实的社会关系和相互制衡的制度环境中通过博弈而养成的。从一定意义上讲，市场经济的道德秩序并不是政府设计和创造的，而是人们在追求自身利益的互动和博弈中形成的。只有努力创造适当的社会氛围和制度条件，建立和健全法制，有效运用法律武器，对个人正当的自利行为加以支持和保护，对不正当的逐利行为给以彻底否定和严厉打击，道德宣传和道德教化才能真正收到成效，才能在全社会形成合作博弈比不合作博弈更有利的普遍预期，人们才会对那些不道德和不正当的营利行为形成自律和自我约束，诚实、信任、善良的社会道德和道德社会才能最终形成。

在社会管理中，国家权力是最强大和最具普遍性的，它一旦得到正确运用，将有效和普遍地造福于社会成员；而一旦不能得以正确运用，则将大幅度和大面积地损害社会成员的利益。正因为国家权力在运用上有这一特殊性，所以，法律对于国家以保护个人自由为由而干预个人自由的授权应附有严格的限制性条件或原则。对国家干预和限制个人自由的授权，以及国家对于这种干预权的运用，应当有严格的程序要求及有效的监督。由此，才能保证授权的正当性和权力不被滥用。

### (三) 道德智慧

行政责任行为的道德智慧来源于内化了的态度、价值观和信仰，而不是来源于外部的规则和程序。在日常管理活动中，道德智慧往往不能给予选择的直接回答，而只能给予一种原则性的指导。

道德价值原则是抽象的，日常生活是具体的。道德价值原则不是教条，而是一种生活态度与行为方向指导，它只是告诉人们在特定条件下的基本行为、立场、态度与方向，而不能告诉人们究竟应当如何具体把握。

### 二、公共部门责任的外部控制

公共管理行为的准则和规范具有强制性，属于外部控制。通过建立有效的制度(诸如新的立法、新的规则、新的制度)，重新安排组织结构或建立新的组织，以加强对公共管理主体及其活动的控制，使其行为合乎规则和人们的期望。因而，公共管理的外部控制主要是建立在对制度依赖的基础上。公共管理活动中最基本的两种外部控制的制度规范形式是道德法规和社会监督。

1. 道德法规

道德法规在公共管理外部控制中通常没有法律规范精确而具体，其约束力与运行机制也没有法律规范严格。不同的道德法规之间的约束力与运行机制也存在着相当大的差别。

2. 社会监督

社会监督是公共部门管理外部控制所不可或缺的。所谓的社会监督，是指社会群体和个人对公共部门在社会管理活动程中是否遵守法律、职业伦理等所进行的有效监督。

社会监督包括了外部监督与内部监督。

社会外部监督主要由政党监督、司法监督、权力机关监督、舆论监督、其他社会群体监督组成。这里以权力机关监督为例加以说明。在中国，所谓权力机关监督，即各级人民代表大会及县级以上人民代表大会常务委员会对公共部门、行政机关及其工作人员的监督。权力机关监督的内容包括以下几方面。

(1) 政治监督。政治监督是指权力机关从宏观上监督公共部门的行为是否符合国家的大政方针，如果行政活动不符合政治要求，就应当承担政治责任。例如，人民代表大会罢免政府组成人员，公共部门负责人向人民代表大会引咎辞职，等等。

(2) 法律监督。法律监督是权力机关对政府行为合法性和合理性的监督。

(3) 工作监督。权力机关对公共部门的行政工作进行评价，审查行政机关及其工作人员是否能够遵守和执行宪法、法律和法规，是否严格履行各项公共部门的职能，从而对公共部门的工作是否符合人民利益、是否富有成效进行督促和批评。

工作监督与政治监督、法律监督有一定的交叉，但又有各自独特的意义。

社会内部监督指公共组织内部由专门的机构和个人所进行的监督。

## 第三节　公共部门伦理

伦理是一种特殊的社会意识形态，是依靠社会舆论、传统习俗和人们内心的信念来维系的，表现为善恶对立的心理意识、原则规范和行为活动的总和。伦理是社会的产物，它的产生根源于社会物质资料的生产。人类为了生存就必须从事生产，要从事生产就必定结成一定的生产关系，也就必然形成个人与个人、个人与集体和社会的各种关系和矛盾，产生如何处理这些关系、解决这些矛盾的态度和行为，以及对这些态度和行为的看法与评价，从而产生一系列的伦理规范。

伦理具有广泛的社会性，遍及社会各个领域，渗透于各种社会关系中。伦理体系包括作为社会行为基本规范的伦理和作为特殊领域规范的伦理。作为社会行为基本规范的伦理，就是普通公民要遵循的公德。

# 一、公共部门伦理的内涵与原则

## (一) 公共部门伦理的内涵

简单地说，公共部门伦理(public sector ethics)就是以公共管理学理论为基础，运用伦理学的原则、观点和方法研究公共管理行为的知识体系。从理论和实践相结合的角度考量，它是当代公共部门管理活动和伦理学价值观在相互渗透、融通、化合中应运而生的一个公共部门管理伦理学领域，属于应用伦理学的一个基本范畴。公共部门伦理研究对象包括以下几种：对公共管理行为加以道德规范的理论依据、内涵界定、构成分析、功能分析、公共伦理的选择等公共部门道德哲学的理论与实践问题。

可以从三个层面来理解公共部门伦理的内涵。

公共部门伦理的第一层面是国家立法和司法的职能行为。这一层面的公共部门伦理指的是凡从事制定公共政策与法律、法规，维护国家主权与安全，维护社会秩序，履行宏观调控等国家职能的公务人员的日常心态及行为，应遵循的基本道德规范体系。值得强调的是，公共政策的首要职能是匡扶正义、维护公道，尤其是在公民收入差距扩大、弱势群体扩张的情况下，政治管理行为于人秉持的理念应当是"公平优先，兼顾效率"，而非相反。

公共部门伦理的第二层面是政府公共事务，主要包括行政区划与国家礼仪事务、国家公共安全事务、国家对外关系事务、公共人事与财政事务、政府机关自身管理事务等。从事这类公共部门事务人员的工作动机和行为，应当遵循基本道德观规范体系。

公共部门伦理的第三层面是特殊领域中的角色伦理。公共部门伦理或以公共部门伦理系统为主体，或以公共部门行政管理者为主体，是针对公共部门管理行为和政治活动的社会化角色的伦理原则和规范。无论是公共管理系统还是公共管理者，均具有作为伦理体系的客观依据，或者说，具有伦理行为能力。

## (二) 公共部门伦理的一般原则

从制度角度讲，公共部门伦理就是追求公正，包括追求公正的原因以及要追求什么样的公正。

"正义"包含不同意思。一方面作为一个实质性的道德判断，形容一个人、一个行为或一个制度是正义或不正义；另一方面可以中性地指涉一个主题，就是正义的目的是关心该主题依据何种原则决定人们应有的权利与义务，以及应得的利益与责任。正义的原则就是关于社会基本制度的原则，决定何种原则符合实质正义，不同的理论必须提供更多的道德理由。

在公共部门伦理行为中正义或公正是一个普遍而基本的追求。公正首先是社会的产物，也就是说公正问题只是发生在人与人的关系之中，它也是社会中各种利益分化的产物。

公正要求有一定的心理基础。这种心理基础最主要的就是随着人类文明的发展，人的自我意识的产生和发展，主体在进行自我和他人比较时对自身价值的肯定和关切。这种关切推动着主体在和他人的交往中关注相互之间利益交换和分配的数量和比例，并在主体的实际所得和他认为的应得之间出现差距时产生不平衡的感觉。所以，要求得到公正的对待，是主体自我意识和自尊心理的一种客观要求。

由于公正问题产生在人与人的利益关系中，所以利益关系的种类就决定了公正问题的划分。在各种各样的利益关系中，有两种基本的关系形式：一是利益交换关系；二是利益分配关系。

## 二、公共部门伦理的构成

### (一) 观念形态

观念形态即伦理意识，包括系统思考指导我们作出行为选择的价值观。公共管理意识包含伦理准则意识、伦理责任意识和伦理目标意识。伦理准则意识是对公共管理的原则立场和根本态度，通过对伦理主体的调控，达到由内而外的目的和理想；伦理责任意识是如何看待公共管理的责、权、利，是公共部门伦理认识的核心，个体认识不同，对公共部门活动的精神和态度就不一样，表现出行政主体自我调控的特质；伦理目标意识的核心是公共管理理想，是激励人们进取的精神力量，因为人们在公共管理岗位上追求什么样的理想和目标，选择什么样的社会价值和自我价值，对公共部门系统起着调节、内驱和导向的作用。

### (二) 实践形态

实践形态就是以一定的伦理原则为指导的公共管理行为，涉及的是如何将价值观和所承担的义务以及这些义务所导向的最终目标统一起来。公共部门伦理实践指的就是公共管理伦理意识和规范，要通过公共管理实践来实现，通过行政活动、行政关系、行政态度、行政作风、行政效果等表现出来。一般来说，行政行为和公共部门伦理要与地位、职责、权利和义务相一致。

### (三) 准则评估形态

伦理准则评估作为观念和实践的结合形态或中介，以检测准确性、公平性和合理性为核心，通过实际的公共管理的职业判断而提供道德指导准则和教育活动。

## 三、公共部门伦理的类型

公共部门伦理是一个有机体系，主要包括体制伦理、政策伦理和职业伦理三种类型。

## (一) 体制伦理

通常人们有意无意地将伦理范畴看作个人道德的代名词,看作纯粹个人主观观念的范畴。公共部门伦理最先体现在体制伦理方面。约翰·罗尔斯指出:"社会正义原则的基本主题是社会基本结构。"马克思在《资本论》中对于资本家的批判总是与整个资本主义生产关系、社会结构结合起来,把资本家理解为资本的人格化来进行的,并始终把资本的社会关系理解为批判的主要指向。正如马克思所言:"不管个人在主观上怎样超脱各种关系,他在社会意义上总是这些关系的产物。"因此,在重视个体伦理的同时,应该重视体制伦理的建设。

行政体制伦理是相对于行政管理这个个体道德而言的,它由行政体制内在的一系列分配和义务的原则、规范所构成,并通过社会结构关系,以及一系列的政策、法规、条例和成文的或不成文的制度等环节表现出来。

体制伦理依附于体制而存在,与个体道德相比较,体制伦理对于维系社会秩序、规范人们的社会行为具有重要作用。

## (二) 政策伦理

公共政策伦理作为公共部门伦理的一种构建有两层含义:一是指维护某种公共秩序所需的伦理规范,由政府或其他社会权威机构设计、制定和推广;二是对于政府倡导的公共领域的伦理规范,除了用社会舆论、良心自律等软约束手段予以支持外,还要为其配置政策化的硬约束手段,使这些伦理规范真正成为公众在公共领域中的普遍行为方式。

## (三) 职业伦理

公共管理者既要具备社会成员的一般伦理,又要具备作为政治角色的职业伦理。职业伦理应该是相对于社会群体的关系以及特别事项而言的,职业道德实质上就是责任与义务的表现。责任就是国家权力主体责任,通过自身职责的履行为国民谋利益。对国民负责,从国民的利益着想,实质就是"公仆责任"。责任也是一种义务,承担为其服务对象尽职尽责、谋取利益的义务。对行政管理者来说,行政活动过程是一个承担为国民尽义务的过程。崇高的人生目的赋予责任以意义,而责任也可看作目的的一部分。实现责任伦理必须具备两个基础:一是指导行为的行政良心,二是实现职业功能的能力。

行政良心是公务员在履行行政职务过程中逐步形成的一种伦理意识。行政良心是公务员意识中的一种强烈的行政责任感和自我评价的能力;行政良心是公务员在深刻理解国家、政府以及公共部门行政机构制定的伦理原则的基础上,以高度负责的态度,对自身行政行为的善恶价值进行自我评价和自我修养的过程;行政良心是多种行政道德心理要素在行政人员意识中的有机结合和互相作用的结果。

体制伦理、政策伦理和公务员的职业伦理是公共部门伦理的有机统一体,体制和政策是由人来制定的,人归根结底是受制于体制和政策的。因此,行政系统中行政人员与行政系统的关系，就如同乐队与乐手的关系。从公共部门伦理意义讲，乐队能否演奏出和谐的旋律，要靠每个乐手的协调配合。作为一个伦理共同体，行政系统和行政官员不可能把行政过程变成纯粹的规范操作行为。人的心理、情感和信念是人类生活中永远无法完全消除的非理性化因素，这决定了它们永远不可能被完全规则化、条理化。但是，这种规则化、条理化、程序化对于现代行政来说是十分必要的。

## 四、公共部门伦理的表征和功能

### (一) 公共部门伦理的表征

伦理渗透于我们生活的方方面面，总是以某种载体加以体现，这些载体被称为表征。在现实生活中公共部门伦理的表征主要包括以下6个方面。

1. 公共部门管理理想

理想是公共管理的灵魂，是引导管理者做好工作的核心力量。理想是指向未来的，对公共部门管理者具有激励和引导作用。公共部门管理理想的价值选择直接影响公共部门管理者的思想意识和具体行为。在中国，公共部门管理者只有树立全心全意为人民服务的理想，才能明确管理方向。

2. 公共部门管理态度

管理态度是管理者对社会、对人民履行义务的基础。态度不仅反映了公共部门管理者对于工作的基本看法，还反映了其对于公共权力、公共利益的深层次追求。

3. 公共部门管理义务

公共部门管理义务就是公共部门管理责任，表现为公共管理部门的义务和公共部门管理者的义务，这本身便体现出公共部门管理者的伦理取向。义务是公共部门管理主体必须履行的责任，管理者要负起责任，一方面要靠制度保证，另一方面要靠管理者主体义务意识的内化。

4. 公共部门管理技能

公共部门伦理必须通过具体的公共部门管理活动加以实现。公共部门管理技能则是履行公共部门管理义务和提高公共部门管理绩效的基本保证，是公共管理伦理化的职业要求。所以，在公共部门管理的技能选择和培养中应该体现公共管理的伦理选择，并保障公共部门伦理的实践。

5. 公共部门伦理纪律

公共部门管理与个人伦理的约束方式不同，除了舆论和自觉之外，公共部门伦理的实现还依赖于法律规范。纪律可以调整公共伦理主体与社会、公众之间的关系，调整公共部门伦理局部与局部、局部与整体之间的关系，体现出管理活动的价值取向。

### 6. 公共部门管理良心

良心是公共管理者的自觉意识，是公共部门伦理长期影响的一种内化。它贯穿于公共部门伦理的全过程，影响着公共部门管理主体行为的方方面面，是公共部门的精神支柱，对提高公共管理效率、保证公共管理质量，发挥着重要作用。

### (二) 公共部门伦理的功能

要实现公共部门伦理化，就要明确公共部门伦理的功能，做好公共部门伦理建设。公共部门伦理的功能是指公共管理伦理对公共部门管理活动效能的作用。公共部门伦理功能主要表现为以下4个方面。

### 1. 导向功能

公共部门伦理的导向功能是指伦理可以对于组织成员和组织管理群体的价值取向和具体行为起引导作用。公共部门伦理是公共部门管理主体共同认可并追随的价值标准，其通过组织文化潜移默化的影响成为公共部门管理主体的主流道德，对所有管理者都具有示范和引领作用。公共部门管理活动的广泛影响性也决定了公共部门伦理具有广泛的示范性，对于社会道德发挥着重要的导向功能。例如，公共管理奉行正义的价值取向，就会得到大众的信任和认可，有利于形成良好的社会关系氛围。

### 2. 规范功能

公共部门伦理在结构上存在着舆论、信念等发挥着中间传媒作用的评价标准，这是影响公共管理主体行为，促进相互沟通的"立场"，它会以是非、正义与非正义、公正与偏私、诚实与虚伪等价值标准约束管理者的行为。

### 3. 维系功能

公共部门伦理是赢得民心民意的重要砝码，从某种程度上直接影响着统治的稳固和国家的治乱兴衰。因为公共部门伦理是整个社会道德的表率，其伦理取向昭示着社会的伦理导向。行政人员作为社会、政治、经济、文化等各项事业的行政管理者，职业伦理势必成为全社会关注的焦点。如果真正从社会价值导向上倡导"领导就是服务""服务就是奉献"的为官道德，行政领导能够对人民负责，对人民的利益负责，为人民群众忘我地办实事，就一定会得到人民的拥护；如果行政官员能克己奉公，秉公办事，也许所有的社会问题都能得到根本性治理。公共部门伦理在行政主体与行政对象之间架起沟通的桥梁，使全国上下同心同德，形成凝聚力。

### 4. 选择功能

所谓伦理选择，是指行政主体在一定伦理意识的支配下，根据某一伦理标准，在不同的价值或善恶冲突之间作出的自觉自愿的抉择，也指存在几种行为方案时，确定采用何种行为方案以实现伦理目标的过程。在发生行政行为之前，总是要从某种动机出发，进行行政选择；并依据公共责任的伦理要求，对行政行为动机进行检查。在行政选择中，选择的动因问题占据着核心位置。从根本上讲，利益和利益关系是影响行政主体进行行政选择的决定性因素，并成为一切公共部门伦理的基础。具体地说，实际影响行政选择的基本环节是行政认知、行政责任、行政良心、行政价值目标等。

## 五、公共部门伦理失范

公共部门伦理失范是多种因素共同影响的结果，但是，主要原因在于公共部门伦理自身特点的影响、公共部门伦理导向的失误、社会环境的影响。

### (一) 公共部门伦理自身特点的影响

首先，公共部门管理活动的预测、评估和监控侧重具体目标系统和可量化的结果，但是，伦理活动本身是很难被具体化的，在目标表述上也往往较为模糊，而且伦理活动的产出更是难以被测定和量化，这就导致了公共部门管理者对公共部门伦理活动的影响和作用有所忽视，即使人们有所意识，对于其作用也很难作出判断，这在一定程度上造成实践中伦理的弱化和失范。其次，公共部门伦理调控范围的复杂性也使得伦理标准很难把握。由于公共部门管理调控范围为社会群体的利益关系，而在复杂的利益关系博弈中，把握伦理标准有一定难度。最后，公共部门伦理影响的广泛性也会放大伦理的弱化和失范。在现实中，经常可以看到部分公共部门管理者因伦理观念丧失所导致的公共决策失误，以及造成的公共利益损失，这些往往会产生很大的社会影响。

### (二) 公共部门伦理导向的失误

公共部门伦理理论长期受到政治和行政二分法的影响，认为公共部门管理活动只是对于政治的一种执行活动，政治需要进行伦理的判断和价值的取舍。但是，公共部门管理活动却只需按照相关目标计划进行对应的操作，不需要选择道德立场和承担道德责任，这就是所谓的"价值中立"。行政"价值中立"原则是由美国前总统威尔逊针对当时美国的"政党分肥制"提出的，"价值中立"原则对于"政党分肥制"的确具有针对性，但是，将其作为行政管理的普遍原则必然会导致在所谓的"中立"中，外在政治标准剥夺了公共组织和公共部门管理者的伦理判断，伦理被严重弱化。"价值中立"原则与韦伯的"官僚制"和泰勒的"科学管理"相结合，产生了20世纪公共行政的科学化、技术化模式，并把道德价值从公共部门行政领域中彻底剔除，从而使公共部门行政成为只具有形式合理性的体系。

传统的"价值中立"的管理理论对公共部门管理实践产生了深远的影响。20世纪60年代，学术界开始关注公共部门管理中政治和行政的关联性和公共部门管理中的伦理因素。但是，同时出现的公共选择学派则认为，政治家和官僚的个人利益是理解非市场过程的一个重要因素。公共部门管理者的行为被归于利己主义，公共管理人员的道德约束被外在剥离，公共部门管理者所承担的不再是公共责任而是简单的职业，这势必对正处在萌芽中的公共部门管理伦理化产生很大冲击。

### (三) 社会环境的影响

社会环境影响着公共部门管理的伦理化，当社会伦理标准经常被忽视甚至践踏时，公共管理领域也会受到影响。例如，社会转型期，在各种价值观念冲突融合的过程中社会的伦理标准也经历着破坏和重构，使得公共部门伦理面临着严峻的考验。公共部门伦理存在的问题是相当严重的，表现形式是多种多样的，主要有以下几种类型。

(1) 权力交易。权力交易是权力再分配过程中的以权换权，即谋求权力的最大化。政治腐败和司法腐败就常常表现为权力的滥用和非法交易。

(2) 渎职失责。渎职是指国家工作人员利用职务上的便利滥用职权或者不尽职责；失责，是拥有一定权力的人对自身应负的责任和义务的一种无视和践踏。在现实中，有的公共部门管理人员对自己应当履行的职责敷衍塞责，玩忽职守，使国家和人民利益受到重大损失。

(3) 权钱交易。由于体制不完善，导致腐败和寻租行为发生，严重破坏了市场经济秩序和经济社会的健康发展。

## 六、公共部门伦理建设途径

通过对公共部门伦理发展趋势及存在问题的分析可以看出，公共部门伦理建设的重要性日益突出，各国政府和国际组织进行了相关的理论研究和实践探索。经济合作与发展组织提出的"公共伦理基本框架"颇有借鉴价值。该框架由8个部分组成，旨在对伦理行为实施控制、引导和管理。这8个部分包括以下内容：①政治保证，即来自政府领导人明确的反腐败立场和行为；②有效的法律框架，即有强制性的法律和立法行为准则予以界定；③有效的责任机制，即监督和评估程序；④可行的行为准则，即义务、角色和价值观陈述；⑤职业社会化机制，即教育和培训；⑥公共服务的环境支持，即平等、公平和恰当的薪金报酬；⑦伦理实体之间的合作，即设立具体的机构或委员会，以协调和监督相关活动；⑧公众参与和监督，即一个能够有效获得信息的市民社会。

从这一框架出发，结合公共部门管理实践，从公共部门伦理制度化和如何提升公共部门管理者伦理意识两个方面简要阐述公共部门伦理建设的主要途径。

### (一) 公共部门伦理制度化

20世纪末期，公共部门伦理受到世界许多国家和国际组织的普遍重视。1998年经济合作与发展组织发布了题为《公共服务伦理管理原则》的建议书，提出了12条行政伦理管理原则，认为成员国要采取行动确保管理体制的良好运行，以推进公共服务中的伦理行为。从经济合作与发展组织的意向看，推进公共服务伦理建设需要制度化的保证机制。

#### 1. 公共部门伦理制度化的必要

伦理约束主要依靠人的自我良知和社会舆论，是一种软约束。但是，在公共部门管理领域，面对权力通过寻租可以达到的巨大利益和人类与生俱来的惰性，这种自律在人的经济本性面前显得无足轻重，也直接造成了公共部门管理中诸多道德失范现象。所以，公共部门伦理建设很重要的内容便是增强公共部门伦理的约束力，而通过与奖惩直接挂钩的规范或者以国家强制力为保障的制度可以形成强大的外部控制，形成自律和他律相结合的公共部门伦理系统。

2. 公共部门伦理的立法和组织管理

立法是许多国家促进公共部门伦理制度化的首选。因为，法律的强制性与普遍规范性特征是其他任何社会规范所不具备的，在公共部门伦理道德不能成为管理者的自觉行为时，通过法律手段可以更为有效地保证公共部门伦理道德的实现。从世界各国公共部门伦理立法的基本状况来看，公共部门管理伦理法规的表现形式集中于宪法、行政法和刑法中的有关规定，体现为专门的行政道德法典、职业守则、法律实施细则三个层面。

公共部门伦理可以通过建立专门的伦理道德管理机构进行公共部门伦理建设，公共部门伦理道德管理机构是公共部门管理伦理的组织制度。目前，许多国家都在这方面作出了成就。这些活动有利于提升公共道德水准，保持公众对政府的信心。为保证公共伦理组织制度充分发挥作用，有的国家还建立了保证公务伦理的防范机制、违反道德规范的发现机制、道德失范的惩罚机制等，这些制度也是公共部门伦理组织制度的重要组成部分。

## (二) 如何提升公共部门管理者的伦理意识

公共部门伦理建设中最为重要的内容便是对于公共部门管理者伦理价值观的塑造。除了硬性的伦理制度约束外，公共部门伦理建设的一项重要任务是提升公共管理者的伦理意识。而要使他律的外控机制与自律的道德自觉相结合，就离不开对公共部门管理者进行直接的伦理教育和通过组织文化建设对公共部门管理者潜移默化的影响。

1. 加强公共部门管理者伦理教育与培训

前面提到的经济合作与发展组织提出的"公共伦理基本框架"中很重要的一条便是"职业社会化机制，即教育和培训"。公共部门伦理建设越来越重视对公共部门管理者进行直接的公共部门伦理教育与培训。

2. 公共组织文化中的伦理渗透

针对公共部门管理者的伦理培训和教育，由于其道德教育的外显性，很容易步入道德灌输的误区，从而使公共部门伦理教育培训效果不尽如人意。由此，人们便开始注重内敛性的伦理教育，通过在公共组织文化中进行伦理渗透以达到伦理引导和规范的效果，便是一个很重要的途径。

广义的组织文化包括物质层面、制度层面和精神层面的内容。在物质层面，通过工作环境的布置体现组织的价值取向，潜移默化地对组织成员的道德认知产生影响；在制度层面，通过组织成员对于制度规范的认同和内化达到教育的效果；在精神层面，通过形成组织的理念、组织原则和组织理想，实现组织对成员价值观的熏陶，达到影响个体行为的目的。

**阅读材料**

## 在常学常新中加强理论修养，在知行合一中主动担当作为

3月1日，2019年春季学期中央党校(国家行政学院)中青年干部培训班在中央党校开班。中共中央总书记、国家主席、中央军委主席习近平在开班式上发表重要讲话。

习近平总书记指出，政治上的坚定、党性上的坚定都离不开理论上的坚定。干部要成长起来，必须加强马克思主义理论武装。我们党在中国这样一个有着近14亿人口的大国执政，面对十分复杂的国内外环境，肩负繁重的执政使命，如果缺乏理论思维，是难以战胜各种风险和困难的，也是难以不断前进的。这就要求我们加强理论学习，掌握和运用辩证唯物主义和历史唯物主义，掌握贯穿其中的马克思主义立场、观点、方法，深入认识共产党执政规律、社会主义建设规律、人类社会发展规律。

习近平总书记强调，在学习理论上，干部要舍得花精力，全面系统学，及时跟进学，深入思考学，联系实际学。学习新时代中国特色社会主义思想，要深刻认识和领会其时代意义、理论意义、实践意义、世界意义，深刻理解其核心要义、精神实质、丰富内涵、实践要求。要紧密结合新时代新实践，紧密结合思想和工作实际，有针对性地重点学习，多思多想、学深悟透，知其然又知其所以然。学习理论最有效的办法是读原著、学原文、悟原理，强读强记，常学常新，往深里走、往实里走、往心里走，把自己摆进去、把职责摆进去、把工作摆进去，做到学、思、用贯通，知、信、行统一。

习近平总书记指出，中国共产党人的理想信念建立在对马克思主义的深刻理解之上，建立在对历史规律的深刻把握之上。历史和实践反复证明，一个政党有了远大理想和崇高追求，就会坚强有力，无坚不摧，无往不胜，就能经受一次次挫折而又一次次奋起；一名干部有了坚定的理想信念，站位就高了，心胸就开阔了，就能坚持正确政治方向，做到"风雨不动安如山"。信仰认定了就要信上一辈子，否则就会出大问题。

习近平总书记强调，衡量干部是否有理想信念，关键看是否对党忠诚。领导干部要忠诚干净担当，忠诚始终是第一位的。对党忠诚，就要增强"四个意识"、坚定"四个自信"、做到"两个维护"，严守党的政治纪律和政治规矩，始终在政治立场、政治方向、政治原则、政治道路上同党中央保持高度一致。这种一致必须是发自内心、坚定不移的，任何时候任何情况下都要站得稳、靠得住。忠诚和信仰是具体的、实践的。要经常对照党章党规党纪，检视自己的理想信念和思想言行，不断掸去思想上的灰尘，永葆政治本色。

习近平总书记指出，不忘初心，方得始终。新中国成立70周年，是进行"不忘初心，牢记使命"主题教育的最好时间节点。干部要把党的初心、党的使命铭刻于心，这样，人生奋斗才有更高的思想起点，才有不竭的精神动力。干部要把人民放在心中最高位置。同人民风雨同舟、血脉相通、生死与共，是我们党战胜一切困难和风险的根本保证。离开了人民，我们就会一事无成。要牢记群众是真正的英雄，任何时候都不能忘记

为了谁、依靠谁、我是谁，真正同人民结合起来。

习近平总书记强调，为什么人、靠什么人的问题，是检验一个政党、一个政权性质的试金石。干部要坚持立党为公、执政为民，虚心向群众学习，真心对群众负责，热心为群众服务，诚心接受群众监督。要拜人民为师、向人民学习，放下架子、扑下身子，接地气、通下情，深入开展调查研究，解剖麻雀，发现典型，真正把群众面临的问题发现出来，把群众的意见反映上来，把群众创造的经验总结出来。干部要怀着强烈的爱民、忧民、为民、惠民之心，心里要始终装着父老乡亲，想问题、作决策、办事情都要想一想是不是站在人民的立场上，是不是有助于解决群众的难题，是不是有利于增进人民福祉，不断增强人民群众获得感、幸福感、安全感。干部要胸怀强烈的政治责任感、历史使命感，积极投身伟大斗争、伟大工程、伟大事业、伟大梦想的火热实践，把人生理想融入国家富强、民族振兴、人民幸福的伟业之中。

习近平总书记指出，为政之道，修身为本。干部的党性修养、道德水平，不会随着党龄工龄的增长而自然提高，也不会随着职务的升迁而自然提高，必须强化自我修炼、自我约束、自我改造。新时代中国特色社会主义思想，不仅包含着党治国理政的重要思想，也贯穿着中国共产党人的政治品格、价值追求、精神境界、作风操守的要求。要涵养政治定力，炼就政治慧眼，恪守政治规矩，自觉做政治上的明白人、老实人。

习近平总书记强调，人格是一个人精神修养的集中体现。光明磊落、坦荡无私，是共产党人的光辉品格，也是干部应该锤炼的品质修养。要坚守精神追求，见贤思齐，见不贤而内自省，处理好公和私、义和利、是和非、正和邪、苦和乐关系。要立志做大事，不要立志做大官，保持平和心态，看淡个人进退得失，心无旁骛努力工作，为党和人民做事。

习近平总书记指出，干部要想行得端、走得正，就必须涵养道德操守，明礼诚信，怀德自重，保持严肃的生活作风、培养健康的生活情趣，特别是要增强自制力，做到慎独慎微。一个人廉洁自律不过关，做人就没有骨气。要牢记清廉是福、贪欲是祸的道理，树立正确的权力观、地位观、利益观，任何时候都要稳得住心神、管得住行为、守得住清白。干部干事创业要树立正确政绩观，有功成不必在我的精神境界、功成必定有我的历史担当，发扬钉钉子精神，脚踏实地干。

习近平总书记强调，武装头脑、指导实践、推动工作，落脚点在指导实践、推动工作；学懂弄通做实，落脚点在做实。要牢记空谈误国、实干兴邦的道理，坚持知行合一、真抓实干，做实干家。干部要面对大是大非敢于亮剑，面对矛盾敢于迎难而上，面对危机敢于挺身而出，面对失误敢于承担责任，面对歪风邪气敢于坚决斗争，做疾风劲草、当烈火真金。干部成长无捷径可走，经风雨、见世面才能壮筋骨、长才干。要做起而行之的行动者、不做坐而论道的清谈客，当攻坚克难的奋斗者、不当怕见风雨的泥菩萨，在摸爬滚打中增长才干，在层层历练中积累经验。

习近平总书记指出，能否敢于负责、勇于担当，最能看出一个干部的党性和作风。统筹推进"五位一体"总体布局、协调推进"四个全面"战略布局，贯彻落实新发展理念，打好三大攻坚战，做好稳增长、促改革、调结构、惠民生、防风险、保稳定工作，等等，都需要担当，都需要发扬斗争精神、提高斗争本领。要用知重负重、攻坚克难的实际行动，诠释对党的忠诚、对人民的赤诚。

资料来源：习近平在中央党校(国家行政学院)中青年干部培训班开班式上的重要讲话[N].光明日报.2019-03-02(1).

**延伸阅读**

## 一个点赞视频，为什么火了？

资料来源：新闻1+1. (2023-02-24). https://tv.cctv.com/2023/02/24/VIDEtgbbcYncTwFjcuKWEXsf230224.shtml.

**本章思考题**

1. 如何理解公共部门责任的含义和特征？

2. 简述公共责任的理想标准。

3. 论述公共部门内部控制机制和外部控制机制。

4. 什么是公共部门伦理？公共部门伦理有哪些构成要素？

5. 结合中国实际，论述加强公共部门伦理建设的途径。

# 参考文献

[1] 欧文·休斯. 公共管理导论[M]. 北京：中国人民大学出版社，2001.

[2] 瓦尔特·基克特. 荷兰的行政改革与公共部门管理[M]. 北京：国家行政学院出版社，1998.

[3] 保罗·C. 纳特，罗伯特·W. 巴可夫. 公共和第三部门组织的战略管理：领导手册[M]. 北京：中国人民大学出版社，2001.

[4] 戴维·H. 罗森布鲁姆，罗伯特·S. 克拉夫丘克. 公共行政学：管理、政治和法律的途径[M]. 北京：中国人民大学出版社，2002.

[5] 戴维·L. 韦默，艾丹·R. 瓦依宁. 公共政策分析：理论与实践[M]. 北京：中国人民大学出版社，2013.

[6] 丹尼斯·C. 缪勒. 公共选择理论[M]. 北京：中国社会科学出版社，1999.

[7] 菲利普·J. 库伯. 二十一世纪的公共行政：挑战与改革[M]. 北京：中国人民大学出版社，2006.

[8] 格洛弗·斯塔林. 公共部门管理[M]. 上海：上海译文出版社，2003.

[9] 海尔·G. 瑞尼. 理解和管理公共组织[M]. 北京：清华大学出版社，2002.

[10] 马克·G. 波波维奇. 创建高绩效政府组织[M]. 北京：中国人民大学出版社，2002.

[11] 唐纳德·E. 克林纳，约翰·纳尔班迪，罗伦斯. 公共部门人力资源管理：系统与战略[M]. 北京：中国人民大学出版社，2013.

[12] 托马斯·卡明斯，克里斯托弗·沃克. 组织发展与变革精要[M]. 北京：清华大学出版社，2003.

[13] 约翰·克莱顿·托马斯. 公共决策中的公民参与：公共管理者的新技能与新策略[M]. 北京：中国人民大学出版社，2005.

[14] 詹姆斯·P. 盖拉特. 21世纪非营利组织管理[M]. 北京：中国人民大学出版社，2003.

[15] 陈振明. 政策科学与智库建设[J]. 中国行政管理，2014(5)：9-13.

[16] 陈振明. 公共管理学原理(修订版)[M]. 北京：中国人民大学出版社，2011.

[17] 高小平. 国家治理体系与治理能力现代化的实现路径[J]. 中国行政管理，2014(1)：6.

[18] 郭济. 高绩效政府[M]. 北京：清华大学出版社，2005.

[19] 黄健荣. 公共管理新论[M]. 北京：社会科学文献出版社，2005.

[20] 蓝志勇，魏明. 现代国家治理体系：顶层设计、实践经验与复杂性[J]. 公共管理学报，2014(1)：1-11.

[21] 吕孝礼，张海波，钟开斌. 公共管理视角下的中国危机管理研究——现状、趋势和未来方向[J]. 公共管理学报，2012(3)：112-128.

[22] 苗丽静. 非营利组织管理学[M]. 大连：东北财经大学出版社，2010.

[23] 倪星，付景涛. 公共管理学[M]. 大连：东北财经大学出版社，2011.

[24] 牛美丽. 政府预算信息公开的国际经验[J]. 中国行政管理，2014(7)：110-117.

[25] 石亚军，施正文. 建立现代财政制度与推进现代政府治理[J]. 中国行政管理，2014(4)：8-13.

[26] 王乐夫，蔡立辉. 公共管理学[M]. 北京：中国人民大学出版社，2008.

[27] 王振华. 公共伦理学[M]. 北京：社会科学文献出版社，2010.

[28] 夏义堃. 公共信息资源的多元化管理[M]. 武汉：武汉大学出版社，2008.

[29] 张海波. 中国应急预案体系：结构与功能[J]. 公共管理学报，2013(2)：1-13.

[30] 张康之. 公共管理学[M]. 北京：中国人民大学出版社，2010.

[31] 张小明. 公共部门危机管理[M]. 北京：中国人民大学出版社，2012.

[32] 珍妮特·V. 登哈特，罗伯特·B. 登哈特. 新公共服务：服务，而不是掌舵[M]. 3版. 北京：中国人民大学出版社，2016.

[33] E·S. 萨瓦斯. 民营化与公私部门伙伴关系(中文修订版)[M]. 北京：中国人民大学出版社，2017.

[34] 张成福，党秀云. 公共管理学[M]. 3版. 中国人民大学出版社，2020.